实用主义：
知识产权保护的实践向度

贾小龙 ◎ 著

中国社会科学出版社

图书在版编目(CIP)数据

实用主义：知识产权保护的实践向度 / 贾小龙著. —北京：中国社会科学出版社，2020.8
ISBN 978-7-5203-6847-6

Ⅰ.①实… Ⅱ.①贾… Ⅲ.①知识产权保护—研究—中国　Ⅳ.①D923.404

中国版本图书馆 CIP 数据核字（2020）第 134509 号

出 版 人	赵剑英
责任编辑	梁剑琴
责任校对	周　昊
责任印制	郝美娜

出　　版	中国社会科学出版社
社　　址	北京鼓楼西大街甲 158 号
邮　　编	100720
网　　址	http://www.csspw.cn
发 行 部	010-84083685
门 市 部	010-84029450
经　　销	新华书店及其他书店
印刷装订	北京市十月印刷有限公司
版　　次	2020 年 8 月第 1 版
印　　次	2020 年 8 月第 1 次印刷
开　　本	710×1000　1/16
印　　张	17.25
插　　页	2
字　　数	290 千字
定　　价	108.00 元

凡购买中国社会科学出版社图书，如有质量问题请与本社营销中心联系调换
电话：010-84083683
版权所有　侵权必究

理论解释通过告诉我们事物的本质是什么,或者为什么事物是它们存在的那个样子而达到这一点;理论证立(justification)则通过为某些特定的,诸如行为、规则、行为过程、实践和制度之类的事物辩护或者使之合法化而达到这一点。

——[美]朱尔斯·L.科尔曼:《原则的实践:为法律理论的实用主义方法辩护》

目 录

绪言 ……………………………………………………………… (1)
  一 知识产权法学基础理论研究亟待加强 ……………………… (1)
  二 知识产权法学基础理论研究的新视野 ……………………… (3)

第一章 对象、本质及路径：知识产权保护的简单抽象 ………… (5)
  第一节 作为权利对象的知识、信息 …………………………… (5)
    一 "山重水复"：知识产权对象的学说分歧 ………………… (5)
    二 "另辟蹊径"：界定知识产权对象的方法论 ……………… (7)
    三 "浅尝辄止"：如何定义知识产权的对象 ………………… (8)
  第二节 知识产权保护的本质：人为制造知识信息的稀缺性 …… (12)
    一 "蛋生鸡"：物质资料稀缺是财产权制度产生的
       客观基础 ………………………………………………… (12)
    二 "鸡生蛋"：知识产权保护是知识信息具备稀缺性的
       制度依据 ………………………………………………… (13)
  第三节 知识产权保护的实现路径 ……………………………… (17)
    一 起点：需要划定保护对象的边界 ………………………… (17)
    二 为什么借助符号：知识产权的对象与符号存在
       天然的关联 ……………………………………………… (18)
    三 怎样的符号化：特定的符号化要求与财产权
       边界的确定 ……………………………………………… (19)

第二章 投射、激励：知识产权正当性的后世追认 ……………… (29)
  第一节 投射理论：知识产权的伦理正当性 …………………… (30)
    一 洛克劳动财产权学说与知识产权的正当性 ……………… (30)
    二 康德财产权学说与知识产权的正当性 …………………… (35)
    三 黑格尔财产权学说与知识产权的正当性 ………………… (42)
  第二节 知识产权的激励论正当性 ……………………………… (45)

  一　财产权的激励论正当性 …………………………… (45)
  二　激励论与知识产权保护的正当性 …………………… (48)
第三章　知识产权保护实践与实用主义吻合的理论思辨 ……… (52)
 第一节　正当性辩护学说难以解释知识产权保护的实践 ……… (53)
  一　"捉襟见肘"：投射理论的规范功能 ………………… (53)
  二　二律背反：反思激励论的规范功能 ………………… (56)
 第二节　知识产权保护实践契合了实用主义的思想要义 ……… (64)
  一　实用主义及其基本规定 ……………………………… (64)
  二　知识产权制度实践与实用主义的契合 ……………… (76)
 第三节　再论知识产权保护实践的实用主义解读为何应当 …… (83)
  一　知识产权保护面临的基本问题与实用主义 ………… (83)
  二　知识产权保护实用主义解读的可能质疑及回应 …… (84)
  三　法的实用主义研究已蔚然成风 ……………………… (88)

第四章　知识产权保护实践与实用主义吻合的历史求证 ……… (91)
 第一节　早期的知识信息保护实践：产业和贸易发展的
    "奴婢" ………………………………………………… (91)
  一　早期特权专利：先进技术开发和引进的"绿色通道" …… (92)
  二　早期版权实践：管制印刷及图书贸易的副产品 …… (102)
  三　贸易方式的变化与标识功能演变 …………………… (109)
 第二节　知识产权的立法认可：受限法权背后的政策考虑 …… (112)
  一　作为私权的专利：实现创新的工具 ………………… (113)
  二　作者版权的近代确立与实用主义 …………………… (122)
  三　从阻止欺诈到保护商誉：商标法律保护中的政策
    考虑 ……………………………………………………… (141)

第五章　知识产权制度当代危机的成因：实用主义的背离 …… (149)
 第一节　专利扩张与创新抑制 ……………………………………… (149)
  一　专利授权数量剧增 …………………………………… (150)
  二　专利向阳光下人类发明的一切领域内延伸 ………… (153)
  三　"纸面专利"大量存在 ………………………………… (155)
  四　专利权的行使："防御"还是"进攻" ……………… (161)
 第二节　版权扩张与文化传播 ……………………………………… (166)
  一　内在扩张：手段具有了目的性 ……………………… (166)

二　外在扩张：以反规避版权技术保护措施为中心 …………（167）
　　三　何种垄断：作品抑或市场 ……………………………（171）
第三节　标识的财产化与公平自由竞争 ……………………（172）
　　一　商标的自由转让与防止欺诈消费者 …………………（173）
　　二　商标反淡化保护与竞争 ………………………………（176）
第四节　实用主义知识产权观错位的思维工具 ……………（180）
　　一　知识信息财产与传统财产在观念上的等同 …………（180）
　　二　财产/责任规则分析工具的"误用" …………………（182）

第六章　实用主义与我国知识产权制度的改造 ………………（187）
第一节　正确对待知识产权保护的国际化 …………………（188）
　　一　实用主义是知识产权保护国际化演进的唯一动机 …（188）
　　二　充分重视知识产权条约和协定中的弹性条款 ………（193）
第二节　坚守知识产权的"特殊权利"理念 ………………（194）
　　一　知识产权源于法 ………………………………………（195）
　　二　知识产权是限制他人行为自由的法定权利 …………（197）
　　三　知识产权是附义务的法定权利 ………………………（198）
　　四　知识产权的行使非以改变他人状态为目的 …………（199）
第三节　明确知识产权设定、行使的目的导向 ……………（200）
　　一　突出专利保护的创新导向 ……………………………（200）
　　二　倡导实用主义版权观 …………………………………（211）
　　三　回归商标保护维护公平与自由竞争的旨趣 …………（213）
第四节　平衡私权与公益：倡导知识产权保护的谦抑性 ……（217）
　　一　知识产权保护不应被新技术"劫持" …………………（217）
　　二　适当限制预防性救济的适用 …………………………（222）

结论 ………………………………………………………………（239）
参考文献 …………………………………………………………（244）
后记 ………………………………………………………………（266）

绪　言

一　知识产权法学基础理论研究亟待加强

尽管知识产权制度——知识信息财产化的基本制度形态——已经得到了普遍的立法确立,① 但其制度理念和价值却并非不言而喻。这不仅是知识产权法学理论研究必须回答的问题，也是知识产权制度应对现代技术与商业模式变革时必须正视的问题和能否作出恰当回应的基本前提。

近年来，随着数字技术、生物技术等新兴技术的发展、相互促进并不断融合以及全球化水平的不断提升，知识产权在国内外各个层面上都受到了广泛关注。人们一方面认为，新一轮科技革命和产业变革将更加依赖知识产权制度；另一方面，对知识产权制度本身的忧虑和质疑却并未减弱。面对知识产权制度的当代变革，有学者直言："知识产权法似乎又到了一个危急时刻！"②

人类发明了专利制度，但在当代技术和生产条件下，其作用和功效再一次受到质疑。③ 作为专利制度的基本范畴——发明与发现的区分是如何

---

①　本书使用"财产化"一词，在于强调"运动"和"演进"，意在表明知识信息成为财产权的对象，既不是天然的或内在的，也不是静态或恒定的；而是一个人为的、变动的进程。作为"财产化"结果的那些知识信息，可谓是"彻头彻尾彻里彻外（毛泽东《反对党八股》语）"地成为财产权的对象，而就知识信息的整体而言，其"财产化"自古至今都处在缓慢的变动之中。

②　[澳] 布拉德·谢尔曼、[英] 莱昂内尔·本特利：《现代知识产权法的演进》，金海军译，北京大学出版社2006年版，第1页。

③　历史上，关于专利保护及专利制度的质疑始终不绝于耳，典型的有发生在17世纪初的垄断之争以及19世纪的专利存废之争。详见黄海峰《知识产权的话语与现实》，华中科技大学出版社2011年版，第130—132、153—160页。

形成的,其区分标准是否是一贯的和清晰的;专利怪物(patent trolls)[①]、专利不充分实施等不断涌现的新问题使得人们长期以来所坚持的专利在于促进创新的信念在一些技术创新领域实践中难以得到充分支持。

版权人及相关利益集团以激励创作进而促进文化繁荣和提升公众学识为说辞,成功游说立法者不断创设新的规则,将传统上与纸质图书等有形载体须臾不离的版权保护的触角成功延伸到了数字环境之中。特别是通过将反规避版权技术保护措施等新规则纳入版权立法之中,版权人实现了在数字环境下获得强版权保护的愿望。而与此形成鲜明对照的是,公众对传播技术革命会带来作品获取能力提高的期待却在很大程度上落空。作品创作者、传播者和使用者之间的利益冲突更加明显。

商标法律制度传统上通过强调商标的来源标识功能实现了公平竞争与自由竞争之间的较好平衡。这一做法的益处是,能够保证商标使用人的利益免受他人不当转移,有利于激发市场主体经营活力;能够提升市场交换中商品或服务信息的真实性,使消费者免受或少受欺诈;同时,也为市场主体必要的行为自由留下了合理空间。然而,在知识财产的王冠之下,商标由"商誉的符号化"为主导逐渐让位于"标识本身的财产化"为主导,商标权人具有了"准作者"地位,[②] 商标标识本身获得了比其过去更为明确的财产意义。[③] 遗憾的是,标识的财产化具有明显的反竞争特性,打破了商标法最初以防止欺诈消费者为基础建立的竞争性平衡:自由竞争的权重下降,对后来者的市场进入以及商标保护同样旨在实现的社会福利最大化目标存在消极影响。

---

① 英文"patent trolls"一词在国内有多种译法。常见的有:专利钓饵、专利渔翁、专利蟑螂、专利海盗、专利流氓、专利怪物、专利投机等。其中,"专利钓饵"使用较为普遍。然而,"钓饵"一词,只是使用了英文单词"troll"的最常用意思,且"钓饵"在汉语中是一种垂钓用的饵料,与"patent troll"在外文中指向一定的实体无法对应。"troll"在斯堪的纳维亚神话中是一种超自然的存在,过去被勾勒为巨人,现在丹麦和瑞典认为它是居住在洞穴或地府中的侏儒或小魔鬼。20世纪90年代"patent troll"一词被创造出来时,便与"troll"一词的原意紧密相关。学者在解释"patent troll"时,一方面将其与非生产性实体(non-practicing entity)对应起来,另一方面则在贬义上认为,它潜藏于桥下,伺机向过桥的人收取费用。由此,本书以为使用"专利怪物"一词更为恰当。

② 冯晓青:《商标的财产化及商标权人的"准作者化":商标权扩张理论透视》,《中华商标》2004年第7期。

③ 在商标进入近代国家司法保护之初,具有了"混沌"的财产意义。特别是在英国的实践中,构成商标的标识曾经被认为具有财产意义而获得了衡平法保护,尽管不论是在那时的法院裁判中,还是在后人的解说中,究竟是标识本身,还是现代意义上的商标具有财产地位,仍然不是明确的。

以上种种，都可以称为知识产权制度具体构造领域中的零散"问题"，学界对此已给予了充分关注，应对建议也有很多。而对于知识产权制度的"主义"——知识产权制度如何演进（知识信息如何财产化）问题的研究，则比较陈旧，研究结论与知识产权制度的诸多新变化吻合度也不够。近代以来，知识产权法学基础理论方面的研究主要集中在知识产权为什么应该存在的问题上，或者说知识产权何以正当的问题上。这无可厚非。因为，无论从哪个角度看，知识产权都在保障权利人取得并维持市场竞争优势的同时限制了其他一切人一定程度的生产经营自由。换言之，知识产权的创设及其存续是否正当，不仅关涉权利人由此所得到的市场竞争优势是否正当，更事关由此对其他一切人带来的限制是否正当。因而，对它的回答，构成了迄今为止知识产权法学理论的基石。尽管不同时代、国家的学者并未就知识产权何以正当达成一致，但劳动财产权说、人格说、激励论等学说在知识产权法学研究中的运用已经在很大程度上证成了知识产权的正当性。其中，劳动财产权学说、人格说至少能够说明投入一定劳动或体现特定人格者得就所产出之知识或信息享有道德上的正当利益；激励论对专利和版权制度的正当性辩护至少自近代以来都一直保持了强大的说服力，尽管它无法为同属于知识产权范畴的商标权提供可信的正当性论证，也不能合理解决当前知识产权制度变革遭遇的诸多新问题。

作为知识产权制度的"主义"，不仅在于知识信息为什么应成为财产权的对象，也就是知识产权缘何正当的问题；还在于知识信息是如何财产化的，也就是知识产权制度是怎样被创造出来的，又是什么样的规律支配或左右了它的发展演变。这两个方面可以认为是知识产权基础理论研究的根基。当前来看，后者当成为我国知识产权法学研究的新视角。

二 知识产权法学基础理论研究的新视野

对于知识产权制度的变革和发展而言，核心恰恰在于长期以来支配知识产权制度演进的基本规律应当怎样继续发挥作用。在知识产权保护与国际贸易体制紧密关联的情况下、在知识产权制度应对新一轮科技革命的过程中，更加需要从知识产权制度的历史演进中吸取经验和教训。然而，与知识产权正当性的研究相比，国内学界至今未对知识信息如何财产化的问题进行专门、深入和系统的研究。夸张一点来说，这种局面实质上相当于我国在知识产权基础理论研究上的沉默。这又必然导致我国知识产权立法和司法"紧随"西方步履,亦步亦趋,不但具有在实质上失去立法应有的独立性的可能;而且,基础理论的薄弱,加上由于种种原因所导致的实践上的亦步亦趋,极易造成长期的法律实践出现混乱和首尾不顾。伴随着我国创新驱动发展战略的实施,国内外关于生产要素意义上的知识产权话语权的争夺必将愈发激烈,因而,迫切需要一条贯穿中国知识产权立法司法全过程的理论红线。此外,知识产权制度发展至今时今日,知识产权法学的基础理论研究更需要着眼于已有制度本身,而不是继续停留在是否应当保护的问题上。唯有如此,方能对我国知识产权制度的健康发展提供相应的指导。

鉴于此,本书旨在对知识产权制度这一既有存在进行理论阐释,以探求主导其演进和发展的基本观念,并以此为依据,观察知识产权制度的未来变革。需要指出的是,本书并不认为知识产权立法缺乏理论支持,从而需要为其强加一种所谓的理论根基。相反,将侧重于从理论和实证两方面分析知识产权保护制度的本质是什么,知识产权制度为什么是呈现在人们面前的这个样子,是何种思想或观念主导了这一过程。

第一章 对象、本质及路径：知识产权保护的简单抽象

> 法律的概念是一个文化概念，也就是说是一个涉及价值的现实的概念，是一个有意识服务于价值的现实的概念。
>
> ——古斯塔夫·拉德布鲁赫：《法哲学》

任何涉及知识产权理论问题的研究，都绕不开一个基本问题：何谓知识产权一语中的"知识"，它与普遍意义上"知识"的含义是否相同？这一显然的"望文生义"限定了本章所研究"知识"的范围：作为知识产权对象的知识。质言之，本章所探讨之知识，不同于哲学或认识论上的研究，不探讨人类知识如何产生及其与客观世界的关联等问题，而是在知识信息财产及其法律保护的意义进行描述。

第一节 作为权利对象的知识、信息

一 "山重水复"：知识产权对象的学说分歧

许多年来，关于何为知识产权的对象，学者们众说纷纭，分歧颇大。大致形成了四种代表性学说：一是信息说。郑成思先生指出，知识产权是信息产权的传统形态，信息一词能够覆盖知识产权的保护对象。[①] 张玉敏教授曾指出，知识产权的保护对象是具有商业价值的信息。此后，她又对知识产权保护对象意义上的信息进行了"重新审视"，指出它只能是控制

[①] 参见郑成思《信息、知识产权与中国知识产权战略若干问题》，《环球法律评论》2006年第3期。

论意义上的信息。① 张勤教授从世界的物理构成角度分析指出，知识产权的保护对象只能是有用的信息，而不可能是世界的另外两种组成，即物质和能量。② 不过，尽管同为信息说的倡导者，同时对于信息的理解都是建立在其他学科的基础上，但两位张教授对信息的理解并不相同。张玉敏教授认为它是控制论意义上的，而张勤教授的研究是以信息论上的信息为基础的。③ 二是知识产品说。吴汉东教授主张将知识产权的保护对象称作"知识产品"，并从其与智力成果相对照的意义上指出了"知识产品"称谓的优越性，即表达了它的非物质性本质、商品属性和财产性质。④ 三是形式说。刘春田教授认为，"知识产权的对象，顾名思义，应当就是'知识'"⑤ 此外，刘教授从哲学上对于万物之二重属性——形和数的角度分析指出，知识的本质是形式。"它是指由人类创造，并经由法律的标准加以'检疫'而获准予以保护的那些'形式'。"⑥ 四是符号说。李琛教授认为，知识产权的对象是人利用属于共有领域中的符号形成的符号组合。⑦ 与其他学说之间似乎存在某种"排斥"关系不同，李琛教授还认为，符号说与前述各说之间具有传承或继承关系：基于符号说揭示了形式说中有关形式的具体元素以及其形式的人创物属性，符号说是对形式说的直接传承；⑧ 符号说是在知识产品说、形式说、信息说等基础上演化而来，是朝着明确财产的具体形态方向的迈进。⑨

以上表明，虽然学界对知识产权对象的认识存在较大差异，但也反映了相近的研究路径，即多是从哲学、自然科学角度来认识这种事物。毋庸置疑，这些研究加深了人们对知识产权对象的认知。但是其不足也是明显的：因哲学和自然科学对万物的认识，本就处于不断深入之中，难免导致以此为基础的研究结论的不确定或不稳定；另外，研究权利的对象，重在

---

① 张玉敏、易健雄：《主观与客观之间——知识产权"信息说"的重新审视》，《现代法学》2009 年第 1 期。
② 参见张勤《知识产权客体之哲学基础》，《知识产权》2010 年第 3 期。
③ 同上。
④ 参见吴汉东《知识产权总论》，中国人民大学出版社 2013 年版，第 46—47 页。
⑤ 刘春田：《知识财产权解析》，《中国社会科学》2003 年第 4 期。
⑥ 同上。
⑦ 李琛：《论知识产权法的体系化》，北京大学出版社 2005 年，第 126 页。
⑧ 参见李琛《论知识产权法的体系化》，北京大学出版社 2005 年版，第 127 页。
⑨ 同上书，第 129 页。

探讨因利用对象所生利益的分配，而前述学说界定和争论似乎对此并不会带来多少实质影响。因而，有必要重新审视界定权利对象的方法论。

二 "另辟蹊径"：界定知识产权对象的方法论

知识产权是民事权利的一种，尽管是新型的。这一定位为我们从法学上认识知识产权的对象提供了另外一种思路。既然知识产权是民事权利，而同属于民事权利的还有物权、债权、人身权。那么，这些民事权利的保护对象又是什么？学说上对它们的界定采用了何种研究路径？带着这样的疑问，此处仅以物权为例，考察传统民事权利对象界定的方法。

物权之客体，① 是物。然而，不知是物及物权的历史更为悠久的原因，还是学说上认为物是不证自明的原因，民法上对作为权利客体的物的研究，来得比较简单。德国法学家卡尔·拉伦茨指出，物作为客体，是有体并占据一定空间。② 梅迪库斯在《德国民法总论》中从民法典规定适用的角度指出了物的概念的重要性，却并未对其进行详细研究，只是指出物是"一切可以把握的东西"。③ 我国学者对物的界定也是大同小异，基本上都是从外在于人、有体性、可支配性、价值性等方面来进行界定。④ 这一点从法理学研究中也可以得到印证：作为权利客体之东西，须是"有用之物"、可控之"为我之物"以及独立于主体的"自在之物"。⑤

可以确定的是，法理学和民法学说上均未从自然科学关于世界的构成中去探讨作为权利对象的物究竟为何"物"——物质、能量抑或两者都是？一把椅子和一度电在自然科学上是何等的不同，但它们却能在民法学说上和谐相容；更为重要的是，它们在自然科学上形态的不同并未带来有关物权的保护对象是否统一，或者说法学上物的概念是否能够覆盖此二者

---

① 法理学通说认为，权利客体是指主体权利所指向的对象，加之我国民法学、知识产权法学研究中，普遍不对权利的客体和对象进行区分。此处遵照惯例，暂不做区分。

② 参见［德］卡尔·拉伦茨《德国民法通论》（上），王晓晔等译，法律出版社2002年版，第380页。

③ 参见［德］迪特尔·梅迪库斯《德国民法总论》，邵建东译，法律出版社2000年版，第875页。

④ 参见梅仲协《民法要义》，中国政法大学出版社1998年版，第78页；史尚宽《民法总论》，中国政法大学出版社2000年版，第249—250页；王泽鉴《民法物权》（通则·所有权），中国政法大学出版社2001年版，第53页；王利明《民法总论》，中国人民大学出版社2009年版，第118页；梁慧星《民法总论》，法律出版社2011年版，第150—151页。

⑤ 参见张文显《法理学》，高等教育出版社2003年版，第138—139页。

的争论。质言之，法学上对物权对象界定较为一致的主要原因是并未从哲学或自然科学上寻求支持。而且，在前述不完全相同的界定中，均体现了作为权利对象之物的两个核心要素：一是"有用性"或曰"对主体的价值性"，二是"可控性"。显然，并非椅子和电力在自然科学上为相同物，而是因为它们均具备这两个特征，才被民法学视为同等的物权对象。

反观知识产权法学研究，在其对于知识产权的对象争论不休时，我们不禁要问，为什么一定要从其他学科上揭示知识产权的对象？为什么一定要探讨此对象的哲学本原？知识产权对象的研究，只是一个规范性问题。知识产权保护制度，也只是人为构造的上层建筑大海中之一粟。试图在这一狭小范围内，解决所谓"知识""信息"的本原问题，不仅强人所难，亦无多少必要，更加少有价值。民法学对物的一般界定，虽未离开客观实在之物，却也并没有究竟其物质或能量本原。相应地，对知识产权对象之界定，同样不能离开客观存在之知识或信息，但也可以不去深究其本原。因而，下文拟借用民法上界定物的思路，来对知识产权的对象进行界定。

三 "浅尝辄止"：如何定义知识产权的对象

（一）知识、信息是指代知识产权对象的现实选择

上文谈到，界定知识产权对象的另一种思路是，不去探究不同知识产权对象的哲学或自然科学本质，而是将认识主动限制于法学的视角之下。很不幸的是，这样一来，几乎就意味着基本回到了研究的起点。但是，从知识产权法学的角度，本书不愿意局限于分别通过专利技术、作品、商标这些术语来表达知识产权的对象，而是通过对知识产权这个术语的使用进行历史考察，探寻其含义。

知识产权的称谓、制度对我国来说都是舶来品，因而有必要追溯其在原本语境中的所指。早在18世纪中期以前，英文中就出现了知识产权一词。现有文献表明，1769年，伦敦医生威廉·史密斯在《新的和医学的普遍方法》一书中复制了他人所做的医学试验并声称是自己所完成。有论者就此评论道，该医生所报告的大量试验都是其他人的"知识产权"（intellectual property）。当时这一术语的含义比较接近于某个人或社会所占有的全部知识（knowledge）。例如，人们认为"知识产权"可通过人与人之间的交流而增长；货物类财富可能会在未来的偶然事件中消失，但"知识产权"仍然会保留下来。到19世纪头10年，知识产权一词已经明

确具有了现代含义。① 例如，1811年美国纽约外科医生约翰·弗朗西斯曾经表示：个人的知识产权与他获得的其他财富一样神圣不可侵犯。虽然这时知识产权只包括专利和科学知识，版权和创造性作品被广泛地称为"文学产权"，但这一现状很快在英国和美国就都发生了改变，作者权利的保护也被纳入了知识产权之中。② 1845年，美国联邦最高法院法官开始将专利称作知识产权，1855年出现了以"知识产权之法"为名来研究作者和发明者权利的图书，③ 但并未解释使用知识产权作为书名的理由。有学者因此指出，知识产权这个术语应当作广义解释，以作为一个不仅能够包括文学财产权利，也能包括发明中的财产权利的类术语。④ 由此来看，在英文语境中，"知识产权"在其出现之后的不长时间之内，发生了由最初指代他人所掌握的知识"总量"到用来指代"一部分"或"特定"知识的转变，"知识"究竟为何物并未特别指出。可以推断，"知识产权"术语中的"知识"，使用的就是其约定俗称的含义；发明和作品是这一术语含义转变之后的所指。进而可以说，在作为权利对象的意义上，这一时期的知识产权并未区分发明和作品具体形态的不同。由此，本书认为，目前继续沿用这一做法，即继续用知识来指代知识产权的对象，是符合历史事实的。

"知识产权"这一术语在其现代意义上的使用，与知识产权法体系的形成具有一定的同步性，这再次证明知识产权对象的内涵或本质是什么，对于知识产权保护和知识产权法体系的形成都没有实质影响。甚至可以说，正是因为不再关注知识产权对象的本质或内涵，现代知识产权法的体系才得以建构起来。学者研究表明，在19世纪后半叶现代知识产权法体系形成过程中，其所关注的焦点由过去的脑力劳动转向了保护对象本身，即转向了作品或机器本身；从关注包含在保护主题中的劳动价值转向了对象本身的价值：即特定对象对于阅读公众、经济以及类似方面的贡献，也

---

① See Stuart Banner, *American Property: A History of How, Why, and What We Own*, Massachusetts: Harvard University Press, 2011, pp. 23-24.
② Ibid., p. 24.
③ Lysander Spooner, *The law of intellectual property*, Boston: Bela Marsh, 1855.
④ See Bruce W. Bugbee, *Genesis of American Patent and Copyright Law*, Washington, D.C.: Public Affairs Press, 1967, p. 4.

就是保护对象的微观经济价值。①

上文没有涉及商标权，原因是知识产权一词开始在现代意义上使用之时，也就是知识产权法形成之时，商标法在性质上还是混乱的。到19世纪80年代，将知识产权分为版权和工业产权两种类型的趋势逐渐明显，而正是工业产权这个概念的出现，为将商标纳入知识产权之中提供了便利。② 当然，还有其他方面的原因：包括登记制度所发挥的关键作用、商标与版权在保护主题方面的直观相似性等。③ 然而，尽管此时的知识产权法已将其关注焦点聚焦于具体的对象本身，但并不意味着保护对象中的脑力劳动或者创造性就完全没有了意义。这体现在商标成为知识产权的一种类型之后至今，人们一直没有放弃探究商标与发明、作品的共性。商标的价值来自传递信息，这与发明、作品既有相同之处，也有明显不同：相同之处在于都向公众传递了一定的信息，不同之处在于其中的信息在性质上有所差异。商标所传递的信息并非直接源于人的智力创造劳动。质言之，从知识的约定俗成意义上，很难将作为商标价值产生基础的信息称作知识。结合上文研究我们认为，现代知识产权法体系形成并趋于稳定的过程中，始终关注的是对象本身或者其经济价值，并没有关注这些对象本身在形态上的差异。现代知识产权法并没有打算在知识与信息之间进行区分。加之知识产权法的开放性特点，许多能够带来竞争优势或具有商业价值的信息都已经成为知识产权法学的研究对象。因而，在知识产权保护对象的意义上，严格区分知识和信息没有必要。一如张勤教授所言，从与知识产权及其制度的关联角度看，"将知识区别于信息并无现实意义"④。考虑到知识产权法学界对知识和信息的使用习惯，并为了便利表述，本书用知识信息一语来指代知识产权的对象。

（二）知识产权的对象是有价值、可再现、相区别的知识信息

作为权利对象之知识信息，当然属于一般意义上的知识信息。但反过来，并非所有的知识信息都是权利的对象。知识信息欲成为权利之对象，需要满足一些条件。首先，对主体而言应具有价值性。唯有如此，才有赋

---

① See Brad Sherman, Lionel Bently, *The Making of Modern Intellectual Property Law: The British Experience, 1760-1911*, Cambridge: Cambridge University Press, 2003, pp. 173-174.

② Ibid., p. 161.

③ Ibid., pp. 168-170.

④ 张勤：《知识产权客体之哲学基础》，《知识产权》2010年第3期。

予法律之力的必要。所谓价值，通常是指对象对人所具有的现实或可能的意义。"价值就是事物对于人（更确切地说，是客体对于主体）的'意义'。"① 作为权利对象的知识信息，其价值性主要是指商业价值（物质价值），能为使用者带来商业利益。当然，也应当包括精神价值，如作品能给阅读者带来精神愉悦或美感享受。这一点学说上已有相关主张。例如张勤教授认为，知识产权客体之知识信息是"特定有用信息"，② 张玉敏教授则强调了知识产权保护对象应当具有商业价值性。③ 其次，应当具备可再现性。可再现性是对象所表达的利益得以类型化的前提，是指作为权利对象的知识和信息，应当已经通过一定载体固定或确定。需要注意的是，法律要求知识产权的对象要以某种形式表现出来，但是，法律保护的不是这种形式本身，而是这些形式或符号所表达的知识和信息。可再现性相当于前文所谈到的物的可控性条件。也就是说，知识和信息唯有能够被人们所识别、控制时，才可以成为权利的对象。羊群跟随头羊行走，显然包含了信息的传递，此信息对人类而言，虽具价值，但却无法控制。人的大脑中，无时不有大量的信息活动，但若只是停留在大脑之中，则难以借此形成人与人之间的利益关系。尽管迄今为止，仍难见到从可再现性的角度来说明知识产权对象的学说，但并不表明现有学说认可处于任何形态下的信息都可以是权利的对象。相反，学者已从另外的角度限定了可作为权利对象的信息形态。譬如：刘春田教授指出，知识须栖身于物质载体，成为可感知的存在。④ 张勤教授指出，承载于介质又不绑定于特定介质是信息的基本属性之一。⑤ 李琛教授以符号作为知识产权对象的本身，也是对于知识信息可再现性的一种认可。当然，知识信息的可再现性与物的可控性不完全相同，后者可凭借其有体而为人力所控制，前者须借助共同约定加以实现。最后，作为知识产权的对象还应当具有区别性，也就是要与已有的知识信息相区别。专利授权条件中的创造性、作品版权保护的独创性条件以及商标应当具有显著性的要求，都表达了它们与已有知识信息相区别的共同特征。这一点在植物新品种、商业秘密等权利对象中都有相应体现。

---

① 李德顺：《价值论》，中国人民大学出版社2013年版，第27页。
② 张勤：《知识产权客体之哲学基础》，《知识产权》2010年第3期。
③ 张玉敏：《知识产权的概念和法律特征》，《现代法学》2001年第5期。
④ 参见刘春田《知识财产权解析》，《中国社会科学》2003年第4期。
⑤ 张勤：《知识产权客体之哲学基础》，《知识产权》2010年第3期。

总之，作为知识产权对象的知识信息，是能够带来商业价值、可再现、相区别的知识和信息。

第二节 知识产权保护的本质：人为制造知识信息的稀缺性

稀缺性是全部财产权对象的共同属性，但在传统财产权制度和知识产权制度诞生过程中，稀缺性的地位和作用是不同的。如果把对象的稀缺性比作"蛋"，同时把权利制度的产生比作"鸡"，则在这两种权利制度中，会呈现出一个"蛋生鸡"与"鸡生蛋"的鲜明对比。

一 "蛋生鸡"：物质资料稀缺是财产权制度产生的客观基础

稀缺性是西方经济学的逻辑起点。其要义是，相对于人类无穷欲望的满足而言，自然资源是有限的。为维护公正和秩序，财产权的观念得以形成。稀缺性在本质上反映了人与人之间的关系。正是物的自然稀缺性使得人类社会需要通过财产制度来调整人与人之间的关系。换言之，物质资料的稀缺性与传统财产权的产生之间具有明显的原因和结果联系。

古往今来，许多学者都曾假设过鲁滨孙的世界。那里资源丰裕、没有竞争，鲁滨孙的所有需要都触手可得，因而，财产的观念没有意义。而在现实中，自然世界中许多人类生存所必需的物质资料都是有限的。为减少纷争，人类发明了财产权制度。苏格兰哲学家大卫·休谟在论述财产与正义的关系时，曾将稀缺性作为其基本出发点，阐释了稀缺性与财产产生之间的关系。他指出，在地球上的一切动物中，自然赋予了人类无尽的欲望，同时，却只给了他们薄弱的手段。人类没有像狮子一样雄壮的肢体，却有着比牛、羊更多的需要。除了食物难以轻易得到外，人类还需要房屋和衣服以遮风挡雨。在人类的欲望与资源的供给之间存在矛盾。为了缓和欲望及其满足手段缺乏之间的矛盾，休谟提出了人类对社会的需要。基于克服人性及自然资源不足的制约，人类最终确立了财产制度。①

在人天然具有无穷欲望的既定假设中，自然资源的稀缺性不仅与其量的有限性有关，也与自然资源本身所决定的其在使用上的排他性有关。土

---

① 参见［英］休谟《人性论》，关文运、郑之骧译，商务印书馆1996年版，第525页。

地、林木、矿石等资源的有体性和不可复制性天然地决定了其使用的专有性，即不可能同时为多数人所使用。① 当然，如果仅停留在考察和论证财产权产生的最初状态，分析导致自然资源稀缺的这一双重原因的必要性并不明显，但人类对制度演进的探讨从来都没有也不应当停留在制度产生和形成的原始或伦理正当性上。解决制度产生以后所具有的机能与人类对其应然机能的需求之间的矛盾是制度演进的重要推动力。基于物在使用上的排他性，财产权制度的产生，反过来成为有力促进新的可用资源生产的基本制度工具。这一点在知识财产世界中，具有更加重要的意义。

二 "鸡生蛋"：知识产权保护是知识信息具备稀缺性的制度依据

（一）可共享是知识信息的天然属性

与有体物相比，知识信息天然地属于共享性物品。共享性物品是指能够同时为两人以上所使用且效用不降低的那些物品，典型的如国防和灯塔。一般而言，正是因为对象不会因使用而在物理形态上有所减损，才可能为多人所共享。当然，反之并不亦然，如货币。在公共财政和福利经济学中，共享性物品常常也被称作"公共物品"。但公共物品一词本身就隐含了政策结论。② 说知识信息是一种共享性物品，只是一种事实判断，并非表明它们必然就是公共物品。因为后者通常包含了由谁提供或者分担成本这样一个公共选择过程。也并非表明，共享性物品只能共享，不能被私有化。相反，通过设置定价或产权规则，共享性物品可以具有规则上的排他性。对此，爱伦·斯密德指出，诸如广播电视信号等共享物品是可以成为私人财产、允许排他性使用的。其前提是对已经存在的信号，设置一个加密器以排除不支付费用的用户。③ 因而，本书使用共享性物品以单纯表明知识信息具有可以同时为多人占有和使用且不会导致效用降低的特性。知识信息的可共享性源自其所具有的如下特征：

---

① 从人类整体或不特定多数人的角度看，即便是存在对有体物的积极共有，排他性仍然是存在的。
② 参见［美］A. 爱伦·斯密德《财产、权力和公共选择》，黄祖辉等译，上海三联书店2007年版，第119页。
③ 同上书，第115页。

1. 不发生有形形式的占有

占有一直是取得所有权的重要事实依据，也是传统上享有和行使所有权的重要前提。物理上的占有，多以人力为基础。人力之能发生排他效果，又须以其作用对象在物理上有形体、边界可区分等条件为前提。知识信息本身没有形体，相同技术领域内不同技术方案的边界常常并非显而易见。因而，人类无法像占有一把椅子一样占有知识信息。也就是说，任何人都不能对抽象的知识信息从物理形态上进行排他性占有。①

2. 具有可复制性

知识信息的可复制性已是学说共识，它是指知识信息可在不改变原始形态、质和量的情况下同时出现在不同的载体或介质之上。这一点与椅子、电力等传统财产权对象区别明显。在没有构成材料量的增加时，后二者的复制是无法实现的。进一步说，这种不同还在于可控之知识信息需要借助人类共有的符号来加以表达，而椅子、电力等物的表达无须借助他物；或者说，构成、表达椅子、电力之元素本身是非共有的、可消耗的。

3. 不因使用而减少或消失

不同于面包、乳品等物可因使用、自然变化而消耗或转化存在形式，知识信息却不因使用、载体变化而减少或消失。② 合成氮肥的方法，一旦被人类思维创造出来，并通过文字、电子数据等形式表达出来或体现在使用该方法制造出的氮肥之中，就不会因使用、学习等而减少或消失。与此相类似，作者的思想通过一定的表达表现出来之后，任何人以任何方式对该表达的使用既不会在自然形态下妨碍他人对相同表达的同时使用，也不会导致该表达本身的丧失。需要说明的是，该特征与前二者相比，又具有一定的特殊性。详言之，言及某类（项）知识信息不会因使用而减少或消失，并不意味着它只要从人的思维本身外化出来，就一定会永续下去。知识信息本身虽不依赖于某种特定载体而存在，它却可能会因载体的消失而消失。如作品创作完成后，除了作者之外没有人看到过，在作者过世后，发生大火将此作品的载体全部烧毁。同样，如果信息只存在于人类大脑之中，未被外化并栖身于某种特定介质，则可能随着特定个体的死亡而消失。此外，需要区别的问题是，知识信息本身不因使用而削减，不意味

---

① See J. W. Harris, *Property and Justice*, Oxford: Oxford University Press, 1996, p. 43.
② Ibid., p. 43.

着其价值性也不会随着使用行为或其他因素而导致发生变化。相反，知识信息价值的大小和变化会受到很多因素的影响。价值本身具有主观性，具有"因主体而异的本性"①。因而，相同知识信息不仅对于不同主体而言所具有的意义是有区别的，而且它也会因为不同的时间、随着相关事物之间地位的变化而对相同主体具有不同的意义。譬如：替代技术的发明会使旧的相关技术对人的意义减小，商品或服务品质的下降也会导致人们对相应商标所承载商誉的评价发生变化，等等。

综上，从自然属性上看，所有知识信息都可由多人同时知晓，一人之知晓和使用并不妨碍他人之同时知晓和使用。换言之，从自然形态上来说，知识信息不具有自在的排他性。

(二) 知识产权的创设使其对象具备了稀缺性

如果沿用与前文相同的推理——从客观到主观的思路，就会发现在知识信息领域，情形将大为不同。我们仍然以已有或已经存在的知识信息为出发点，则因为前述知识信息的天然属性，很难说知识信息具有经济学上的稀缺性。对任何具体的知识信息而言，一人之使用并不妨碍他人之使用，人们自然不会因为知识信息使用而发生冲突。因而，在知识信息量既定的情形下，保持共有状态，甚至是只有保持共有状态，方能最大限度地满足人类的欲望。显然，我们无法从知识信息的自身特性来推导出知识信息财产化的必然性。然而，知识信息的财产化毕竟是既成事实。为此，唯有倒转思路，即以知识信息被财产化的这一既定事实为出发点，来观察其对知识信息的"社会属性（即使用和生产等）"所产生的影响。

作为知识产权对象的知识信息与有体物的共同之处在于：它们都具有稀缺性，具有同样的排他功能。不同之处在于：物的稀缺与排他是天然的，而知识信息的稀缺与排他却是人为的，是法律构造的产物。一句话，物的天然稀缺性导致了财产化，而财产化使得知识信息具备了稀缺性。②知识产权虽然与有用之物（例如书籍或专利药品）有关，但这些有用之物本身并非真正的使用对象。毋宁说，它们是生产和使用那些有用之物的样板或模式。一如哈瑞斯（Harris）所言，它们是获得和给予不具有自然

---

① 李德顺：《价值论》，中国人民大学出版社 2013 年版，第 57 页。
② See J. W. Harris, *Property and Justice*, Oxford: Oxford University Press, 1996, p. 43.

稀缺性的东西以排他性的手段。① 在"物化"知识信息的过程中，立法通过令那些满足条件者作为权利所有人或被许可人以享有排他性使用特权的方式创造了一种人为稀缺性。财产化之后的知识信息如"笼中之鸟"，尽管并没有改变知识信息的自然状态，多人仍然可以同时拥有相同知识信息，但其使用却受到了限制。知识资源本是社会蓄积的一部分，知识产权是通过构造使用上的稀缺性以达到确定市场权力和控制知识资源目的，从而将其商品化的一种工具。②

以商标保护为例，现代各国立法普遍规定，商标是由一系列文字、数字、图形、字母和其他标识，以及上述标识的组合而构成，使用在产品或服务上以识别和区别来源的标识。而一旦文字、数字及其他符号已经存在，则从自然属性上来说，对它们的使用是不受限制的。也就是说，某人对某个标识的使用并不会影响到该标识对于他人的物理可及性。同时，尽管有些标识是由某个人创造的，但这同样不能改变这种标识的物理特征。因此，将商标使用者的利益作为一项立法应当保护的权利予以对待采用的是一种因果颠倒的方法。它道出了结果而不是原因。是标识使用的排他性客观上要求标识应当具备稀缺性——只能有有限的甚至是唯一的经营者能够使用特定标识，而不是相反。显然这只能通过法律的特别规定来实现。而法律保护给予标识以稀缺性本身必然会反映特定的公共政策，稀缺性的程度也会体现一定的公众政策。譬如，从现实立法来看，立法并没有使已经进入公共领域中的信息具有稀缺性；同时，对于已经被赋予稀缺性的信息，立法也没有使其具有永恒性。一旦这些信息依法进入公共领域，则其稀缺性就终止了。同样，尽管多人都会通过各种渠道知晓合成氮肥的新方法，但非经专有权人许可，他人不得使用相同方法从事氮肥的生产和交换。一个显著性标识传递了其所使用的商品或服务的信息，尽管人人客观上可能都有使用相同标识销售相同商品或服务的能力，但未经专有权人许可，他们也不得使用该标识。

关于知识产权制度造就了知识信息稀缺性的问题，许多学者都有类似的概括。但有的主张认为设计知识产权的目的在于排除他人对信息的使

---

① See J. W. Harris, *Property and Justice*, Oxford: Oxford University Press, 1996, p. 43.
② Christopher May, *The Global Political Economy of Intellectual Property Rights: the New Enclosures*, New york: Routledge, 2010, p. 12.

用，仅仅服务于减缓信息流的自然流动。① 这个说法值得商榷。知识产权制度不仅关注信息交换的速度，更关注新信息的生产。因为，对于知识信息等非物质产品而言，它们一旦出现就可以进行无限复制；"只有法律能让它们变得稀缺，这是为了刺激人们生产这类思想"②。知识产权制度得以建构的真实动力在于围绕知识的占有形成了这样一个"系统运作循环"："正是对于知识的占有过程制造了知识的稀缺性，而这种人为建构的稀缺性又成为进一步攫取和占有的动机"③，最终解决了知识信息的持续性积累难题。

第三节 知识产权保护的实现路径

一 起点：需要划定保护对象的边界

知识信息作为财产权的对象，完全来自制定法的创造。就此而言，知识财产权的存在是一个制度事实。④ 在制度法理学的本体论中，世界上的事实由"纯物质性事实和制度性事实"构成。⑤ 前者只与有形存在相关，而与人的意志无关；后者是"作为人类实践活动或其结果的事实"，⑥ 这类事实仅仅因为一定规则的存在才具有意义。根据制度法理学的分析，⑦ 立法需要通过三重规则来实现知识信息的财产化：在何种情形下知识产权方能产生并由某个特定个体所享有；权利人享有何种特权，或者从相对的方面来说，需要有预防其他人以与权利人相同的方式使用知识信息的侵权

---

① See Robert P. Merges, *Justifying Intellectual Property*, Massachusetts: Harvard University Press, 2011, p. 37.
② ［英］F. A. 哈耶克：《致命的自负》，冯克利、胡晋华等译，中国社会科学出版社2000年版，第37页。
③ 余盛峰：《知识产权全球化：现代转向与法理反思》，《政法论坛》2014年第6期。
④ See Neil MacCormick, "On the Very Idea of Intellectual Property: An Essay According to the Institutionalist Theory of Law", *I. P. Q.*, 3, 2002, p. 235.
⑤ 参见张文显《超越法律实证主义和自然法理论：制度法理学的认识——方法论和本体论》，《比较法研究》1995年第1期。
⑥ 同上。
⑦ 同上。

规则；必须规定知识产权在何时以及如何终止。① 而确立这些规则的基本前提是，立法应当如何以及通过何种方式来确定意欲为某人所专有的那部分知识信息的边界。唯有对象的边界确定了，方能最终将其"关进制度的笼子"，从而实现制造稀缺的效果。同时，一如前文所言，划定知识信息的边界也是实现知识信息可控性的需要。知识信息可控性的实现无法借助其本身，而需要借助一定的表达或载体。知识信息的价值性是现实的，但若不能确定有价值的知识信息及其边界，则同样无法实现财产化，人造稀缺也就无从谈起。

二　为什么借助符号：知识产权的对象与符号存在天然的关联

知识信息具有无形性、可复制性、无法发生有形的占有等自然属性。因而，尽管人类会拥有将其使用予以专有化、使其成为财产权对象的愿望，但若不依赖其他人为构造，则定难实现此愿望。因为，欲使某个对象为某人所专有，哪怕仅仅是使用意义上的专有，其前提也必然是该对象是可以量度的，是边界清晰的。有体物使用上的专有可由其物理意义上的有体所决定，而尽管学者指出自然科学的发展使得信息也可以量度，② 但对日常使用者而言，其物理边界是否确定、清晰仍然是不清楚的。因而，为实现知识信息的价值，就需要借助某种形式以使不同的人可以对其进行感知，并实现知识信息在自我主观世界中的再现。③ 这一形式便是人类在长期进化过程中创造的图形、文字等符号。

思维能力决定了人类具有各式各样的思想。人类不仅能够被动地适应自然世界，其区别于动物的关键在于能够在适应自然中形成思想，进而通过思想交流，主动适应和改造自然，以服务于自身。达致此效果的必由途径是人类必须寻找或借助一些主观思想之外的标记，把内心所想——在本体上不为他人所见、所知的观念表示于他人。进化论告诉我们，人类自始

---

① See Neil MacCormick, "On the Very Idea of Intellectual Property: An Essay According to the Institutionalist Theory of Law", *I. P. Q.*, 3, 2002, p. 236.

② 张勤教授指出，现代科学是用熵来作为信息的度量的，而当代信息社会中，实际使用的度量单位主要是比特（参见张勤《知识产权客体之哲学基础》，《知识产权》2010年第3期）。尽管如此，但无论是比特还是熵，均未告诉人们此信息和彼信息之间的边界。

③ 我们可以把这一现象称作知识信息的转让。它与物质世界中有体物的转移需要通过交付等行为来实现在本质上是一样的，只有通过将知识信息通过人类能够感知的工具加以确定，才可能发生转移。

以来一直借助的一种外在标记就是声音。如果声音是人类和许多高等生物与生俱来的存在，那么声音对于人类的意义则全然在于它们所标记的观念。正如洛克所言，说话的目的，就在于使那些声音当作标记，把自己的观念表示于人。[①] 伴随着长时间使用，一定声音便与其所代表的观念之间产生了稳定联系。这种稳定联系的产生，是声音或字词具有功用和意义的前提。而且，字词和观念之间的联系不但是稳定的，也是不以单个人的意志为转移的。可以说，有意义的声音或字词是人类思想的最初表现符号。但单纯靠声音传递思想存在明显局限。后来，又形成了能够在人类间传递和交流思想的图形、文字等各种符号，由简单到复杂、由单一到多样。当然，考察这一演进的具体过程已经超出了本书的范围，无疑也超出了本人的能力，但本书毋宁武断地认为，正是交流思想的需要，催生了各种符号，符号也天然地具有了记载、传递、交流思想的功能。

尽管思想、观念与此处所探讨的知识信息并不完全等同，但由前人研究可知，后者是前者的子集。如此，符号记载、传递、交流思想的功能决定了符号同样具有记载、传递、交流知识信息的功能。换言之，知识信息欲实现交流和传播，则需要借助于同样作为人类创造物的各种符号。[②] 正是知识信息与图形、文字等符号之间的这种关联，使得人们将知识信息加以财产化成为可能。知识信息的符号化表达，是知识信息人为稀缺性得以实现和存在的前提。换言之，人们正是利用了知识信息与符号的天然联系，实现了知识信息的财产化。

三 怎样的符号化：特定的符号化要求与财产权边界的确定

（一）说明书、权利要求书与发明财产的确定：以英国实践为中心

与作品和商誉的财产化过程相比，能够作为私权对象（亦即可财产化）的技术发明的确定过程更为复杂，故而本书对此略加详述。为表述清晰起见，此处先简述结论，然后详细梳理可财产化的发明的确定路径。总体上看，自《垄断法》之后，技术发明的确定过程，大致经历了以下几个阶段：一是实体表达阶段。在该阶段，对现有技术的改进不认为是发

---

① 参见［英］洛克《人类理解论》，关文运译，商务印书馆1983年版，第386页。
② 这里可能产生歧义的是声音。尽管声音也是符号，而且发出声音是生理的、与生俱来的，但声音之所以具有意义和功用，也是源自人类的长期进化和有意为之。因而，将非单纯生理意义上的声音认为是人类创造的符号，并非没有道理。

明。二是专利说明书表达阶段。在该阶段,发明的范围包含了对现有技术的改进。正是发明概念的这一扩张,使得提交说明书以确定所述发明的边界成为必要。三是以权利要求书作为确定所述发明边界的依据。

在《垄断法》前后很长一段时期内,可以授予专利权的新发明与今天存在较大不同。一方面,它不能是针对现有技术的改进。曾任英国高等民事法庭首席法官的爱德华·科克(Edward Coke)在1628年指出,可专利性的新制造物必须在实质上和本质上是新发明的;如果一个物之前就存在,在此基础上的新的增进物——哪怕此增进物使得在先物更具营利性——在法律上也不是新的制造。① 另一方面,可以授予专利的"生产方法"包括了从外国引入英格兰的现有技术。专利实践中并不要求以任何形式对发明作出正式披露或说明,但实施发明是获得授权的基本对价。作为授予专利权的条件,专利权人有义务将发明引入英格兰以及在英格兰实施专利,从而将先进技术转化到当地产业中去。同时,作为附带事项,专利权人还需要培训当地学徒。可见,由于可专利性的发明在英格兰境内必须是全新的,而且必须在英格兰加以实施,因而,与其说此一时期的发明是没有通过符号加以表达的,不如说它采用了实物化的表达形式。尽管为了获得专利授权,在专利申请中还是需要作出有限的说明以划定发明的界限,但在《垄断法》颁布后的百年中,并不存在一般性地、正式地提供详细说明以准确陈述发明是什么以及它如何最好实施的要求。②

此后专利制度的发展表明,在可专利性发明的概念向包括改进发明延伸过程中,枢密院(Privy Council)和普通法法院通过判例确立了专利申请中应当使用说明书以表达发明的要求。直到1753年专利侵权的管辖权都在枢密院。期间,拥有船舶雕刻、油漆和着色发明专利的权利人菲利普·霍华德(Philip Howard)和弗朗西斯·沃森(Francis Watson)曾向于枢密院司法委员会控告伦敦油漆着色公司侵犯了其专利权。③ 枢密院司法委员会在听审时建议双方以书面方式将其不同的油漆方式确定下来。最终,在枢密院建议下,国王发布命令指出,原告专利对王国有益,因而是

---

① See David J. Brennan, "The Evolution of English Patent Claims as Property Definers", *I. P. Q.*, 4, 2005, p. 364.

② Ibid., p. 363.

③ See E. Wyndham Hulme, "Privy Council Law and Practice of Letters Patent for Inventions from the Restoration to 1794", *L. Q. Rev.*, 33, 1917, p. 68.

适合"珍爱"和保护的正当、合法特权。1670 年议会通过一项非公知法（Private Act）仅就在船舶上使用涉案技术授予了霍华德和沃森以排他性权利，同时要求专利权人向财税法庭（Court of Exchequer）提交一份对制造方法的公开描述。① 因所涉发明实际上是对船舶建造方法的改进，因而，非公知法要求提交对该发明的公开描述便具有重要意义：即在特定船舶建造技术是公知的情况下，如果对船舶建造技术的改进给予专利保护，则其他人将如何根据非公知法来确定此发明的范围呢？事实上，在英国国会下议院起草非公知法案时，下议院议员曾提出了相应的反对意见：它并未表明涉及的发明是什么；由此似乎可以认为，任何后来者只要提出了能够更好地粉饰船舶的其他新发明，那都是菲利普·霍华德的发明。② 应当说，这一疑问正是专利权人负担提交书面说明以公开描述发明义务的来源。议员的反对意见并不是否定改进发明本身会构成有效的授权基础；相反，它恰恰表明了改进发明可能会构成一项有效授权的基础，前提是为了识别此改进，需要对改进进行足够明确的描述。这样，为了枢密院事后侵权判断以及下议院确信相关公众能够在事前知晓所保护的发明是什么，霍华德和沃森的发明正式的首次以书面形式加以提炼。可以说，正是作为专利侵权裁判者的枢密院和作为专利授权立法政策制定者的下议院的共同回应，促进和加速了说明书在专利法上的确立。③

与 1670 年非公知法的要求相似，在 1711—1734 年专利授权的公共管理中，也在特定情形下要求专利申请者提供书面说明书。这项要求在 1734 年成为标准要求。然而，对其背后的原因，后人的解释不甚统一。休尔漠（Hulme）指出，它源自使得授权更为确定的主张。④ 麦克劳德（MacLeod）指出，此要求产生的动机完全在于政府能够更为容易地辨别表面上近似的发明。她认为该义务是强加给专利权人的，而不是专利权人

---

① 事实上，该案原告在 1668 年将其 1667 年专利申请扩展至所有类型的涂漆方法。See E. Wyndham Hulme, "Privy Council Law and Practice of Letters Patent for Inventions from the Restoration to 1794", *L. Q. Rev.*, 33, 1917, p. 68.

② See Christine MacLeod, *Inventing the Industrial Revolution: The English Patent System, 1660-1800*, Cambridge: Cambridge University Press, 1988, p. 51.

③ See David J. Brennan, "The Evolution of English Patent Claims as Property Definers", *I. P. Q.*, 4, 2005, p. 365.

④ Ibid., p. 317.

所追求的。① 考虑到 18 世纪存在大量相似发明和改进发明，麦克劳德的分析可能更加接近实际。书面说明义务具有命令性、强制性：当且仅当公开提供了说明书，专利授权才是有效的。麦克劳德认为，公开披露的副产品就是专利权人得到了一个更加清晰的发明边界。②

18 世纪中期，普通法法院取得了专利案件的管辖权。③ 正是此后不久曼斯菲尔德勋爵和布勒（Buller）法官就改进发明应当获得专利授权的论证，提高了专利说明书的重要性，并将其作为专利法的中心而被奉为圭臬。在 1776 年莫里斯诉布莱莫森（Morris v. Bramson）案中，被控侵权的主题是已有编织机器上附加的孔眼（eyelet hole）装置。该专利系 1764 年所授予，并有一个含有技术图的详细说明书所支持。曼斯菲尔德就该案焦点——仅对已有装置的改进能否正当地维持专利授权有效——发表了如下意见：若反对向改进现有物授予专利权的意见成立，则会导致撤销已经授予的几乎所有专利。④ 在普通法上，该案为被视为"旧外衣上的新纽扣"授予专利权的难题充分松了绑。其背后的原因可能是，在有详细专利说明书的支持下，法院能够确保对"新纽扣"（增进技术）的授权并没有给予其"旧外衣"（已有技术）本身以任何权利。1781 年，曼斯菲尔德的亲密同事布勒法官指出，就发明而言，尽管一件机器的大部分此前都已知晓，但若存在任何重要和新的东西增进了贸易，那将足以支持一件有效专利。⑤ 尽管看起来是曼斯菲尔德和布勒改变了改进发明的不可专利性，但事实上，正是此前专利授权中对于提交说明书的要求，支撑了普通法对改进发明可专利性的认可。而伴随着改进发明的可专利性，出现了一项置于说明书之上的关联法律义务：它们区别了新的和旧的。1816 年艾伦博瑞夫（Ellenborough）勋爵在麦克法莱诉普瑞斯（MacFarlane v. Price）一案中对专利权人的此项告知义务进行了明确。⑥ 换言之，专利权人提供说明

---

① See Christine MacLeod, *Inventing the Industrial Revolution: The English Patent System, 1660-1800*, Cambridge: Cambridge University Press, 1988, p. 51.

② Ibid., p. 53.

③ Ibid., p. 59.

④ See David J. Brennan, "The Evolution of English Patent Claims as Property Definers", *I. P. Q.*, 4, 2005, p. 367.

⑤ See Edmunds, Lewis. and Stevens, T. M., *The Law and Practice of Letters Patent for Inventions*, London: Stevens and Sons, 1897, p. 178.

⑥ See Macfarlane v. Price, 171 E. R. 446, 446 (1816).

书义务的创设是为了清楚地界定所述改进。这样，在 19 世纪的大部分时间内，专利说明书都是界定发明边界的工具。

然而，将专利说明书用于界定发明边界的工具，与《垄断法》之后专利保护的主流理论存在潜在矛盾。许多普通法院的裁判都以专利对价论为基础，指出说明书必须全面披露发明的最佳实施例。这样，说明书实际上承载了两种义务：全面披露发明和通过描述改进之处以划定发明的界限。鉴于这二者内在的不完全一致性，又导致了规则适用的不稳定。披露发明侧重于发明的实施，而界定发明不同于以往则侧重于新思想或改进本身。免除披露最佳实施例的义务不会给专利授权本身的正当性带来多少影响，但披露最佳实施例——更加宽泛地描述发明——可能会导致授权无效。这一两难困境促使发明人在其专利说明书中开始叙述专利权利要求。发明人为了保护自己，在专利说明书中引入了区分公开信息和发明信息的措辞。在专利权人的这种自觉实践中，权利要求作为说明书的独立部分在 19 世纪前半叶得以出现。如 1825 年詹姆斯·凯（James Kay）就亚麻湿纺技术获得专利的说明书中就同时包含了对发明的详细陈述和单独的权利要求。[①] 正是在涉及詹姆斯·凯的发明的侵权诉讼中，上议院大法官在英国法上首次对专利权利要求作出了实质性说明：权利要求不是旨在描述发明，而是表明所主张的是新的。[②] 这是对专利权人有意识引入权利要求措辞的准确解释，也是专利习惯和司法态度结合的例证。为了回应司法的要求，专利权人自愿嵌入了权利要求；相应地，司法理解并准确地定性了专利权人有意使权利要求发挥的作用。尽管如此，但在 19 世纪中期之前，权利要求作为"财产限定者"的观念并未占据主导。原因是，权利要求主要还是被理解为旨在满足应对新东西进行具体化的要求所作，而不是为了界定专利财产的边界。财产的边界则是在发生侵权时由司法裁判进行确定。这二者之间并不完全一致：陈述权利要求是与说明书制作以及专利授权的有效性相关的义务，但对于确定是否构成侵权来说并非是必要的。

1857—1860 年发生的斯伊德诉希金斯（Seed v. Higgins）案清楚地开

---

① See Kay v. Marshall, 2 H. P. C. 861, 865-867（1835）; H. I. Dutton, *The Patent System and Inventive Activities during the Industrial Revolution*, 1750-1852, Manchester: Manchester University Press, 1984, pp. 189-190.

② See Kay v. Marshall, 40 E. R. 418, 422（1836）.

启了专利权利要求书的现代职能。① 在该案中，可以看到将专利权利要求书作为财产限定者的首次司法认可。威廉·斯伊德（William Seed）于1846年获得一项专利授权，他在说明书中描述完该发明的一种实施例之后写道："我在此声明，我并非要将自己限制在此特定方法的范围之内；相反，我主张将基于前述特殊或专门目的适用离心力定律或原理者作为我的发明；那就是，为了制造坚硬、匀称的压缩小卷轴，（将离心力原理）应用在用于准备、粗纺、漂白棉花与其他纤维材料的高速装置上。"② 在获悉他人已经获得了在相似装置上适用离心力的专利后，③ 为避免其专利因缺乏新颖性而无效，斯伊德于1854年提交放弃声明缩小了其权利要求，只是保留了说明书中所描述的应用离心力的情形，即通过压具负重以使其对小卷轴施压。④ 随后，斯伊德指控被告侵犯了其专利。该案经过了多次审理之后，上议院于1860年7月18日裁定维持了财税法庭的判决，理由是没有证据表明被告装置落入了斯伊德修正后的以特定方式适用离心力的权利要求之中。⑤ 该案的亮点在于，法院认为斯伊德提交放弃声明的效果是仅对说明书中所描述的特定方法主张了权利。⑥ 换言之，权利要求的作用被理解为放弃那些没有明确主张的权利。这样，权利要求在很大程度上具有了篱笆桩性质，在排他性权利所依附的对象与完全处在这些权利之外的对象之间充当了界碑。1876年和1877年上议院再次明确指出，权利要求旨在精确地界定和限制所主张的发明，从而确定受专利保护的东西。⑦

19世纪末期以后，权利要求作为确定专利权人财产的首要依据得到了立法和司法的进一步明确。1883年《专利、设计和商标法》规定，说明书，无论是临时的还是完整的，必须以名称开始，完整的说明书必须以对发明权利要求的明确声明来结尾。该要求在1907年《专利与设计法》中得到了延续，只不过次序由原来的第5部分之（5）调整为第2部分之

---

① See Seed v. Higgins and Others, 120 E. R. 281（1858）; Higgins and Others v. Seed, 120 E. R. 287（1858）; William Seed v. John Higgins and Others, 11 E. R. 544（1860）.
② Seed v. Higgins and Others, 120 E. R. 281, 281（1858）.
③ See Higgins and Others v. Seed, 120 E. R. 287, 289（1858）.
④ See Seed v. Higgins and Others, 120 E. R. 281, 281（1858）.
⑤ See William Seed v. John Higgins and Others, 11 E. R. 544, 570（1860）.
⑥ See Seed v. Higgins and Others, 120 E. R. 281, 286（1858）.
⑦ See Harrison et al. v. The Anderston Foundry Company, 1 App. Cas. 574, 581（1876）; Dudgeon v. Thomson and Donaldson, 3 App. Cas. 34, 54（1877）.

（4）。在 1895 年诺贝尔爆炸物有限公司诉安德森（Nobel's Explosives Co. v. Anderson）一案中，法院明确将权利要求作为专利财产范围的限定者。① 到 1938 年，也就是英国 1932 年针对专利撤销的事由进行立法改革后不久的电子与音乐公司诉雷森（Electric & Musical Industries v. Lissen）一案中，专利权利要求作为私权限定者的作用再次得到了明确。在该案中，罗素大法官（Lord Russell）指出，权利要求的作用是清楚而精确地定义所主张的垄断，由此其他人可以知晓其将成为入侵者的恰当边界。权利要求的主要目标是限制而不是扩张垄断，没有主张的部分是被放弃的。同时，尽管权利要求应当作为整个文档的一部分来加以理解，但就所禁止的领域而言，只能从权利要求的用语而不是其他任何地方去寻找。② 到 1977 年，英国在立法上第一次明确地确认了专利范围是由权利要求加以限定的。

（二）思想的符号表达与文学财产确定

与技术方案需要普遍认可的特定符号化予以表现一样，欲专有文学艺术创作所承载知识信息的商业使用，或顺利从事交换，同样需要框定其边界。和发明通常只与功能、实用等相关不同，文学艺术创作重在表达思想感情。因而，后者所涉及之知识信息的确定，更加难以捉摸。近现代以来知识产权保护的实践也反映了这一点。英国《安妮法》之前的图书出版保护，主要通过行会垄断和王室印刷特权来完成。图书印刷保护的目的，在于维护印刷商、书商垄断，保护的对象完全或基本上完全局限于图书版本本身。图书印刷专权与王室特权或行会成员资格紧密关联，不但印刷专权的财产属性未得到全面认可，而且，即便认为印刷专权也具有财产属性，则该财产的确定也是与特定图书版本相对应。就此可以说，图书版本本身即是财产的边界。

文学艺术创作成果中财产确定问题的真正出现是在 18 世纪英国关于文学财产的著名争论中。对此，澳大利亚学者布拉德·谢尔曼和英国学者莱昂内尔·本特利对英国 1760—1911 年知识产权制度演进历程的考察给我们提供了珍贵的素材。在那场争论中，文学财产反对者的一个重要论据即与此有关，"即所谓的文学财产，实际上并不具备其之所以作为财产的

---

① See Nobel's Explosives Co. v. Anderson, 12 R. P. C. 164, 167 (1895).
② See Electric & Musical Industries v. Lissen, 56 R. P. C. 23, 39 (1939).

一个种类而通常被人认为所必需的特征"①。也就是说，任何财产都应当是在法律上可确认的，同时，也能确定其利益是否受到了侵害。毫无疑问，这一反对是切中要害的。文学财产的支持者们必须表明，存在某种能够对文学财产"进行定义的界限和对之加以区分的标记"②，从而"给这个虚幻的幽灵添上四肢和面容"③，实现从无到有的转变。最终，支持者们通过关注智力劳动的物质表达完成了这一使命。其基本逻辑是，尽管文学财产是观念性的，但它是通过文字记录和表达的，因而，当"作者的劳动被表现为那些表达在纸上的可观看和理解的文字，这一事实就为识别该财产提供了标记和界限，而这样做就是'为了确定对印刷权的占有和独立的行使'"④。很显然，正是借助与文字和语言表达等符号，文学财产的支持者解决了文学财产得以成为财产的边界确定难题。换言之，借助文字、语言等符号，文学艺术创作成果具备了可控性、可再现性，从而为其财产化扫除了障碍。此后至今，版权的保护对象仅及于表达、不及于思想的原则成为版权法的重要支柱。

（三）商业标识的法定形式要求与商誉专有

相对于专利和版权，商誉的专有与其表达形式之间的对应关系显得较为松散。其原因在于商誉在表达上具有多样性，不同的表达形式都可能会指向同一商誉。尽管如此，商业标识保护的法律实践仍然基于商誉专有与维护自由竞争两方面考虑对商业标识的法律形式作出了要求。这里以商标为主，简要说明商标法制造商誉稀缺的路径。

研究表明，人类在商业活动甚至是日常生活中使用标识的做法由来已久。18世纪以降，商业活动中标识使用的专有性问题逐渐出现在理论和司法实务的视野之中。阻止消费者受到欺诈，几乎是此后一个世纪中阻止冒用他人商业标识的全部正当性。18世纪末19世纪初，法院开始认为，商标本身并不重要，它仅仅是一个更为重要的东西，即商誉的可视证明。

---

① ［澳］布拉德·谢尔曼、［英］莱昂内尔·本特利：《现代知识产权法的演进》，金海军译，北京大学出版社2006年版，第27页。
② 同上书，第29页。
③ 同上书，第30页。
④ 同上书，第31页。

商誉是实质部分,商标仅仅是影像。① 商誉的形成在很大程度上来自商人的努力,盗用他人商誉有违公平竞争。因而,爱德华·S. 罗杰斯(Edward S. Rogers)指出:每个商人都拥有基于其营业商誉的财产,他对商誉有权享有排他性利益,因此,他有以己之名销售自己货物的排他性权利,同时却不能以他人的名义销售自己的货物。这项原则在 19 世纪初的英国相当相当普遍,没有例外。②

虽然直到今天,人们对商誉究竟是什么都回答不一,③ 但不可否认的是,它同样是一种信息,一种主要通过辨识商品来源来评估商品或服务品质的信息。④ 由此,商誉也具有一般知识信息的共同特征,如无形、可复制、不具有天然排他性等。而且,相比较专利技术方案和作品表达来说,商誉虽客观存在,但无法拿捏,似乎更加难以捉摸、更为不确定。因而,欲使此信息的使用专有化,单靠其本身同样无法完成。换言之,商誉的财产化也需要借助一定的载体,即承载了商誉的产品外观、商标及其他能够使得消费者辨识出其欲购买物品来源的标识。从相对的方面来说,商誉并非只与商标一一对应,或者说并非只有商标才能代表商誉,产品外观、包装、字号等相对稳定的标识等,都是商誉的承载和传递工具。这些标识本身又都是可复制的,因而,复制或仿冒这些标识,便实现了对其中所积聚商誉的"顺手牵羊"。同时,就商业竞争而言,单纯的标识本身又是无意义(无财产性)的,大多数标识都是人人可以自由使用的,⑤ 若令所有的标识不设限定地为一人所专有,则有违自由竞争,会从根本上妨碍人类的正常交流,显然是不正义的。

不难看出,在商誉专有化过程中,立法者遭遇了和发明创造、作品的使用专有类似的问题,即应当如何划定商誉的边界。而从实证来看,正是

---

① See Edward S. Rogers, "Comments on the Modern Law of Unfair Trade", *Ill. L. Rev.*, 3, 1909, p. 555.

② Ibid., pp. 555-556.

③ See Floyd A. Wright, "The Nature and Basis of Legal Goodwill", *Ill. L. Rev.*, 24, 1929, p. 22; Robert G. Bone, "Hunting Goodwill: A History of the Concept of Goodwill in Trademark Law", *B. U. L. Rev.*, 86, 2006, p. 583.

④ 代表特定商品或服务品质的商誉的反映或表达的形式很多,如产品包装、字号、产品本身的外观、广告宣传等。

⑤ 尽管一些独创的、符合版权保护要求的标识设计是有财产性的,但其并非此处所应关注的问题。

通过对标识构成设定明确条件，立法者框定了商誉的边界，使商誉的法律排他性变得可能。商标立法一方面无不对商标的构成要素作出了明确要求，尽管随着时间的推移构成要素本身在逐渐丰富和更加多样化；另一方面，规定只有具备显著性的标识才能享有专有使用权，原因在于非显著性标识至少无法传递和承载特定的商誉。这一条件限定了可专有的商誉的边界，避免了为实现商誉专有而对自由竞争和其他公共利益造成妨碍。这样，通过将商誉与受限的标识——商标——对应起来，实现了商誉的财产化。无论商誉的财产价值如何变化，只要使得商标专有，就足以保证商誉的专有。反过来，构成商标的符号整体，也框定了商标权保护的财产边界。正是在此意义上，学者认为，商标标识本身仅仅是收获商誉利益的符号和工具，保护商标实际上是为了阻止他人对商誉的盗用。商标本身就是符号，但绝不是保护符号本身，而是商誉的符号化。如麦卡锡等人所言，在商标法发展的早期，法院只是在商标是商誉的象征的意义上承认它是"财产"，商标是一种非常特殊的财产，因为它无法离开其所象征的产品或服务的商誉而存在。[1] 一些法院的裁判，也明确表达了这样的观点。[2] 需要指出的是，此处所言之商标，并非限定在注册商标，商标法对未注册商标的保护以及反不正当竞争法对知名商品外观、包装、装潢的保护本身，也是对商誉的保护。

还要看到，商业标识的法定形式要求，不仅体现在专有权利的取得过程中，在商业实践中也有充分体现。以商标注册取得制度为例，一旦特定标识在指定商品上的使用被核准注册，则权利人应当以注册文件为准使用该标识，不得擅自作出实质性更改。应该说，这一点在专利技术和作品的商业使用要求中，体现得并不鲜明。

---

[1] See J. Thomas McCarthy, *McCarthy on Trademarks and Unfair Competition* (4th ed), § 2: 15; Stephen L. Carter, "The Trouble with Trademark", *Yale L. J.*, 99, 1990, pp. 761–762.

[2] See Coca-cola Bottling Co. v. Coca-cola Co., 269 F. 796 (D. Del. 1920); Marshak v. Green, 746 F. 2d 927 (2d Cir. 1984).

第二章 投射、激励：知识产权正当性的后世追认

> 凡自命在哲学和科学方面给世人发现任何新事物的人们，总喜欢贬抑前人所提出的体系，借以间接夸耀自己的体系，这对他们说来是最通常和最自然的事情。
>
> ——休谟：《人性论》

在明确了知识产权保护的对象、本质和实现路径之后，紧接着的问题便是，为什么要人为干预知识信息的共享？这一安排在赋予一人以排他性权利的同时减损了其他人的本来自由，故而需要特别的理由加以支持。① 再者，权利或财产利益并不能因为它们的存在或现实性，就认为是正当的。② 相反，财产利益及其范围需要独立于先于或不同于制定法规则之外的理由来表明其应然性。

众所周知，许多年来学界对此已多有探讨，本书对此进行梳理的理由是：知识产权保护的正当性问题与如何具体设计知识产权保护制度虽有区别，但又关联紧密。后者侧重于内在的规范结构和效果，而前者则是以抽象的道德观念为评价标准；是否符合道德审查，与制度的效果无法完全分开。在对知识产权制度设计在整体上进行的理论阐释缺乏时，知识产权保护的正当性理论已在很大程度上被当然地赋予了规范意义。然而正当性理论是否能够恰当地指导知识产权保护的实践，或者说正当性理论是否具有规范功能，迄今都很少见到专门的讨论。

---

① See Neil MacCormick, "On the Very Idea of Intellectual Property: An Essay According to the Institutionalist Theory of Law", *I.P.Q.*, 3, 2002, p.237.

② See Justin Hughes, "The Philosophy of Intellectual Property", *Geo. L. J.*, 77, 1988, p.288.

第一节　投射理论：知识产权的伦理正当性

关于有体财产权的伦理正当性，学者们给出了两种解释：并入理论和投射理论。并入理论主张外部物之所以成为财产，是因为其并入了身体。它的运作图像是，财产权是身体的延伸。① 投射理论的要旨是："财产权是把人体现到外部物中所形成的对人之身体的投射。"② 并入理论在很多情况下存在难以克服的障碍，如人们所穿衣服或占据的房屋是如何被"并入"身体的，这与将面包并入肚腹存在明显不同。而恰恰是人们对外部物的有形占有，才是财产正当性理论需要解决的核心问题。因而"并入理论前途暗淡"③。相比之下，人们对投射理论青睐有加，洛克、康德、黑格尔等先哲的财产学说以及后人对这些学说的发展，大体都可以看作从投射理论的意义上来展开的。

一　洛克劳动财产权学说与知识产权的正当性

（一）洛克劳动财产权学说概览

1. 洛克劳动财产权学说要义

在《政府论》中，洛克虽以认可那个时代的共识——上帝将地球赐予了人类——为出发点，但他并未停留在原地，而是更进一步指出，这一赐予是为人类所共有。④ 由此设定了自己的基本任务：解释个人财产权是如何从为人类全体所共有的上帝赐予物中形成的。在洛克笔下，拨归财产为个人所有只有在神赐目的的意义上方能理解。他认为，地球及其上一切，都是给予人们以维持其生存和舒适的。⑤ 神谕是人类应当生存和繁荣，地球及其上一切都是实现这一目的的手段。上帝既然将世界给予了人类为生活和便利而享用，物品就不能停留在它们的自然状态，人们必须持有和消费它。而因为通过共同同意以实现原始取得不可行，因而个人拨归

---

① 参见［美］斯蒂芬·芒泽《财产理论》，彭诚信译，北京大学出版社 2006 年版，第 55 页。
② 同上书，第 58 页。
③ 同上。
④ 参见［英］洛克《政府论》（下篇），叶启芳、瞿菊农译，商务印书馆 1997 年版，第 18 页。
⑤ 同上。

就是必要的。换言之，人们必须将物品从初始状态中拨归私有。进一步说，实现神谕的唯一途径就是，承认个人在不经过世人同意首次取得物品时就可获得对它的控制。如此，洛克以神谕为中心，证明了将物从共有中拨归出来的正当性。同时，也建立了其私人财产权的实质基础——每一个人与具体的资源之间一对一的映射关系。

但是，实现神谕与财产制度之间究竟有何联系？为什么私人拨归能够产生财产所有权制度？为了回答这一问题，洛克引入了劳动的观念。他指出，个人必须通过施加劳动于这些物之上以将其转为私人财产。问题是，为什么施加劳动于某物就可以正当地对该物主张财产权？洛克的论证思路是，因为每个人都对其自己的身体享有排他权利，所以基于某人身体的劳动以及基于其双手的工作就正当地是他的。正是个人的劳动增加了物品的价值，并使其脱离了原始状态，因而对于有所增益的物品，除了付出劳动的人以外，没有人能够享有对该物品的权利。[①] 需要注意的是，洛克首先说明了上帝将地球留给人类所共有，拨归的发生正是从共有状态中拿出了一部分；从共有状态中取出的途径就是在共有物上施加劳动。换言之，共有是缺省状态，个人通过劳动从共有中拨归私有是改变缺省状态的要求。

拨归的正当性还取决于财产的限度。这一点是通过被后人所称为"但书"的形式实现的。洛克在引入了劳动和初始拨归的观念后紧接着谈到了但书，包括"足够多同样好"以及"不得浪费"的条件。洛克假定，在原始状态下，无主物品是足够多的，因而任何人将其劳动对象拨归私用都不会涉及对他人已经拨归私用的物品的侵害。同时，因为上帝是以人们的享用为度给予人类物品的，因而，劳动取得财产的限度便以其享用为限。换言之，"财产的幅度是自然根据人类的劳动和生活所需的范围而很好地规定的"[②]。不难看出，"足够多同样好"的条件实际上是一个机会平等条件，保证了原始状态下物品的非竞争性分配。而"不得浪费"条件能够防止发生财产的累积，以致其中一些还未使用便已败坏。由此，尽管洛克因为没有对劳动以及其所创造的初始状态的概念作出进一步说明而备

---

① 参见［英］洛克《政府论》（下篇），叶启芳、瞿菊农译，商务印书馆1997年版，第19页。

② 同上书，第23页。

受责难,① 但这两个限定条件却使他的理论因为具备了协商性质而能够为人们所接受。换言之,通过个体之外的条件对财产的范围再次进行限制,体现了洛克财产学说的社会性。

2. 后人对洛克劳动财产权学说的质疑

洛克劳动财产权学说的关键是,要求劳动与已有的东西结合起来,或者说将劳动投射到已有的东西之中。这一点也是劳动财产权学说质疑者的主要发力点。批评者主张,劳动本身不足以构成或者至少是一个过分模糊的产生财产主张的基础。比较著名的批评来自诺齐克的"番茄酱"假设:某人将一罐番茄酱倒入大海,将番茄酱与大海混合,是否意味着可以对大海主张所有权呢?② 杰瑞米·沃卓(Jeremy Waldron)也表达了类似的责难,其例证是想象某人将钻戒放在一大桶干水泥上。③ 诺齐克和沃卓的例证拥有相似的结构:断定某人已经确定地拥有了某物——番茄酱和戒指,然后将此私人之外物与处于初始状态中的共有物混合在一起,接着运用了洛克劳动财产权学说的一般"烹调"方法"出锅"了在他们看来荒谬的结论——有主物(私人之物)与共有物混合产生了财产权的主张,并以此为基础质疑洛克劳动财产权学说全部结构的稳固性。不难看出,诺齐克和沃卓的例证与洛克的财产权结构存在一定不同:他们都是以假定的、已为某人所有的动产来以代替劳动。而洛克所说的劳动不是普遍意义上已经被所有权化的东西,它是唯一的、毋庸置疑的天然所有物。在洛克看来,劳动具有伦理属性,它和世界一样,具有上帝创造的品质。这一特殊的、伦理性的东西与无主资源混合和已经所有权化了的外物与无主资源之间的混合显然是十分不同的。洛克的劳动观念是强烈人格化的,它与黑格尔的主张——财产对于鼓励人格向自我之外的世界延伸来说是必要的——具有相似之处。在洛克笔下,劳动是身体的、是对个体自我的外在展示。诺奇克和沃卓对已有物进行抽象的做法忽略了洛克对劳动的特殊性的强调。因而,美国学者墨杰斯认为,他们的质疑脱离了洛克选择劳动作为其讨论起

---

① 例如,休谟曾指出,人类社会的最初状态是具有社会性的,而自然状态应被认为是单纯的虚构,参见〔英〕休谟《人性论》,关文运、郑之骧译,商务印书馆1996年版,第533—534页。

② Robert Nozick, *Anarchy, State and Utopia*, New York: Basic Books Inc., 1974, p. 175.

③ See Jeremy Waldron, "Two Worries about Mixing One's Labor", *Phil. Q.*, 33, 1983, pp. 37-44.

点的主题。①

洛克的劳动观念还有一个特殊性质,即当其混合或掺进自然资源时,便同时清楚地在范围或程度上确定了混合物的自然边界。质言之,劳动本身足以表明一个自然化的权利边界。正如学者墨杰斯所言,劳动的目的表达了对其结果主张财产权的自然限制。财产的范围与劳动成比例,财产主张的限度由收集果子等物品的目的所决定。劳动通过指向有用的目的使得私人拨归得以正当化,拨归的范围由劳动的程度所决定。② 在洛克的例证中,只有个体劳动实际作用的橡树果子或苹果才是所有权的主题。如此,这些主题和其他果子或苹果之间的界限就是清晰的。事实上,若将诺齐克的例证放在洛克视野中,界限同样是清晰的:用劳动而不是番茄酱与海水结合或掺进海水,如某人用双手从大海中取出一些水。试想,该人将其主张财产的范围限定在手掌所盛之水会有质疑吗?同样,在沃卓的例证中,难题同样在于沃卓选择了戒指这个已经被所有权化了的东西。若用劳动替代,将不会发生沃卓的难题。

此外,诺齐克和沃卓的例证具有鲜明的假想思想实验性质,而洛克劳动财产权来自人类生存和繁荣的最基本需求。洛克的关注是,将劳动施加于无主资源之上是出于生存或者更一般的人类繁荣目的。而在诺齐克的例证中,对整个大海主张财产,目的何在?应该说,探讨这样一个针对巨大且不会立即使用的资源主张财产权的纯粹形而上学主张在洛克的目的中意义不大。

(二) 洛克劳动财产学说对知识产权正当性的辩护

一如查斯汀·休斯(Justin Hughes)所言,对知识信息财产进行洛克式的解读有着直接和直觉的吸引力:仿佛人们"劳作"以生产思想,这些思想的价值独立地取决于单个人的精神"劳作"。③ 总体来看,洛克劳动财产学说对知识产权正当性的论证主要体现在如下方面。

1. 知识信息的产生离不开劳动

专利技术的开发和作品的创作来源于人们的智力创造劳动,这一点在

---

① Robert P. Merges, *Justifying Intellectual Property*, Massachusetts: Harvard University Press, 2011, p. 44.
② Ibid., p. 47.
③ See Justin Hughes, "The Philosophy of Intellectual Property", *Geo. L. J.*, 77, 1988, p. 300.

近现代知识产权制度形成过程普遍得到了认可。司法和学说普遍认为思想是个人智力劳动的产品。如在 1879 年美国联邦最高法院指出，受到保护的文学创作是智力劳动的果实。① 道格拉斯·贝尔德（Douglas Baird）也指出，人们有权享有其劳动果实，即使是智力劳动也是一样。② 可以说，在专利和版权保护的整个过程中，人们都是将产生知识信息的智力劳动归入洛克的抽象劳动概念之中，为它们寻找正当性依据。事实上，尽管在洛克笔下，财产权的产生究竟是源于劳动与共有物的混合还是因为劳动使得对象增加了价值存在一定争议，但从实践来看，新知识信息、思想的形成的确无法离开人的劳动。即便是在现代商标法上，作为商标权产生的利益基础的商誉，虽然不被认为直接来源于人们的智力劳动，但也无法否认商人在商誉形成过程中同样付出了劳动。

2. 知识信息的公共领域与洛克的共有观念契合较好

学者主张，不论是直觉上，还是从技术层面上看，洛克的初始共有观念和知识信息视阈中的公共领域概念都契合得较好。因此，在知识信息领域中，洛克理论特别有说服力。③ 换言之，从知识信息公共领域中主张知识财产权利与在自然状态下财产权利的产生具有相同的逻辑。通过劳动形成财产源自共有物的"给予"，这在知识信息财产领域内更有说服力。任何新知识信息的形成，都不是个人的凭空创造，而是通过劳动对人类现有知识的增进。对洛克来说，任何人占有遍地都是的橡树果子或苹果都是正当的，在知识信息的公共领域内混合劳动以产生新的知识信息，劳动者对其进行占有同样是正当的。与地球上自然资源的共有同理，散乱的、任意的公共领域仅仅是一个起点，它是劳动开始的地方。智力创造成果和洛克的橡树果子、苹果一样，需要花费努力以选择、汇聚和收集、重新创作和形塑。而且，相比较有体财产世界来说，如今在知识信息领域内从无主"地区"或人类的共有知识宝库中完成新的拨归显得更加普遍。此外，拨归也不会使得共有知识萎缩，人类作出越多知识创造，就越能使这种增长

---

① See In re Trade-Mark Cases, 100 U.S. 82, 94 (1879). 该案是由 3 个案件合并后上诉到美国联邦最高法院的，此案的裁判，直接导致了基于宪法商业条款规定的 1881 年商标法的颁布。

② Douglas Baird, "Common Law Intellectual Property and the Legacy of International News Service v. Associated Press", *U. Chi. L. Rev.*, 50, 1983, p.413.

③ See Robert P. Merges, *Justifying Intellectual Property*, Massachusetts: Harvard University Press, 2011, pp.33-35.

成为可能。①

3. 洛克劳动财产学说隐喻与知识财产保护的必要性

在劳动财产权学说的隐喻中，自然资源必须被归类、组织和收集起来以服务于人类的目的。自然状态下的橡树果子和苹果与其被人所收集起来时相比，它们的有用性是不一样的。劳动、拨归和人类繁荣之间的关系位于洛克思想的中心。洛克的理论并非重在自然物质的拨归私有，而是通过私人拨归以实现人类繁荣；②它不是有关对劳动所增益不动产的不干涉理论，而是为什么拨归有助于人们生存和繁荣的理论。③认可人们就劳动的对象享有财产权服务于两个目的：表彰劳动并号召更多的劳动。知识信息的财产化促进了人类繁荣，因而和洛克理论的隐喻一致。④无论是从自然状态中收获橡树果子还是从公共领域中改造一个知名的著作片段或技术片段，它们都具有同样的逻辑：自然状态下的存在必须改变或改造。发现物的有用性以应对生存和繁荣需要以劳动为条件。信息虽容易分享，但是新的信息和有用的信息仍然需要劳动创造，因而财产权仍然是必要的。⑤尽管反对知识信息财产者指出，我对某一信息的使用不以将其移开以排除他人对该信息的使用为必要，但若我的使用妨碍了他人实现繁荣的目的，便进入了洛克的范式之内：如果我复制了你创作的作品，尽管你依然可以使用它，但你还是可能会受到损失；我的使用虽未排除你对信息的占有，但却意味着从你的口袋中拿走了一些金钱；如果我所做的妨碍了你的繁荣，我就不应当做。

二 康德财产权学说与知识产权的正当性

相比较洛克而言，在知识产权正当性的辩护中，康德及其学说并未得到同样的"礼遇"，他也常常被排除在卓越的财产哲学家之外。尽管有国内学者曾运用康德的财产学说对知识产权的正当性问题进行了解读，⑥但

---

① Robert P. Merges, *Justifying Intellectual Property*, Massachusetts: Harvard University Press, 2011, p. 32.
② Ibid., p. 38.
③ Ibid., p. 40.
④ Ibid., p. 38.
⑤ Ibid.
⑥ 参见吴汉东《知识产权多维度解读》，北京大学出版社 2008 年版，第 160—161 页；冯晓青《知识产权法哲学》，中国人民公安大学出版社 2006 年版，第 146—148 页。

与洛克和黑格尔的学说相比,对康德财产学说的阐述要薄弱许多。基于此,本书拟略加详述。

(一)康德财产权学说管窥

1. 自由、道德法则:康德权利科学的起点

从自由意志推演到权利的逻辑,是康德政治哲学的全部基础。在其所有关于权利关系的论述中,这一点都得到了体现。把握这一逻辑,是理解康德财产学说的重要思想脉络。在康德的政治哲学中,个人自由的道德地位具有绝对的不可撼动性,而权利则是把自由的道德法则扩展到生活的必要中间环节。

在《道德形而上学》中,康德对权利是如何可能这一问题的基本回答是:权利源于个人的自由,是后者在社会生活中的外化。其中,"我的和你的"的关系,是人与人之间关系的核心。在对权利是什么问题的回答中,康德摒弃了从经验法律知识中寻找答案的做法。在他看来,经验法律知识如费德拉斯的木头脑袋,像头却没有脑子。他从自由这一概念出发,认为尽管它是纯粹的理性概念,但在理性的实践运用中,即理性决定意志的行动中,自由便具有了实在性。也就是说,人们会在日常生活中有意识地按照道德法则去行动。而之所以如此,是因为道德法则是理性所颁布的绝对命令。这样,道德法则构成了人在行动中的一项义务,即不得妨碍他人依据同样的道德法则去行动。如果将场景扩大,道德法则实际上转化为了人与人之间的权利义务关系。通过这种方式,康德完成了从自由到道德法则再到权利的推演。康德还区分了内在自由和外在自由。他所谓的内在自由,实际上仍然是自由意志,即人完全出于自由意志的行为。而外在自由便是权利,即受到外在因素影响下的、经由普遍意志和权威所确定的自由意志的行动范围。外在自由衍生自内在自由。康德通过扩展内在自由法则完成了这一衍生:将内在自由法则扩展到更广的自主选择和决定,便将外在对象包容了进来。自主选择和决定虽然当然地来自内在意愿,但其实现却是外在的,涉及所有他人。因而,根据普遍法则,它需要一个范围,此范围便是自由的外在空间,就是权利。

2. 从个人意志投射到理性占有:康德财产学说的核心

康德将所有权视为一个深深根植于人类意识之中的原始概念。他说,财产起源于一个深远而持久的"我的和你的"的常识之中。如果我是如此与对象有关以至于任何其他人未经我的同意而使用它都将伤害我,那它

就正当地是我的。① 但为什么人们要在事物之间形成界限呢？康德说，本质上是为了扩大人们的自由范围——他们的自治。人有在世上执行计划的愿望，这就要求接触或控制外部对象。财产起源于人在世上实施个人计划的愿望。对康德来说，此愿望必须被赋予最广的范围，以促进最大范围的个人选择以及人类的计划。他相信，任何投射了个人意志的对象都将被所有化。

康德认为，行为自由，包括占有的权利，是选择自由或自治的必要表达。② 为了保障这种自由，人必须能够持续地接触某物，并且不受他人妨碍。在康德的全部意义上，占有表达了人对物的完全自由。③ 他指出："使用的可能性的一般主观条件就是占有。"④ 康德的占有是抽象概念，而不是经验事实或事件。人们需要控制世间之物以完成心里所愿。为使控制有效，它必须是稳固的、能够延续到人通过身体抓握等方式对对象进行控制的时间之外。这种对外在对象进行持续控制以实现个人意志的需要，将占有有效扩大至仅仅通过物理持有之外，要求人们对占有进行观念上的理解。正是从观念上理解占有，形成了许多重要推论。为了实现这种更为观念化的占有，就需要一个执行机制——某种法律制度。因为观念上的占有在缺少了某种统治时是难以想象的，这就需要存在市民社会。而为了使市民社会走向繁荣、和平共存，又需要内在的法律秩序。所有这些都清楚地表明，对康德来说，十分微妙的财产概念居于文明社会的中心。⑤

通过对占有含义的二重解读，康德实现了从占有到使某种东西成为"我的"——从占有到所有——的论证，即只有将占有理解为包括感性的占有和理性的占有，才能避免那种将某种外在的东西作为自己的来拥有时的自相矛盾，达致某种外在的东西最终成为"我的"的要求：即便"我"不对物品进行有形占有，他人的使用仍然会伤害"我"。⑥ 其中感性占有

---

① 李秋零主编：《康德著作全集》（第 6 卷），中国人民大学出版社 2007 年版，第 252 页。
② Robert P. Merges, *Justifying Intellectual Property*, Massachusetts: Harvard University Press, 2011, p. 72.
③ Ibid., p. 73.
④ 李秋零主编：《康德著作全集》（第 6 卷），中国人民大学出版社 2007 年版，第 252 页。
⑤ Robert P. Merges, *Justifying Intellectual Property*, Massachusetts: Harvard University Press, 2011, p. 73.
⑥ 参见李秋零主编《康德著作全集》（第 6 卷），中国人民大学出版社 2007 年版，第 252 页。

是对对象的有形占有；而理性占有是对同一对象的"纯然法权"的占有，它是一种无须持有的占有。占有是所有的前提。① 康德认为，声称苹果是"我的"，不是因为"我"拿着它，而是只要具备这样的状态：即便"我"从手中丢开它，"我"仍然占有它。换言之，有形的控制尽管表达了就某物内在的"我的"的概念，但却没有揭示它外在的"我的"的要求，只有两者同时具备，才能把某个外在的对象称为"我的"。② 康德始终认为，只有对一个外在对象哪怕是它已经离开了经验占有，"我"仍然可以通过我的意志占有它们，即是一种"纯然法权上"占有时，这个外在对象才可以称作是财产。③

综上，康德通过从自由意志中引申出使用资源的必然性，引出了对资源进行占有的必要性；同样是从自由意志出发，他提出了占有需具有稳定性和遵循普遍意志。这样，只有理性占有成为可能时才符合自由意志的要求。可以说，是自由意志缔造了财产。

3. 财产权取得与政府的关系

遵循理性占有的概念，才涉及外在权利（法权）。那么，康德如何从内在法权走向外在法权的？在康德看来，在自然状态下将某种东西作为自己的来拥有，只是一种外在法权的假定，而只有通过公共立法以使得个人意志与其他所有人的意志相一致，个人的占有才能被视为法权上的占有。④ 因为从外在法权的普遍规则出发，某外在东西应当是"我的"的宣称，宣布了"我"之外的每个人应具有放弃将该东西作为其自由意志对象的责任。而将"我的"扩展至所有人，则每个人彼此间都负有作出同等放弃的责任。因而，任何单方面意志都不能是对每个人的强制法则，唯有集体普遍的意志，才能胜任这一使命。而这个集体普遍意志的状态，就是公民状态。"所以，唯有在公民状态下，才能有一种外在的'我的'和'你的'。"⑤

康德认为，对财产利益的保护是自然状态下的人们联合起来并组建一个真正的政府或市民社会的中心推动因素。这一点和洛克的主张存在明显

---

① 李秋零主编：《康德著作全集》（第6卷），中国人民大学出版社2007年版，第254页。
② 同上书，第255页。
③ 同上书，第255—256页。
④ 同上书，第265页。
⑤ 同上书，第264页。

不同。洛克的个人权利——始于财产权利——是为自然状态下的人们所拥有的；市民社会系由单个的权利拥有者自愿创立，原因是，它在保护个人权利方面更为优越。而康德强烈主张权利只有在已经确立的法律秩序下才有可能；对他来说，先于政治的权利思想以及在市民社会之前的自然或固有权利实际上没有意义。如果没有一个功能性政府的支持，完全意义上的权利是不可能的。康德所理解的完全的、正式的权利是与基于普遍意志的合法政府的确立同时形成的。政府和权利、权利和政府，是康德政治哲学思想中不可分割的一对。可以说，康德相信，政府或市民社会，是先于财产发展的（或者至少是同时）。而在洛克笔下，财产是第一位的，政府的组建主要是为了保护人们在自然状态下取得的财产权利。

（二）康德财产权学说对知识产权正当性的辩护

1. 个人意志与知识信息稳定"占有"的必要性

由康德对占有的论述可知，正是存在稳定占有的可靠预期，才使得将个人意志烙在外在对象上以实现人的全面繁荣成为可能。换言之，要使一个创造者能够在其发现的对象上完全体现其意志，稳定占有就是必要的。作曲家在传统题材上创作新的曲调，与农民或发明者在发现的物体上进行工作的过程完全一样；与发现有体物一样，改造这些物所要求的稳定占有完全适用于创造者的技能和判断。因而，墨杰斯指出，稳定占有对于将个人意志体现在无体物上同样需要。由此，在知识信息领域，个人意志实现的需要，是知识信息理性占有——财产化的发生原因。

2. 可"所有"的外在对象的广泛性与知识信息占有的可能性

尽管康德在《权利的科学》的大多数地方仅仅使用了有体财产作为例证，但康德所描述的另一种类型的占有——"另一个人作出一个确定的行为的任性"[①]，表明其思想无论如何都没有限定在有体物上。康德笔下可以成为"我的和你的"的外在对象不仅涉及有体物，还包括他人的承诺及其内容的实现。康德认为，承诺同样属于财产，也同样可以算作"我的"，甚至我还没有占有承诺的内容时也是一样。[②] 换言之，康德对"占有""物""属于""我的"等词语在诸如苹果等有体的、物质性东西以及在诸如未来履行允诺等无体物上的同义使用十分清楚地表明，他的思

---

① 李秋零主编：《康德著作全集》（第6卷），中国人民大学出版社2007年版，第264页。
② 同上书，第255页。

想不仅限于有体物。

康德对外在对象的抽象界定为人们解读知识信息作为占有的对象提供了便利。一如墨杰斯所言，按照康德的界定，这一能被占有的外在对象当然包括知识信息。① 康德财产学说中的占有是本体的而非现象的。因而，正如我们能够将康德的思想适用于诸如大理石和土地等资源上一样，我们同样能够不受限制地将康德的思想适用于智力创造的对象。现在，许多人可能会选择在无体介质上表达自己，从康德的观点来看，这与人们将大理石作为雕刻对象并没有本质不同。大理石与电子、凿子与键盘、长号与音响合成器等这些表达媒介之间的不同与财产地位本身没有什么关联。媒介不是要点，个人才是。由此，墨杰斯指出，康德的财产路径通过省略了杂乱的细节，取而代之的是提供了一个丰富的概念场景，使得它与知识产权时代惊人地相关。②

3. 权利的普遍原则与知识产权的限制

康德在财产和占有问题上并不是绝对论者。尽管他认为没有哪种类型的对象是人类占有的禁区，因为没有对象本身能够超越人类自由的价值。但在主张占有与他人的自由相冲突时，情况将大为不同。他的主张绝不是任何人都可以占有任意事物并因此对它主张权利，相反，正如权利的普遍原则所限定的，一个人的财产主张仅在它同时考虑了他人自由的情况下才是有效的。③

在权利的普遍原则中，"任何一个行动，如果它，或者按照其准则每一个人的任性的自由，都能够与任何人根据一个普遍法则的自由共存，就是正当的"④。放置在财产语境中，即意味着财产受到这种普遍原则的限制。按照权利的普遍原则，财产权必须被授予，因为它们对于增进人类自由来说是必要的。但同时，这些权利是受到限制的：它们不能如此宽泛到妨碍其他市民的自由。⑤ 换言之，权利的普遍原则一方面将个人关心自己

---

① See Robert P. Merges, *Justifying Intellectual Property*, Massachusetts：Harvard University Press, 2011, p. 77.
② Ibid., p. 74.
③ 参见李秋零主编《康德著作全集》（第 6 卷），中国人民大学出版社 2007 年版，第 263—264 页。
④ 同上书，第 238 页。
⑤ See Robert P. Merges, *Justifying Intellectual Property*, Massachusetts：Harvard University Press, 2011, p. 90.

利益的行为置于了正义和平等原则的约束之中，另一方面使个人意志受到了一种隐含的限制——用"共同意志"来检验个人关心自己利益的行为。

尽管权利的普遍原则与洛克的"但书"之间存在密切关系，但它对权利给予了更为严格的限制。可以说，它是一个范围更大的"但书"，或者说特别的告诫，是一个永久影响个人拨归合法性的普遍的、彻底的和高度限制的原则。① 有时，即使个人拨归行为给他人留下了"足够和同样好的"，但可能仍然不能满足看得见的"普遍法律"标准。这是因为洛克仅在拨归行为会影响到其他人的相同机会时才对其进行限制；而一旦拨归出现了影响他人整体自由的情形，康德的限制就会发生。这里的自由包括但不限于拨归的能力，还包括与他人交往、表达自己以及通过各种方式行为的机会。如果拨归妨碍了这些更广的利益，将会与康德的原则相冲突。在此意义上，墨杰斯指出，康德的财产理论要比洛克劳动财产权理论显得更为优越。② 洛克的"但书"确保了个人拨归不会超出其应得份额，这对共同体的建立毫无疑问是有贡献的。洛克"但书"的核心是，通过将后来的拨归者考虑在内，拨归者的行为实际上不是完全基于自己利益的考虑，而是同时考虑了他人的需要、未来的主张以及拨归者自己的需求。和洛克一样，康德要求拨归者在最初就考虑其他人。这意味着需要顾及其他人的需要和潜在的权利主张。更为重要的是，康德对财产的重要限制不仅是喷淋于初始拨归理论顶端的水滴，相反，它还被融入了整个财产理论中并作为其有机组成部分。康德的理论钟爱两个价值：每一个个体的尊严、占有以及人类共同体的重要性。康德财产理论最重要的方面也是对于知识产权最有用的方面在于，所有权应当在不构成妨碍他人基本自由的意义上加以构建。③

4. 财产、政府的关系与知识信息财产保护的可能

康德笔下的财产与政府关系论断为知识信息财产提供了一个更为动人的故事。质言之，康德的政府第一、财产第二的要求对知识信息财产更为有用，也更为符合。相比较有体财产而言，在知识信息财产领域中，政府的保护不再仅仅是一个比私人保护手段更为优越的选择，而且是一个必要

---

① Robert P. Merges, *Justifying Intellectual Property*, Massachusetts: Harvard University Press, 2011, p. 90.

② Ibid., p. 91.

③ Ibid., p. 87.

条件。由于知识信息的非竞争性、无法发生有形占有、可复制等特点，在没有政府或类似制度安排的前提下，知识信息要想成为个人的财产，充其量只能昙花一现，既不稳定，也不长久，更不普遍。个人对于其所发现或创造的知识信息，也无法阻止他人使用。

三 黑格尔财产权学说与知识产权的正当性

在知识产权的正当性辩护中，黑格尔的学说同样受到了学者青睐。一如彼得·德霍斯所言，"在财产问题上，黑格尔的重要性是难以忽略的"①。它在理论和立法上所产生的影响，并不明显亚于洛克劳动财产学说。

（一）黑格尔对所有权的论证

1. 自由意志、人格与所有权

在《法哲学原理》一书中，黑格尔系统研究了现实生活中的自由及其实现问题，自由及其定在相应地也是其法哲学体系的精髓和奥妙所在。《法哲学原理》所研究的法，指的也是自由（权利）及其存在。② 黑格尔从人的本质规定是自由出发，认为人是精神的存在，因为只有精神才可能是自由的。而精神又包括思维和意志两个方面。前者是认识；后者是欲望、行动，"是一个目的性的、趋向于做与行动的冲动，因而，它是一个摆脱抽象性与主观性而成为具体性与客观性的过程"③。二者是统一的，"意志是有对象化冲动要求的思维"④。意志必定是单一的。"自我意志须将其他意志均视为自由意志的存在，自我意志只是这普遍自由意志中的一个特殊存在。"⑤

在界定了意志之后，黑格尔从意志得出了一般意义上的人或人格："自为地存在的意志即抽象的意志就是人。"⑥ 这种普遍抽象的人格，是一种单一性的存在，与自然界处于对立状态。因而，需要扬弃抽象性而成为实在、定在的人格，即具体的人。由此黑格尔发现了财产的切入点。他认

---

① ［澳］彼得·德霍斯：《知识财产法哲学》，周林译，商务印书馆2008年版，第84页。
② 参见高兆明《黑格尔〈法哲学原理〉导读》，商务印书馆2010年版，第36页。
③ 同上书，第46页。
④ 同上书，第47页。
⑤ 同上书，第52—53页。
⑥ ［德］黑格尔：《法哲学原理》，范扬、张企泰译，商务印书馆2007年版，第46页。

为，所有权正是人格扬弃其纯粹主观性的中介，"所有权所以合乎理性不在于满足需要，而在于扬弃人格的纯粹主观性。人唯有在所有权中才是作为理性而存在的。"① 据此，学者高兆明认为，单个人拥有所有权，要旨不在于满足自己的某种需要，而在于表明"我"作为"我"这一独立主体是实际存在的。"我"既在观念中是自由的，也在现实中是具有独立性的单一存在。这种所有权，就是个人所有权，其实质内容就是人格实在性。否定此个人所有权，就是否定人格的独立性。② 这样，黑格尔就把所有权与人格的独立性——对应起来了。

2. 所有权的实现：对象物与行为（占有、使用、转让）

"所有权以对物的占有为规定。"③ 因而，黑格尔对物和实现所有权的行为也进行了分析。在黑格尔看来，与自由精神即人的存在相对，物首先是自然实存意义上的物，同时还包括了精神技能、科学知识、艺术以及发明等。对于精神技能、知识等"精神的东西"如何也可以被称为"物"，黑格尔的分析路径是，它们尽管是精神的内在东西，但是"可以通过表达而给它们以外部的定在"，这样就可以归在物的范畴之内了。"所以它们不是自始就是直接的东西，只是通过精神的中介把内在的东西降格为直接性和外在物，才成为直接的东西。"④

而就与所有权实现有关的行为来看，首先是占有。在黑格尔看来，占有是为取得所有权、达到人格的定在所不可缺少的。通过占有无主之物，意志获得了定在，而这一定在包含了他人的承认。⑤ 因而占有不仅是"我把某物置于我自己外部力量的支配之下"⑥，更是一种社会关系。⑦ 黑格尔指出了占有的三种类型，分别是"直接的身体把握""给物以定形"和"单纯的标志"。其中，最后一种是最完全的占有。有学者指出，它是一种符号性的占有，是通过标志标识和表达了我的意志。对于专利等知识产权对象而言，就是这种占有方式，是通过对知识的精神性占有，实现对外

---

① ［德］黑格尔：《法哲学原理》，范扬、张企泰译，商务印书馆2007年版，第50页。
② 参见高兆明《黑格尔〈法哲学原理〉导读》，商务印书馆2010年版，第99页。
③ 同上书，第100页。
④ ［德］黑格尔：《法哲学原理》，范扬、张企泰译，商务印书馆2007年版，第52页。
⑤ 同上书，第59页。
⑥ 同上书，第54页。
⑦ 高兆明：《黑格尔〈法哲学原理〉导读》，商务印书馆2010年版，第120页。

在物的普遍占有。① 黑格尔认为，在通过占有实现自由意志的定在中，我的意志也成为特殊意志，即需要和偏好等。相应地，"物沦为满足我的需要的手段"②。换言之，在黑格尔看来，对物的使用是表达了我的意志存在的方式。在谈到转让时，黑格尔认为，因为我的意志体现在财产中，财产便是我的，因而我可以对财产进行转让。转让所表达和实现的就是我的自由意志。而对于精神产品的转让，黑格尔指出，精神产品在外在为物后，取得这种物的所有人虽然同时占有了"复制该物的普遍方式和方法"，但取得者只是"作为单一的样品之完全而自由的所有人"，精神产品的发明者或创造者并未将复制这种产品的普遍方法和方式直接转让他人。因而，"促进科学和艺术的纯粹消极的然而是首要的方法，在于保证从事此业的人免遭盗窃，并对他们的所有权加以保护……"③

可以看出，黑格尔财产学说的逻辑是：首先界定了意志，然后从意志得出了人格，再从人格得出财产。在这一逻辑的背后，突出了个体自由发展对社会的作用，而不是如洛克一样着眼在为社会的具体规范提供辩护。同时，本书十分赞同德霍斯的说法，即财产对黑格尔来说，"保留着一种根深蒂固的工具的性质"④。在他那里，财产不仅是自由意志定在的需要，也是个人维持、应对社会生活所需的基本制度形式。没有财产就无法生活，个人也就被剥夺了意志自由。财产权服务于黑格尔关于世界的终极目标——幸福——的论述，其本身不具有独立的合法性。⑤

（二）知识产权正当性的黑格尔式辩护

基于黑格尔将人格与财产相关联的原因，后人指出，将黑格尔的这一理论（多称作人格学说）用到知识产权世界中具有独特的魅力。理由是：无论何种智力产品，都是来自脑力劳动，因而，是与个人的人格性紧密联系的。⑥

黑格尔的人格学说常常被用来说明版权精神权利保护的正当性，特别

---

① 高兆明：《黑格尔〈法哲学原理〉导读》，商务印书馆 2010 年版，第 123 页。
② [德] 黑格尔：《法哲学原理》，范扬、张企泰译，商务印书馆 2007 年版，第 67 页。
③ 同上书，第 77 页。
④ [澳] 彼得·德霍斯：《知识财产法哲学》，周林译，商务印书馆 2008 年版，第 89 页。
⑤ 同上书，第 89 页。
⑥ 冯晓青：《知识产权法哲学》，中国人民公安大学出版社 2006 年版，第 179 页。

是署名权和保护作品完整权、修改权。① 在黑格尔看来，"我的整个人格"是不可转让的，作品又是作者人格的延伸，因而即便在通常的版权保护终止后作者也有权控制其作品。例如，约瑟夫·科勒（Joseph Kohler）指出，我不但能够要求他人不将己之作品以我之名义呈现，也有权要求不将我之作品以奇怪之方式呈现。这个要求甚至与我之作品管领保护无关，而是与他人不能共享我之人格相关。②

黑格尔关于财产是自由意志的定在的论断还能够解释知识产权对象的不断扩张现象。在他看来，抽象的自由意志具有把一切外部存在都纳入物的倾向。哪些东西能够成为财产、哪些东西不能，不存在自由意志之外的先验的判定。在今天来说，这一论断与知识产权对象的扩张是吻合的。例如，相比较传统知识产权保护来说，可专利性主题一再变化，随之而变的还有发明的内涵和外延。版权的对象不仅包括了文字作品、视听作品等，而且还包括了建筑作品、计算机程序等。在商标领域，构成商标的要素从平面走向了立体、从可视性走向了可感知性，传统的可视性要求已经无法涵盖声音、气味等新的商标构成要素。如此等等，都反映了知识产权对象向一切外部存在物——尽管也是精神产品的外部定在——延伸的趋势。

第二节 知识产权的激励论正当性

一 财产权的激励论正当性

激励论是财产权正当性的另一种重要辩护理论。与投射理论从个人角度出发进行论证不同，激励论着眼于从社会发展的角度来论证财产权的正当性。这一辩护与功利主义的思想存在直观上的契合性。在研究方法上侧重于经济分析，普遍是通过与财产的共有状态进行比较来论证财产私有的优势。研究表明，财产权的激励论正当性表现在：私人财产权能够激励发

---

① See Edward J. Damich, "The Right of Personality: A Common-Law Basis for the Protection of the Moral Rights of Authors", *Ga. L. Rev.*, 23, 1988, p. 1.
② See Arthur S. Katz, "The Doctrine of Moral Right and American Copyright Law—A Proposal", *S. Cal. L. Rev.*, 24, 1951, p. 402.

展、阻止资源浪费或耗竭,从而实现经济增长;财产权的排他性能够阻止搭便车者侵占他人的劳动成果,从而激励发展,即采取适当措施使现有资源价值最大化。①

美国学者斯蒂芬·芒泽认为,在一个没有财产权的世界里,人们或许能够制造出诸如小刀、茅舍之类的简单制品。"但是,他们要制造出如同汽车、工厂一样的事物似乎不太可能,因为这些东西需要巨大的资本投入和合作行动。除非人们能确信对这些东西的使用和处分有实质性的控制或支配(这就会需要财产权利),否则他们将不会作出必要牺牲。人们也似乎不愿意从事诸如耕作、采矿以及动物养殖等活动,除非他们对其活动成果享有财产权利。"② 日本学者加藤雅信在对所有权概念的起源进行了探访之后指出,追求生产量最大化的社会需求是各个社会产生所有权观念的基础。③ 他在对比了各种不同生产方式的社会形态之后指出:"只有在农业社会这种需要对土地的劳动投入和资本投入加以保护的社会里,才有产生土地私有权概念的必要。"④

20 世纪后半叶在西方法学界发展壮大起来的经济分析法学对财产权的经济分析实际上也是一种激励论的立场。财产权在经济分析中是极端重要的。有的主张它构成了全部市场交换的基础,如果权利边界不清晰,就会导致市场失灵。也有的主张社会中财产权的分配影响资源的使用效率。美国著名法官波斯纳通过假定一个全部所有权都被废除的社会,分析了资源使用的排他权所具有的工具意义。他指出:"只有通过在社会成员间相互划分对特定资源使用的排他权,才会产生适当的激励。如果任何一块土地都为人们所有,即如果总有这么一些人,他们可以排除任何其他人接近其特定的区域,那么个人就会通过耕种和其他措施来努力使土地价值最大化。"⑤ 尽管只是以土地为例进行了解释,但波斯纳明确指出:"这一原则

---

① 参见[美]理查德·波斯纳《法律的经济分析》,蒋兆康译,法律出版社 2012 年版,第 42—43 页;Carol Rose, "The Comedy of the Commons: Custom, Commerce, and Inherently Public Property", *U. Chi. L. Rev.*, 53, 1986, p.711.
② [美]斯蒂芬·芒泽:《财产理论》,彭诚信译,北京大学出版社 2006 年版,第 13 页。
③ 参见[日]加藤雅信《"所有权"的诞生》,郑芙蓉译,法律出版社 2012 年版,第 70 页。
④ 同上书,第 78 页。
⑤ [美]理查德·波斯纳:《法律的经济分析》,蒋兆康译,法律出版社 2012 年版,第 42—43 页。

适用于任何所有的资源。"① 当然，财产权的创设和实施还需要考虑特定对象的价值性、稀缺性以及实施权利的成本。对于无价值的东西，例如波斯纳所列举的野生金花鼠，在其上创设财产权以建立对此投资的激励没有益处。相反，对于有价值、稀缺性的对象，如果没有财产权，就会出现过度使用或浪费的问题。

哈丁（Garrett Hardin）教授细致地解释了资源处于共有时将会因过度使用而悲剧性耗竭的思想。他指出，在一个向所有人开放的牧场上，牧民具有将尽可能多的牛投放到公地上的激励，因为他们能够占有牛群增加的全部收益，同时只需要承担过度放牧的一小部分损失。因此，牧民们会不断向公地上增加牛的数量，其结果是导致牧场毁损。② 哈丁教授对"公地悲剧"的阐述自然地产生了寻求解决方法的灵感，其中最受欢迎的便是私有化。一如波斯纳所言："如果某人对牧地有所有权并能对其他使用它的人收费，这个问题就会消失了。"③

哈罗德·德姆塞茨（Harold Demsetz）教授指出，财产权是社会工具，它的重要性来源于其有助于人们在与他人交易时形成合理的期待。④ 财产权的基本功能是为实现外部性的最大内在化提供激励。其中，"外部性"概念包含了外部成本、外部收益，既可以是金钱形式的，也可以是非金钱形式的。他指出，不存在可以外在于世界的有害或有益的结果，而将这些结果变为外部性的是，要让作出决定的个人或相互合作的更多人承担这些结果的成本是如此之高以至于不值得作出这样的决定。"内在化"指的是一个使得这些结果由所有合作者承担的程序，通常是财产权的改变。⑤ 他在详细对比了共有和私有两种情形下资源使用者成本收益关系的不同后也得出了相似的结论：对资源的私有将内在化多数与共同所有相关的外部成本，这种将成本和收益集中于所有者的制度能够为更为有效地使用资源创

---

① [美]理查德·波斯纳：《法律的经济分析》，蒋兆康译，法律出版社2012年版，第43页。
② See Garrett Hardin, "The Tragedy of the Commons", *Science*, 162, 1968, p. 1244.
③ [美]理查德·波斯纳：《法律的经济分析》，蒋兆康译，法律出版社2012年版，第43页。
④ See Harold Demsetz, "Toward a Theory of Property Rights", *Am. Econ. Rev.*, 57, 1967, p. 347.
⑤ Ibid., p. 348.

造激励。① 诺斯等人指出，激励的驱使必然能使个人活动与社会需要相符合。而这一激励——也就是适当的制度机制——能够保证个人付出的私人收益率与社会收益率接近相等，反之，就会因存在外部性而无法实现增长，因而，需要确定和实施所有权。②

二 激励论与知识产权保护的正当性

将财产权的激励论正当性用于证明知识产权的正当性，是一种当然的推演，而且几乎不存在运用投射理论时所需要的概念转换。通过在知识信息之上建立财产权，能够激励有用知识信息的不断产出，从而促进社会进步。反之，如果没有知识产权，创新将缺乏激励。哈罗德·德姆塞茨明确谈道：对于版权和专利而言，如果一种新思想可由所有的人自由使用，如果新思想为公共所有，就会缺乏开发新思想的激励。源自新思想的利益将无法集中于它们的创造者。如果我们为原创者提供了某种程度的私权，将会促进新思想的提出。③ 事实上，激励论正当性的根源在于洛克的劳动所得理论和增进社会效率的思想。由此，知识产权不仅是对智力劳动的回报，而且还能够刺激人们作出对社会有价值的行为。激励论者认为，获得个人回报是激励人们奋斗的驱动力。只有通过对作为个体的创造者进行鼓励和回报，才能够确保社会持续获得重要和有社会价值的创新，这将使得作为整体的社会更加有效率。如今，该理论是发达国家知识产权正当性的主导理论，在立法、司法和学说上均得到了广泛认可。

（一）专利、版权保护的激励论正当性

美国宪法授权国会立法保护发明人和作者利益以实现社会目标，是专利、版权保护激励论正当性的典型代表。④ 同时，也使得专利、版权的激励论正当性具有了明确的法律依据。如今，在许多国家的专利和版权立法上，都明确地体现了同样的立法思想。美国联邦最高法院指出，宪法知识

---

① See Harold Demsetz, "Toward a Theory of Property Rights", *Am. Econ. Rev.*, 57, 1967, p. 356.
② 参见 [美] 道格拉斯·诺斯、罗伯特·托马斯《西方世界的兴起》，厉以宁、蔡磊译，华夏出版社 1992 年版，第 7 页。
③ Harold Demsetz, "Toward a Theory of Property Rights", *Am. Econ. Rev.*, 57, 1967, p. 359.
④ See Linda R. Cohen, Roger G. Noll, "Intellectual Property, Antitrust and the New Economy", *U. Pitt. L. Rev.*, 62, 2001, p. 461.

产权条款背后的经济哲学是,坚信以私利鼓励个人奋斗是促进公共福利的最好途径。① 版权法的根本目的不是回报作者的劳动,而是为了公共利益而鼓励原创文学、艺术和音乐表达的生产。② 专利垄断不是设计来维护发明人就其发明的自然权利,而是产生新知识的诱因。③

学说上则直接通过将知识信息的产出等同于有体财产的有效使用,论证了专利、版权保护的激励论正当性。加藤雅信指出:"作为生产资料的土地所有权和无形财产权具有相同的产生构造。……在工业领域,对无形财产权或者知识产权如果不加以保护的话,研究开发就得不到刺激,社会整体的工业就不会得到发展。"④ 诺斯等人认为,"专为包括新思想、发明和创新在内的知识所有权而制定的法律"与人类历史上向做出特定成果的数学家付给报酬和提供奖励一样,都是一种人为刺激,报酬、奖励、保密、版权和专利都是为了使个人收益率接近社会收益率而在不同时代被创造出来的。⑤ 科瑞勒(Carrier)指出,鉴于发明和作品的共享性物品性质,激励理论看起来对于知识产权和有体财产一样必要。⑥ 知识信息的共享性物品性质使得搭便车者能够在他人做出发明后进行模仿而不需要承担创造成本,允许此种模仿将妨碍未来发明,导致创新低于理想水平。⑦ 为此,专利法和版权法向创新者给予了排他权,以激励和促进社会创新水平的不断提高。事实上,排他权还使得创新者能够超出实施其发明的边际成本来定价,从而使他们不仅能够收回其最初的花费,而且还能够获得利润。⑧

与前文所罗列之诸说侧重论证了专利保护的正当性一样,在许多学者

---

① See Mazer v. Stein, 347 U. S. 201, 219 (1954).
② See Feist Publ'ns, Inc. v. Rural Tel. Serv. Co., 499 U. S. 340, 349 (1991); Fogerty v. Fantasy, Inc., 510 U. S. 517, 524 (1994).
③ See Graham v. John Deere Co., 383 U. S. 1, 9 (1966).
④ [日] 加藤雅信:《"所有权"的诞生》,郑芙蓉译,法律出版社 2012 年版,第 136—137 页。
⑤ 参见 [美] 道格拉斯·诺斯、罗伯特·托马斯《西方世界的兴起》,厉以宁、蔡磊译,华夏出版社 1992 年版,第 8—9 页。
⑥ See Michael A. Carrier, "Cabining Intellectual Property through a Property Paradigm", *Duke Law Journal*, 54, 2004, p. 32.
⑦ Kenneth W. Dam, "The Economic Underpinnings of Patent Law", *J. Legal Stud.*, 23, 1994, p. 247.
⑧ See Stephen Breyer, "The Uneasy Case for Copyright: A Study of Copyright in Books, Photocopies, and Computer Programs", *Harv. L. Rev.*, 84, 1970, pp. 282, 294.

笔下,激励论在版权保护中同样都居于主导地位。① 版权激励论被认为是追随了财产权的动态效率。创造者被假定是合理的效用最大化者,因此,通过赋予其控制作品的未来市场就能够引导其从事创作行为。② 换言之,因为版权的主题是共享性物品,在没有版权保护时,创造性作品将会出现供给不足。因为,如果作者不能阻止复制,则只要作品的市场价格高于复制作品的边际成本,潜在复制者就会存在复制作品的激励。结果是,作品复制本的市场价格会接近复制的边际成本。如果复制本和原始版本在质量上无法区分,则作品原始版本的市场价格也会接近复制的边际成本。而在此价格下,作者将无法就其创作中的投资获得经济回报。"除非存在着排他性权利力量,否则,最先创造知识财产的激励就可能受到损害。"③而作为一项财产权——排他性使用特权,版权能够允许其持有人收取与其作品使用有关的收益,④ 从而给他们作出创造性表达提供激励。

(二)商标保护的激励论正当性

通说认为,商标法没有与专利法、著作权法一样的基础。以美国立法为例,其商标保护的宪法依据与专利、版权存在明显不同。后二者的依据都是美国《宪法》第1条第8款,即所谓宪法知识产权条款,而商标法的依据则是贸易条款,宗旨是促进商品在市场中的流通。理由是,商标保护的侧重在于货物市场,不像专利和版权那样集中在思想市场。美国联邦最高法院曾指出,试图将商标的本质特征与艺术和科学中的发明和发现,或者与作者的著作等同起来的努力,都会遭遇一些不能克服的困难。商标保护是对当事人所使用的显著性标识——已有物的承认,在任何情形下,它都不依赖于新颖性、发明、发现或者任何脑力的工作。⑤ 有学者还指

---

① 参见 Justin Hughes, "Fair Use Across Time", *Ucla L. Rev.*, 50, 2003, p.797; Joseph P. Liu, "Copyright and Time: A Proposal", *Mich. L. Rev.*, 101, 2002, p.428; 李雨峰《中国著作权法:原理与材料》,华中科技大学出版社2014年版,第19页。

② [美]威廉·M.兰德斯、理查德·A.波斯纳:《知识产权法的经济结构》,金海军译,北京大学出版社2005年版,第17页。

③ 同上书,第26页。

④ James Boyle, *Shamans, Software, and Spleens: Law and the Construction of the Information Society*, Massachusetts: Harvard University Press, 1996; Justin Hughes, "Copyright and Incomplete Historiographies: Of Piracy, Propertization, and Thomas Jefferson", *S. Cal. L. Rev.*, 79, 2006, pp.1046-1069.

⑤ See In re Trade-Mark Cases, 100 U.S. 82, 94 (1879).

出，商标和知识产权世界的关联很弱，根本不是真正的"知识"。① 因而，在西方知识产权保护的基础理论研究中，商标常常被冷落。②

当然，学者还是努力找到了商标保护的激励论正当性：商标能够降低消费者搜索成本；商标具有鼓励生产者改善产品品质以提高商标信誉的功能。通过使消费者能够将对产品的褒贬与其制造者联系起来，商标鼓励了产品质量。③ 事实上，从大的方面来说，商标保护也鼓励了发展，尽管商标法语境下所鼓励的"发展"与专利、版权保护中有所不同。后二者直接指向了对象本身的产出，但商标法的目的是通过提供一个拥有准确来源识别信息的市场——一个消费者可以识别物品来源的市场——以阻止消费者混淆。也就是说，商标保护的目标是在商标与其使用者之间形成稳定和确定的联系，从而鼓励发展。

---

① See David W. Barnes, "A New Economics of Trademarks", *Nw. J. Tech. & Intell. Prop.*, 5, 2006, p. 22.
② See Sonia K. Katyal, "Trademark Intersectionality", *Ucla L. Rev.*, 57, 2010, p. 1613.
③ 参见冯晓青《知识产权法哲学》，中国人民公安大学出版社 2006 年版，第 305 页；Michael A. Carrier, "Cabining Intellectual Property through a Property Paradigm", *Duke Law Journal*, 54, 2004, pp. 19-20。

第三章　知识产权保护实践与实用主义吻合的理论思辨

> 我们不应该害怕实用主义，也不应将其混同于愤世嫉俗或者对法制或民主的蔑视。其核心仅仅是一种把行动建立在事实和后果基础上而不是建立在概念论、一般性、虔诚和口号基础上的倾向。
>
> ——理查德·A.波斯纳：《法律、实用主义与民主》

尽管知识产权正当性的诸种辩护出发点有所不同，单独看来，或多或少都还存在一些不足，但不可否认，这些理论逻辑严密、立论基础扎实、影响深远。更为重要的是，若不是将它们相互对立起来，而是扬长避短，则它们的确在不同角度以及在互相补充的意义上完成了自己的使命：人们总能从中发现一些知识产权的正当性和合理性根据。当然，若能更为理性或清醒地注意到社会科学研究相比较自然科学研究的特殊之处，即社会科学研究的结论几乎不可能是非此即彼的，也几乎没有什么理论或学说能够毫无遗漏地、无可争辩地说明它的研究对象，则人们应该会认可这里所谓已经完成使命的说法并非完全妄言。况且，人们对这些研究的评述和批判，本身的合理性也会受到视角选择的影响。

然而，对于知识产权制度的研究而言，除了正当性研究外，另一个重要问题是对知识产权制度的演进过程进行理论阐释，以探寻其中所体现的原则、思想、方法和规律。该研究与正当性问题的研究无法也不应截然隔离，它是在理论上已经解决或基本解决了知识产权保护"该与不该"或"应不应当"问题的基础上，去探寻知识信息是怎样财产化的。特别是在过去数百年的历史进程中，实践中居于主导或支配地位的思想、方法或规律是什么？换言之，相比较正当性问题研究而言，对知识产权保护的实践进行理论阐释是一种规范性研究，它着眼于知识信息财产化制度架构的形成和发展过程。今时今日，这种研究的重要意义在于避免将"该与不该"

的问题与"怎样做"的问题混为一谈,从而与正当性问题研究一起,为知识产权制度的演进提供更为全面的理论阐释和规范指导。下文的研究表明,实用主义与知识产权保护的实践具有高度的契合性,是阐释知识产权制度规范设计的重要(尽管并非唯一)理论工具。

第一节 正当性辩护学说难以解释知识产权保护的实践

一 "捉襟见肘":投射理论的规范功能

(一)从洛克劳动财产权学说到知识产权保护的范围:反之并非亦然

上一章表明,洛克劳动财产权学说在证明知识产权正当性方面优势明显,但从知识产权保护实践角度看,这一学说的局限性和规范功能不足也是同样明显的。

首先,知识信息的公共领域和洛克劳动财产权学说中的初始共有状态毕竟还是有些不同的。一是后者针对的是有体物,而公共领域是由知识性的东西构成的。此二者的主要不同在于知识信息的非竞争性。传统上认为,非竞争性物品并不需要财产权制度。因而,很自然地就会认为社会应当禁止对非竞争性物品主张财产,允许每一个人同时使用它。二是洛克劳动财产权学说的前提假定是上帝将自然状态供给了人们使用,它在首次被财产化之前都是无主的。而知识信息的公共领域则不同,其中的一些本来就是个人劳动所创造。在后的财产主张者,其所创造的对象并非来自纯粹的新的和从来未被他人所有过的资源。或许在上帝给予的物品上施加劳动是一回事,在已经过期的在先权利对象之上施加劳动是另一回事情。

其次,也是更为重要的,我们大体上可以说洛克劳动财产权学说使得知识产权保护具备了正当性,但似乎不可以反过来说,是洛克劳动财产权学说,决定了知识信息财产的范畴与保护。按照洛克的逻辑,个人智力劳动的对象应当财产化。然而,从实证来看,科学发现和技术发明同样需要劳动,同样会对社会有益,但在专利法上却得到了不同的对待。而有些信息,断然与个体劳动无关,却也被纳入了知识信息财产的范畴,典型的如地理标志保护。简言之,洛克劳动财产权学说,本就不具备规范功能,因而,不宜用它来指导知识产权制度的实践。

(二) 康德财产权学说与知识产权保护：私权何以受限

1. 何为知识产权法发展的真正动力？

康德认为，只要我能够将其置于控制之下，有能力使用它，无论是什么东西，我都可以说是我的。个人有关对象的计划或目标的终点通常不是取得占有，更大范围或更复杂的占有目的是进一步使用所占有的对象。对象能够使用，处在占有者最初抓住对象的理性的中心。① 具体而言，占有欲真正促进人类意志，它必须得到充分延伸以包括计划、目的或占有者的目标。一个对康德的意志和自治富有活力的理解不仅包括了转让对象的一般权利，而且也包括了以其自己设定的价格转让。也就是说，在对象中全面实现自治包括了通过加工、销售对象以维持生计的权利。这一范围宽泛的自治概念对于当前的知识产权政策具有一些非常实际的效果：首先，它将人们的注意力拉向了个体创造者。其次，它隐含地将创造者的利益提到了一个很高的水平，将创造者从竞争性利益和功利主义交换的领域中移开，以作为一个特别的关注而存在。

不难看出，上述隐喻的政策效果与当前流行的主张并不一致。近来学者们更为关注创造性产品的社会性，强调创造者所依赖的富有而有激励性的思想大海，不甚关注其游泳过程到底是仰泳还是自由泳。而康德的思想表明要聚焦游泳者，而非大海。这一思想使得我们回想起了浪漫作者时期的知识产权理论，即要求去关注个人创造性贡献的重要性。正因为如此，墨杰斯认为，康德对个人尊严和价值的坚定强调向如今的知识财产领域传递了一个及时信息，他帮助我们看清了知识财产理论的真正职能在于服务于具有创造性的个体，个体创造者才是知识产权法背后的真正推动力。② 然而，从知识产权保护实践的来看，这一主张显然是令人困惑和担忧的。

2. 个人自治是否会导致知识产权的持续扩张？

事实上，在所有维度上，康德都再三地回到人类自由的主题。正如个人意志在创造性行为中的表达一样，它也是康德自由思想的中心。康德相信，为使得人类获得最大发展，就应当保留尽可能多的个人行为自由。基于此，他主张没有哪些对象应当被绝对排除在人类占有的可能性之外。也

---

① See Robert P. Merges, *Justifying Intellectual Property*, Massachusetts: Harvard University Press, 2011, p. 80.
② Ibid., p. 71.

就是说，康德笔下能够被所有化的物十分宽泛。这样，为人类意志运行提供了一个最宽可能的场景。① 鉴于创造性通常涉及意志行为，因而康德关于可以主张权利的对象的思想为在极宽范围上对创造性产品主张所有权打开了通道。因而，和洛克劳动财产权学说一样，我们无法否认康德财产权学说能够在一定程度上证明知识产权的正当性——这是自由意志的必然要求，但我们也不能说，知识产权制度演进事实上受到了康德学说的支配。可财产化的知识信息种类尽管是扩张的，但始终是受限的。即便是具体权利本身，立法上也给予了许多其他财产制度中所没有的限制。相应地，在评价知识产权制度时，也不宜仅仅或者首先着眼于个人自由意志，否则，知识产权保护走向绝对化将不可避免。

（三）被改造的黑格尔人格概念与知识产权保护："竹篮打水"

学者认为，黑格尔是少数在财产学说的著名论述中直接提到艺术等精神产品的巨匠，因而，黑格尔的财产学说对于知识产权来说适用程度更高。但本书认为，这其中存在一些误解。因为黑格尔的财产，本身是外在的。财产是扬弃人格主观性和抽象性的中介，是自由意志的定在。而就知识信息来说，其在外化为物之前，是不可占有的。事实上，可以成为占有对象的，只是精神产品的外化之物。因此，从财产的对象上来说，作为精神产品外化之物与其他自然界中原有之物或人类制造的其他新物之间，并没有本质不同。

黑格尔所谓财产是自由意志的定在，即人格的体现。那里的人格是抽象的，是人的主体性的同义语，不是具体的、特殊的人格范畴。而许多学者在谈到财产是人格体现时并未对此抽象人格和制定法上的人格作出区分。因而，尽管黑格尔财产理论已经成为知识产权保护正当性的基本辩护之一，但这一辩护过程包含了一个前提性的人格概念的混用。对此，学者已有揭示：李琛教授认为，黑格尔笔下形而上的人格被后人改造为形而下的人格以论证知识产权；德霍斯指出，黑格尔所谓的财产是人格的体现的主张，被一些人在其该理论与艺术对象之间伪造出一种联系。② 退一步讲，概念的"偷换"或改造，是为了证立知识产权，但即

---

① See Robert P. Merges, Justifying Intellectual Property, Massachusetts: Harvard University Press, 2011, pp.79-80.

② 参见［澳］彼得·德霍斯《知识财产法哲学》，周林译，商务印书馆2008年版，第91页。

便如此，即假定财产也是具体人格的体现，在一些知识信息之中，似乎很少或根本没有体现创造者的人格。与其说一项技术方案如何体现了发明人的特定人格情志，倒不如说其体现了发明人对自然规律的准确把握和创造性运用。如果说此种创造性运用正是发明人的人格情志，则恰恰表明，技术方案的发明体现了创造性——这一人类的共同属性和普遍规定，而不是具体人格。同样，尽管可以牵强地认为一件商业标识包含了经营者企图表现的商业理念及其与经营者所从事业务的内在关联、对未来发展的美好寄托，但这些东西在商业标识的保护中全然是无关紧要的。商标的法律保护仅仅关注商业标识之间自在的、客观的区别能力。或许会有学者指出，人格学说重在证立版权的正当性，一些作品中毫无疑问体现了作者的性情。先不论对这种性情是否能够达成共识，只就职务作品、电影作品而言，到底体现了哪些（个）作者的情志和情感，则仍然存在较大疑问。此外，和前两种学说一样，人格理论缺乏规范功能。尽管学界在论述知识信息财产时普遍将财产和人格联系起来，并将黑格尔的学说称为人格财产说，但当黑格尔明确提出通过保护从事科学和艺术从业者免受盗窃是促进科学和艺术的首要方法时，他在对待知识信息财产的问题上，显然走的是工具主义的路子。[①]

二 二律背反：反思激励论的规范功能

毫无疑问，激励论在正当化知识产权保护方面是有力的。[②] 但这是否意味着激励论也具有适当的规范功能呢？相比较投射理论而言，在过去几十年知识产权保护的持续扩张中，人们实际上已经当然地赋予了激励论以规范功能，以此为知识产权保护的扩张提供理论依据。在激励创新的说辞之下，知识产权保护的范围不断扩大、期限也有不断延长的趋势。现如今，或许已经没有人知道知识财产的最佳形态。然而，在这一趋势的背后，一个不容忽视的问题是，人们对激励论是否具有规范功能没有进行必要的审视。与此同时，对知识产权保护激励了创新的质疑之声也越来越

---

① 参见李琛《著作权基本理论批判》，知识产权出版社 2013 年版，第 13 页。
② 冯晓青教授指出，此种正当性证明的合理性是不容置疑的。参见冯晓青《知识产权法哲学》，中国人民公安大学出版社 2006 年版，第 224 页。

多。有学者甚至言道：知识产权保护在许多情形下对创新并没有重要效果。① 知识产权保护与创新之间的关系似乎越来越疏远，也没有人知道什么样的保护会使创新效果最大化。因而，有必要反思知识信息财产化过程中激励论的规范功能。

（一）版权激励论的"名"与"实"

从整体来看，如果说近代版权保护的目的在于激励创作，但版权法的许多重要制度设计是否契合或体现了激励论的要义则不无疑问。② 至少可以说，如今之版权法制度设计并未很好地反映或遵循版权的激励论正当性。20世纪的版权立法变革表明，产业集团以激励论为幌子，借助政治力量并以牺牲公共利益为代价实现了版权扩张。近年来的一些版权制度创新实际上还加剧了激励论与版权具体制度之间的背离。正如学者所言，尽管一些版权保护的确对于促进创作行为是必要的，但如今版权制度的扩张已经超出了激励论正当性的范围。③ 可以说，版权立法正在以激励之名行单向扩张之实。

1. 激励之名：版权制度的"内伤"

版权制度中最能体现激励论要求和实现激励创作效果的制度设计应当是作品获得版权保护的条件。从激励论的原理来看，版权保护所提供的激励应当能够引导资源向作品生产环节中集中，因而，对所投入的资源进行回报便是正当的要求。这样，作品获得版权保护的条件应当与作品创作中的时间、资金和劳动投入紧密相关。但是，版权法律实践并没有一贯地反映这种关联。事实上，版权法甚至至今都没有形成一个内涵明确的作品获得版权保护标准。

就狭义版权（即不包括邻接权）的取得条件来说，《安妮法》及此后英国国会上议院的裁判均指向了图书之印刷。就此而言，版权保护的确体现了对作品面世过程中的投入的关注。而当版权的关注焦点从图书移向作

---

① Michael A. Carrier, "Cabining Intellectual Property through a Property Paradigm", *Duke Law Journal*, 54, 2004, p. 35.

② 职务作品（雇佣作品）、电影作品的版权归属及行使规则是比较显著的例外。以职务作品为例，作者从事创作的回报形式主要表现为薪酬，因而不论是允许职务作品的版权可归属于单位或单位在作品使用上享有一定的优先权都能够激励单位雇用有创造力的作者创作更多作品。

③ See Stewart E. Sterk, "Rhetoric and Reality in Copyright Law", *Mich. L. Rev.*, 94, 1996, p. 1197.

品时，版权保护的条件相应地、悄悄地转向了作品本身，即从对象是否构成创作的角度来决定是否给予其版权保护。这样，创造性（或独创性）的观念登场了，并成为至今两大法系版权作品的本质规定。然而，在两大法系中，作品创造性的判定标准却并不相同。以美国法为例，尽管在19世纪40年代就有判例涉及了作品独创性问题，但那时不但未对何为独创性作出明确，而且也未对创作、投资与版权产生的关系进行区分。[①] 20世纪初，美国联邦最高法院将独创性标准界定为"独立完成"，可以认为是对作品完成过程中所投入要素的性质没有要求。但到了1991年菲斯特（Feist）一案，美国联邦最高法院明确指出，独创性而不是时间和精力，是版权保护的必要条件。有学者据此认为，作品获得保护的独创性条件与版权保护的激励论正当性似乎完全不一致。[②] 以该案为例，如果不能获得经济回报，没有人会从事诸如制作电话号码簿等一样单调乏味的工作。而且，复制电话号码簿的花费相比较制作而言是微不足道的。因而，遭到搭便车者复制的极大可能性也会降低电话号码簿制作者的收益期待。需要说明的是，此处对版权作品标准的变化的简述，不是要从根本上否定此标准，仅仅是为了说明在激励论之下，作品获得版权保护的条件不是一以贯之的。事实上，如果说独创性标准与激励论完全背离，也是不客观的。激励论当然可以解读为，授予版权不是为了促进文化领域中的"圈地运动"，哪怕它也需要耗费时间、精力和金钱，而是为了促使独创性表达的产出。如此，版权法引入独创性要求，其首要目的在于避免将公有领域的素材纳入私有范畴。[③]

就广义版权来说，20世纪邻接权被纳入版权范畴可以算作版权领域最大的变化之一。而在邻接权的取得标准上，创造性或独创性几乎完全消失了。邻接权的保护主要是基于激励论考虑的，[④] 它并不关注传播者所耗费投入的品质，而仅仅着眼于传播者的劳动和资金付出。

以上对比表明，从广义版权保护的角度来看，版权制度没有统一的激励论基础，或者说不同的历史时期、不同的制度设计，对激励论的适用和

---

① 参见金渝林《论作品的独创性》，《法学研究》1995年第4期。
② See Stewart E. Sterk, "Rhetoric and Reality in Copyright Law", *Mich. L. Rev.*, 94, 1996, p. 1221.
③ 参见李雨峰《中国著作权法：原理与材料》，华中科技大学出版社2014年版，第39页。
④ 同上书，第20页。

体现也是不同的。

2. 单向扩张之实：版权激励论的规范效果

激励论不仅未一贯地体现在版权法的重要制度设计之中，反而成了版权保护范围、期限等扩张的说辞。以建筑作品保护为例，为了使建筑作品保护与版权的激励正当性保持一致，美国国会报告指出，保护建筑作品能够激励卓越的设计，以此在丰富公共环境方面与宪法的宗旨相一致。① 有学者指出，这是明显的胡说。② 一如美国法院所指出的，将版权保护扩张至依照建筑工程设计图、施工图建造的房屋，将造成建筑师对房屋建造的垄断，这又将造成房屋或其他建筑物建造成本增加。③ 建筑师不是在抽象意义上设计建筑作品，而是必须符合用户的具体目标和要求。建筑师的激励来自用户的再次光顾或在先设计的广告效应。因而，不论给予房屋或建筑物以版权保护的原因有多少，为建筑师提供设计激励的需要显然不是。

同样，演绎权的版权法认可也不能从激励论中获得正当性。按照激励论，只有当演绎作品的期待利益对于原作品创作形成了必要的激励时才应当认可演绎权。照此，认可演绎权的条件应当是：从原作品中得到的回报太小而不足以补偿其创作成本；演绎作品使用的收益相比较其创作成本而言过高，且其差额超过了市场对原作创作成本的补偿。④ 通常，满足这些条件的原作品只能是需要大量投资的影视作品，对于文字作品等，则很难适用。或许正是因为如此，兰德斯和波斯纳在试图证明演绎作品保护的正当性时，拒绝使用保护演绎作品是为了确保作者收回投资的说辞。⑤ 他们所给出的理由是：不保护演绎权将延缓原作品的生产或公开，因为作者同时可能会创作演绎作品；给予演绎权保护会降低图书印刷的交易成本。⑥ 这两个理由说服力并不强。给予演绎权保护也会延缓演绎作品的生产，因为作者可能会为了原作的充分销售而延迟推出演绎作品；给予演绎权保

---

① See H. R. Rep. No. 735, 1990, p. 13.
② See Stewart E. Sterk, "Rhetoric and Reality in Copyright Law", *Mich. L. Rev.*, 94, 1996, p. 1226.
③ See Robert R. Jones Associates, Inc. v. Nino Homes, 858 F. 2d, 274, 279 [C. A. 6 (Mich.), 1988].
④ 从理性人的假设来看，只有在此种情况下，演绎作品的创作才有可能发生。
⑤ See William M. Landes, Richard A. Posner, "An Economic Analysis of Copyright Law", *J. Legal Stud.*, 18, 1989, p. 354.
⑥ Ibid., p. 355.

护，事实上会增加交易成本。例如，在有演绎权保护时，出版一部翻译作品还需要取得原作者的许可，这样便是增加而不是降低了交易成本。如果说演绎权保护存在一些经济性，则应当是在演绎作品与原作品之间进行区分的困难。假设没有演绎权保护，立法和司法需要确定基于原作的新创作何时侵犯了复制权。例如，一字不差的翻译是侵权，但只是使用了原作的重要部分而又未全部使用，是否侵犯复制权则往往是难以判定的。有了演绎权保护后，这个问题便可相对容易地加以解决。由此可以说，将版权保护扩张至演绎作品，总体上与版权激励论并不高度一致。演绎权的保护在扩张了版权垄断的同时不会对创作行为产生重要激励。[1]

从国外司法情况来看，法院在描述版权保护范围时，并不关注版权的激励结构。不论是历史上，还是在刚刚过去的时期，都有许多涉及版权作品新用途市场的案件。[2] 从印刷机、影印机、电缆传输、影音记录仪、数字化转换、文件分享等，每一种技术的应用都向版权法提出了一个本质上相同的问题：版权所有人在作品之上的排他权应否扩展到能够控制该作品创作时尚不存在的技术传播方式？法院通常都习惯性认为，版权类似财产的属性自动使得权利人能够内化所有与作品有关的可能受益。这种版权法律实践导致的直接结果是，创作者或继受取得版权者通常被正当地认为，他们对与创作有关的收益都会享有权利，而无论该收益的产生是否仅仅来自创作者，也无论该收益是否是创作完成之后才形成的。可以说，在演绎权保护以及新传播技术应用所得收益分配方面，版权法的回答都没有体现出激励论的要求，反而是体现了劳动财产权学说的要求，即作者有权享有所有使用其劳动成果而生的利益。此外，版权保护期限的一再延长在何种程度上体现了激励论的要求或者是否存在激励论正当性也有很大疑问。

（二）创新激励中的专利保护：动态创新与静态专利的脱节

激励创新是专利权授予的基本正当性。相比较版权和商标保护而言，

---

[1] See Stewart E. Sterk, "Rhetoric and Reality in Copyright Law", *Mich. L. Rev.*, 94, 1996, p. 1217.

[2] See Sony Corp. of Am. v. Universal City Studios, Inc., 464 U.S. 417 (1984); Fortnightly Corp. v. United Artists Television, Inc., 392 U.S. 390 (1968); White-Smith Music Publ'g Co. v. Apollo Co., 209 U.S. 1 (1908); Kelly v. Arriba Soft Corp., 336 F.3d 811 (9th Cir. 2003); Ty, Inc. v. Publ'ns Int'l Ltd., 292 F.3d 512 (7th Cir. 2002); UMG Recordings, Inc. v. MP3.Com, Inc., 92 F. Supp. 2d 349 (S.D.N.Y. 2000); Complaint, McGraw-Hill Co. v. Google Inc., No. 05 CV 8881 (S.D.N.Y. Oct. 19, 2005); Complaint, Author's Guild v. Google Inc., No. 05 CV 8136 (S.D.N.Y. Sept. 20, 2005).

这一主张更加容易被人们接受。然而，激励论中的专利保护是静态的、单向的，与创新通常意味着动态的生产过程并不必然等同。同时，激励论下的专利保护对其所应激励的创新本身缺乏关注。这些方面均使得给专利激励论赋予规范功能存在天然的局限。当然，不能否认专利保护的确会对创新产生激励效果，至少是为市场主体提供了自由竞争之外的额外激励。但若将取得了专利和促进了创新等同起来，则会放大专利本身所具有的"恶"的一面。

创新的规律和方式会因技术领域不同而不同，创新所需要耗费的成本也会因不同行业和技术领域而存在明显差异。例如：在制药、化学、生物技术、农业技术等领域，寻求突破的成本相对较高，但模仿却很容易发生。以品种改良为例，创新者往往需要耗费数年时间在成百上千的方案中进行遴选，一旦获得成功，模仿或复制轻而易举。同样，模仿与研发一种新化合物结构的成本也不可同日而语。而在诸如网络商业方法等领域中，创新成本相对较低。在民用航空器制造、制导导弹、复杂工业机器制造等行业中，模仿并从事生产的成本相对很高。[①] 但激励论下的专利保护并没有考虑创新的行业差异，因而也没有考虑给予专利保护能否促进特定领域的技术创新，而是给予了无差别对待。试想，如果专利本身并无"恶"的一面或不存在消极方面，则这样做也无可厚非。然而，自由竞争也是激励创新的重要手段，至少在一些行业中，竞争对于促进创新的作用并不比专利保护来得次要。而专利权意味着垄断，在短期内又具有反竞争的一面，会在一定程度上影响其他创新激励机制发挥作用。公众特别是竞争者应当容忍专利垄断之"恶"的原因是，推定专利保护是激励创新的必要

---

① 许多学者的研究表明，创新存在以市场为基础的激励和以专利为基础的激励，并认为，在不同行业中，市场主体对不同激励手段的依赖是不同的。See Michael A. Carrier, "Cabining Intellectual Property through a Property Paradigm", *Duke Law Journal*, 54, 2004, p.38; Richard C. Levin, ed., "Appropriating the Returns from Industrial Research and Development", 1987 *Brookings Papers in Economic Activity*, 1987, pp.796, 802, 809, 816; Edwin Mansfield, "Patents and Innovation: An Empirical Study", *Mgmt. Sci.*, 32, 1986, p.174; F. M. Scherer, "First-Mover Advantages from Pioneering New Markets: Comment", *Rev. Indus. Org.*, 9, 1994, p.175; William T. Robinson ed., "First-Mover Advantages from Pioneering New Markets: A Survey of Empirical Evidence", *Rev. Indus. Org.*, 9, 1994, p.6; Michael A. Carrier, "Unraveling the Patent-Antitrust Paradox", *U. Pa. L. Rev.*, 150, 2002, p.821; Wesley M. Cohen, ed., "Protecting Their Intellectual Assets: Appropriability Conditions and Why U. S. Manufacturing Firms Patent (or not)", *NBER Working Paper No.* 7552 (2000), http://www.nber.org/papers/w7552.

手段。然而，近年来人们对不同行业创新现状的实证研究表明，至少在一些行业中，专利垄断之"恶"不但没有必须容忍的可信理由，而且还会制约后续创新。一如学者所言，专利维持创新激励是一种静态考虑；而在动态世界中，公司拥有许多专利之外的创新激励，专利保护会制约补充创新。①

研究表明，专利保护能够带来创新瓶颈。具体包括两种情形：一是代内瓶颈（intragenerational bottleneck）。在一件组合产品包括了许多专利组件时，创新的代内瓶颈就可能出现。原因是，其中任何一件专利的持有人拒绝许可其专利，都能够产生阻止组合产品生产的后果，从而阻碍发明的实施。而离开了专利发明的实施，所谓专利保护激励创新只能是自欺欺人。在半导体产业中，最容易出现代内瓶颈，在生物技术、计算机软件和网络产业中也经常发生。这些行业中常常出现的所谓专利丛林问题即为例证。② 交叉甚至是重叠的专利权保护使得产品中所使用到的每一件专利的权利人都有可能阻碍他人对产品的使用。而且，这一类似于能够将其他人押为人质的权力还会因为停止侵害救济和耗时耗力的侵权诉讼而被放大。当产品已投放市场时，情况还将变得更糟。相对于已经从事了大规模生产的生产商来说，专利权人处于发号施令的地位，前者常常会因为无法快捷地重新设计产品，而被迫接受新专利权人的要求。二是代际瓶颈（intergenerational bottleneck）。顾名思义，是指专利保护对累积创新产业（其中每一代产品都以已有专利为基础）的后续创新能够产生阻碍。③ 与代内瓶颈威胁现有发明实施不同，代际瓶颈的威胁是阻止未来的累积创新。如果说牛顿在言及自己是站在巨人肩上时更多地展现了其对前人研究的尊重和自谦的话，那么在今日之高新技术领域，绝大多数创新却实实在在地都是建构在他人的发明或发现基础之上的。④ 普遍认为，累积创新是汽车、生

---

① See James Bessen, Eric Maskin, "Sequential Innovation, Patents, and Imitation", Mass. Inst. of Tech., Working Paper No. 00-01, 2000, p. 20, http://www.researchoninnovation.org/patent.pdf.

② See Carl Shapiro, "Navigating the Patent Thicket: Cross Licenses, Patent Pools, and Standard Setting", *Innovation Policy and the Economy*, 1, 2000, pp. 119, 144.

③ See Michael A. Carrier, "Resolving the Patent-Antitrust Paradox through Tripartite Innovation", *Vand. L. Rev.*, 56, 2003, pp. 1080-1090.

④ See Suzanne Scotchmer, "Standing on the Shoulders of Giants: Cumulative Research and the Patent Law", *J. Econ. Persp.*, 5, 1991, p. 29.

物技术、半导体、计算机软硬件等产业中创新的基本形式。代际瓶颈发生的根源在于：特定产业的主要创新形式是累积创新；专利法对改进发明授予专利权，即便改进技术对于熟悉相关行业的人来说是非显而易见的，但其实施却必须依赖在先发明。① 行业的累积创新程度越高，专利保护所造成的代际瓶颈就越明显、越严重，因为所有后一代发明都能被其前一代发明当作"人质"。尽管在先发明人和在后发明人可以依赖许可来解决此瓶颈问题，但因为交易成本、策略性行为以及其他因素的存在，这种依赖在更多的情况下并不可靠。② 一如学者所言，在累积创新主导的行业中，对专利的坚定遵从将具有限制后续创新的更大可能性。③

（三）商标保护激励论："犹抱琵琶"

激励论的基础在于知识信息属于共享性物品，而这对商标保护并不完全适用，因为就商标本身的供给而言，不存在任何需要解决的市场失灵，不存在激励商标生产的需要。商标被认为对于增加公共领域没有任何作用，因此，政府干预以缓和供给不足的需要相对较低。④ 可以说，尽管用激励论来阐释专利、版权保护的实践遇到了一些难题，但相比较而言，最大的挑战实际上来自商标保护，激励论无法直接适用于商标保护，立法保护商标专用权也不是激励"生产出"更多的商标。相反，"降低消费者搜索成本""商誉即财产"等理论被广泛用以说明保护商标的正当性。

与商标保护的激励论正当性本身存在较大争议不同，激励论在商标保护规范设计中应用的局限性更加明显。保护哪些商标以及在何种条件下赋予商标使用人以专有使用权？发生争议时，法院到底应当依据何种激励作为裁判的说理依据？等等，这些问题始终难以根据激励论得到可信的回答。

（四）激励论规范功能不足的根源：功利主义之名与线性结构之实

激励论在规范功能方面存在的核心问题是：它将精力几乎完全投放在知识信息的产出方面，不仅认为通过知识信息的财产化，有用知识信息的

---

① See Robert P. Merges, Richard R. Nelson, "On the Complex Economics of Patent Scope", *Colum. L. Rev.*, 90, 1990, pp. 860-861.
② Ibid., pp. 884-893.
③ See Michael A. Carrier, "Unraveling the Patent-Antitrust Paradox", *U. Pa. L. Rev.*, 150, 2002, p. 830.
④ See David W. Barnes, "A New Economics of Trademarks", *Nw. J. Tech. & Intell. Prop.*, 5, 2006, p. 23.

生产就会趋于理想化，而且认为只要社会所拥有的知识信息总量足够，其效用也会趋于理想化。显然，不论是在理论推演上，还是从知识产权制度实践来看，这种认识同样也是十分理想化的。不可否认，基于市场机制和理性人的假设，赋予知识信息的提供者控制信息商业使用的专有权利，确实有利于激励和促进知识信息的生产，但是否必然导致知识信息效用的最大化，则存在很大的疑问。更为重要的是，一旦效用是否自动最大化存在疑问，则因为效用最大化又与促进社会进步相对应——如果不是实质上的同义反复的话，激励论的如下前提就会瞬间倒塌：财产化的最终目的是促进社会进步，知识信息的产出只是中介或中间状态。此外，激励论即便可以适用于那些体现或需要相当智力劳动投入的知识信息的生产，但它是否能够同等地适用于商标保护的实践，同样存在很大疑问。因而，从表面上看，激励论似乎是功利主义的应用，但实际上二者的关系仅仅是观念上的。激励论的确深刻影响了知识产权的近代立法实践，但单向的、线性结构的本质决定了激励论无法在知识产权制度变革中发挥规范功能。

当然，本书赞同激励论的部分观点，即知识产权制度的创设是人们希望通过立法促进创新活动。然认同这一点，并不必然表明制度设计者的这一初衷已经实现，或者必然实现。相反，如学者所言，"知识的产权化并不会自然地实现创造的繁荣，市场的逐利本性若不加以约束，也可能扼杀创造"①。目的的实现需要适当手段的配合，需要知识产权制度以尊重制度设计的目标加以运行。而且，随着技术、市场条件的变化，还可能需要对手段进行符合目的的修正。

第二节 知识产权保护实践契合了实用主义的思想要义

一 实用主义及其基本规定

过去一个世纪以来，"实用主义"一词在国人心中似乎具有了特定的所指："体现资产阶级世界观的意识形态。"② 事实上，作为一种对待理论、解决科学和技术问题的传统、态度和方法，实用主义源远流长，并在

---

① 李琛：《著作权基本理论批判》，知识产权出版社2013年版，第36页。
② 刘放桐：《实用主义及其在中国的命运：再论重新评价实用主义》，《时代与思潮》1989年第1期。

自然科学和技术等许多领域中都产生了重要影响。只是随着19世纪70年代哲学实用主义的诞生，实用主义才被自然科学之外的理论研究所重视。而正所谓"败也萧何"，哲学实用主义的重大影响使得人们逐渐将实用主义与哲学实用主义完全等同了起来。进而连同哲学实用主义一道，一并归入"市侩哲学"之列，指责有加。换言之，实用主义显然并非首先来自哲学实用主义或实用主义哲学，尽管实用主义一词的确是因为哲学实用主义而为人们所熟知。因而，还原实用主义的本来面貌，是研究和运用实用主义的基本前提。欣喜的是，美国学者理查德·波斯纳已经区分了实用主义的两个面向：大众的或日常的实用主义、哲学实用主义，并指出，哲学实用主义来源于日常实用主义，是后者的学术化。[①] 这一研究结论对于本书而言，意义重大。下文将因循此分类，探讨实用主义的基本规定。

（一）大众的、日常实用主义

所谓大众的、日常实用主义，并非是意识形态和世界观意义上的，而仅仅是指一种思维方式和行动方法。它是"实用"一词在日常和大众用法中所表达的思想倾向。"它意味着讲求实际、实事求是、'严肃认真'；意味着轻蔑抽象的理论和智识上的矫揉造作；鄙视凡事都道德化的人和乌托邦空想者。"[②]

作为思维方式和行动方法，实用主义是自然的产物，是人类与生俱来的天性。纵观人类社会历史，日常实用主义最突出的表现在两个领域：一是技术及工程领域；二是社会制度的建构领域。前者侧重于人类依靠其特有智能创造并借助工具改造外在世界，后者则直接针对人与人之间的关系；前者通常直接作用于物，尽管在一些领域中会涉及人本身——生理的和心理的，后者通常直接作用于人本身，并借助有意识的行为调整来发挥作用；后者通常不会产生生产或生活资料意义上的产品，而解决特定问题却是前者的普遍意义或效果。进一步考察不难发现，上述两个领域的最终指向都是作为个体的人本身的生存和发展需要。事实上，在对比这两个领域的异同时我们已经看到，无论技术及工程领域，还是社会制度的建构，

[①] 参见［美］理查德·A. 波斯纳《法律、实用主义与民主》，凌斌、李国庆译，中国政法大学出版社2005年版，第41页。日常实用主义一词系美国法官波斯纳所用，原文表述为："Everyday Pragmatism", See Richard A. Posner, *Law, Pragmatism, and Democracy*, Massachusetts: Harvard University Press, 2003.

[②] 同上书，第63页。

其本身并非目的，其出发点、合理性和价值都在本身之外。我们很难想象，离开了所欲解决的问题及对结果的验证，是否还有技术及工程科学之说？同样，抽象地思辨何种制度，何其可能，又何以为辨？简言之，行动、实践、是否实现了预期，是这些领域中参与者的终极关注。而且，技术及工程、社会制度构建的目的导向又暗含了所处环境或条件的制约，并且，随着这些可以被称作出发点的条件的改变，相应的建构方法、应对策略必然会发生改变。质言之，就技术及工程、社会制度本身而言，变化是必然的和永恒的。人们不会离开出发点和目的而行为。

下文分析将进一步表明，尽管"实用"在日常使用中并未抽象出许多高深莫测的概念、术语或定理，但其中所体现的人类在创造和使用有形、无形工具以实现特定目的过程中的思维方式和行动方法，和哲学实用主义从思辨层面上对待知识、观念的看法高度一致。

（二）认识论和哲学实用主义

认识论意义上的实用主义立场同样源远流长。鉴于认知论问题属于哲学的基本范畴，故在此处将认识论实用主义与哲学实用主义一并探讨。

1. 科学和技术理论的工具性立场

科学和技术理论的工具性立场首见于哥白尼的《天体运行论》中，哥氏在给保罗三世教皇的献词中表达了这样的立场：其所考虑的地球具有某种运动的"假设"，只是作为一种工具，服务于解释天球运行这一天文现象的目的。后来，这一立场为贝克莱和马赫等人所发展，成为物理学理论的"公认的教条"和"官方观点"。[①] 在贝克莱所处的时代，哥白尼的世界体系已经发展成牛顿的重力理论。贝克莱看到了这些学说对宗教带来的严峻挑战，他机智地指出，牛顿的理论充其量只是一种数学假设，"也即一种对现象或外观进行计算和预言的方便工具；绝不能当作是对任何实在物的真实描述"[②]。贝克莱对牛顿理论的批判性解释不但受到了宗教哲学家的欢迎，而且还对此后科技哲学的发展产生了深远影响。一如波普尔所言："后来，某些实用主义者们把它们的全部哲学建立在这样的观点之上：'纯粹'知识的观念是错误的；除了工具知识意义上的知识之外，任

---

① ［英］卡尔·波普尔：《猜想与反驳：科学知识的增长》，傅季重等译，上海译文出版社1986年版，第139页。

② 同上书，第138页。

何其他意义上的知识都不存在。"① 马赫站在经验论立场上认为，理论在认识活动中仅具有工具性质，概念和判断等理论形式具有暂时性，是为一定目的而使用的。

不可否认，这种极端的、包容一切的知识工具主义是片面的，它具有否定信仰、否定真理的客观性维度的倾向。但也应该看到，结合特定语境或环境而强调理论的工具性，确也具有合理的一面。事实上，科学技术发展和进步从来都是问题导向的，离开了具体问题和现实需求，或许根本谈不上科学技术的进步。因而，相对于意欲破解的难题而言，科学技术、科学发现、科学理论显然都具有工具意义。

2. 关于理性的工具性主张

与科学和技术理论的工具性立场一样，关于理性的工具性主张由来已久。休谟指出："理性是并且也应当是情感的奴隶，除了服务和服从情感之外，再不能有其他的职务。"② 康德将理性分为实践理性和理论理性。在他看来，此二者是理性在人类不同活动领域中的运用，是人类认识和欲求能力的体现。有学者指出："无论理论理性还是实践理性，都只不过是为了实现特定意图或目的的工具而已。"③ "理性唯一的实际作用，就是为达到目的选择适当的手段。"④ 罗素认为："'理性'有一个极为清楚和准确的定义。它代表着选择正确的手段以实现你意欲达到的目的。它与目的的选择无关，不管这种目的是什么。"⑤ 作为目的的欲求具有先验性、先天性，理性不是关于此目的的，相反，总是关于手段的，只能充当达到目的的工具。

作为人类的特有能力，理性指代人类在实践活动中的思维和行为特征。一方面，它是认识层面与感性相对的高级形式，重在把握事物的本质、规律；另一方面，理性表征了主体对行为的控制。由此可见，在思维特征和认识能力方面，理性本无工具或目的之分，它是人的属性的表征之

---

① [英] 卡尔·波普尔：《猜想与反驳：科学知识的增长》，傅季重等译，上海译文出版社1986年版，第139页。
② [英] 休谟：《人性论》，关文运、郑之骧译，商务印书馆1996年版，第453页。
③ 文学平：《论道德工具主义的内在逻辑及其后果》，《马克思主义研究》2011年第3期。
④ 同上。
⑤ [英] 罗素：《伦理学和政治学中的人类社会》，肖巍译，河北教育出版社2003年版，第2页。

一；而从理性对人类行为的作用来看，理性的确有助于人们达到目的。

3. 实用主义哲学及其影响

真正和鲜明的被称作实用主义哲学的是诞生于 19 世纪 70 年代并于 20 世纪头 30 年在美国走向繁荣的一种哲学流派。一般认为，皮尔士和詹姆士是实用主义哲学的主要创始人。[①] 和其他哲学流派的发达过程一样，实用主义哲学反映了当时美国的时代精神。19 世纪后 30 年，工业化和城市化的发展带来了许多社会和经济问题。为应对问题，适应社会变革需要，许多年轻学者对当时美国社会中居于支配地位的社会达尔文主义提出了挑战。皮尔士、詹姆士和杜威等人在发扬英国经验论传统、进化论、德国古典哲学、科学方法论的基础上，形成了被后人称作古典实用主义的哲学观。

古典实用主义哲学所涉范围极广，涵盖了"形而上学、宗教学、伦理学、政治哲学和教育哲学"等。[②] 但其中最为引人注目，莫过于它的真理学说。实用主义强调真理与实在相符合。[③] 而这一相符合或曰认识的真理性，往往无法直接证实，只能间接把握。符合的标准是，是否有助于处理实在事物、不使前进受挫、适合并使我们适应实在的整个环境。在对于如何才可以算作符合的确定中，"人的具体语境和价值因素"起到了重要的"引导"作用。[④] 真理的间接证实表达了两层含义：一是真理必须有助于人们与环境相协调，即"只是我们一种方便的思想方法"[⑤]。二是真理与已有信念的协调。因为任何时期的人类信念都是整体经验世界中的一部分，都是进一步积累经验以形成新信念的材料。正如詹姆士所言："我一直坚持认为，真理大部分是由先前的真理造成的。"[⑥] 所有新信念或真理的产生，必定是旧真理与新经验两个方面的合力结果。

古典实用主义哲学观把思想作为工具，以寻找解决经验中所存在问题

---

① 参见涂纪亮《从古典实用主义到新实用主义：实用主义基本观念的转变》，人民出版社 2006 年版，第 12 页；江怡《西方哲学史》（学术版）（第八卷），凤凰出版社、江苏人民出版社 2005 年版，第 281 页。

② 江怡：《西方哲学史》（学术版）（第八卷），凤凰出版社、江苏人民出版社 2005 年版，第 333 页。

③ 同上书，第 334 页。

④ 同上书，第 335 页。

⑤ [美] 威廉·詹姆士：《实用主义》，李步楼译，商务印书馆 2012 年版，第 125 页。

⑥ 同上书，第 126 页。

的方法。其将思想置于行动之下,主张有了行动才有思想。在古典实用主义者看来,实用主义只是一种方法,不代表任何具体的结果。所有观念都是目的论的或用作工具的,并且强调行动与评价之间的连续性。例如,詹姆士认为,理论是我们可以依靠的工具,而不是解答谜团的答案。① 古典实用主义的集大成者杜威曾将自己的哲学称为工具主义。在杜威的真理观中,最明显地体现了他的工具主义思想。他把真理看作"观念"的一部分。"观念"是"人与环境打交道的工具",② 其功能在于工具性。他认为,观念、概念和命题都是为了组织人类经验和预言未来结果的工具或者手段。观念的存在是与实际生活需要密切相关的,它的脸总是面向未来的,是引导我们理解与适应环境的地图,是行动指南。在杜威看来,作为真理的观念,其令人满意完全在于作为工具达到了预期的目的。③ 20 世纪30 年代,受到逻辑实证主义的影响,实用主义的影响有了一定程度的下降,但 50 年代以后,在蒯因、罗蒂等人的努力下,实用主义哲学在美国重新开始产生影响。当然,这一时期诸多代表人物对实用主义所作出的新解读分歧较大。

  20 世纪初,古典实用主义哲学传入我国,成为当时在中国影响最大的西方哲学流派,对五四文化运动发生过积极影响。④ 但由于在当时的中国,救亡图存的原则、方向问题没有解决,因而,解决种种具体问题只能是妄谈。在此背景下,包括陈独秀在内的许多接受过实用主义哲学的先进分子最终抛弃了实用主义,选择了马克思主义作为解决中国前途的根本指导思想。20 世纪 80 年代前的 50 年,实用主义作为资产积极的反动哲学和腐朽哲学,作为与马克思主义水火不容的一种意识形态,被苏联和当时的中国马克思主义者进行了"体无完肤式"的政治批判。时至今日,实用主义哲学已经与古典时期有了很大不同,但我国学界对概括意义上实用主义(包括不同形式的实用主义哲学观、实用主义方法甚至实用主义一词本身)的批判态度仍然十分鲜明。⑤ 客观地说,尽管实用主义哲学自此

---

① [美] 威廉·詹姆士:《实用主义》,李步楼译,商务印书馆 2012 年版,第 32 页。
② 江怡:《西方哲学史》(学术版)(第八卷),凤凰出版社、江苏人民出版社 2005 年版,第 385 页。
③ 同上书,第 390 页。
④ 参见刘放桐《实用主义及其在中国的命运:再论重新评价实用主义》,《时代与思潮》1989 年第 1 期。
⑤ 参见毛崇杰《实用主义的三副面孔》,社会科学文献出版社 2009 年版。

彻底失去了可能在意识形态领域内发挥作用的地位,但"作为一种日常的方法、思想和行动的方法","作为一般的方法论"仍然发挥着影响。① 应该说,从意识形态意义上说,实用主义哲学体现了资产阶级的世界观,其价值取向与以马克思主义为根本指导思想的我国社会主义精神文明建设存在本质不同;但作为一种思想和行动方法,其所具有的积极意义仍然值得我们借鉴。

(三) 实用主义的思想要义

1. 实用主义的一般思想要义

前文表明,尽管日常的、大众的实用主义较少受到社会科学学者的关注,而哲学实用主义又曾在中外受到不同对待,但本书不愿也不会硬生生地人为隔离二者的共同之处,相反,将单纯着眼于思维方式和行动方法意义上重述二者对待知识和理论的态度。更何况,从哲学实用主义的形成过程和思想渊源来看,本身也具有深厚的历史积淀,并非一无是处。因而,吸收哲学实用主义的合理部分,也是利用实用主义合理部分的必然选择。事实上,无论是哪一种面向的实用主义,在思维方式和行动方法上,都强调行动、行为和实践的重要意义;都强调一切从实际出发;强调经验在理论、知识和观念验证中重要性;强调知识或理论具有工具性的一面,它会受主体所处环境的制约或限制。详言之,实用主义的思想要义在于:

首先,主张知识及其产生过程都会受到特定历史和其他条件的限制,也就是说,知识、理论是语境性的(contextual)。一部人类文明史,本身就是一部知识更迭史。知识更迭所以发生,不可否认与人类智能的进化有关,但在更大程度上取决于所处环境、所能使用的工具等基础条件的变化。数千年来,人类都不止一次地坚信发现了永恒知识和定律,但在不久之后,又需要或被新的知识和定律替代、修缮。当然,实用主义并非要否认或怀疑是否存在终极的知识,只不过它更加强调,特定历史条件下人类的认识能力会受到这些条件本身的制约,基础条件的变化会影响到人类的认识能力。言及知识是语境性的,旨在承认每个人对世界的看法都会受到语言、在先经验和文化的影响。② 正如托马斯·格雷所言,早期实用主义

---

① 参见刘放桐《实用主义及其在中国的命运:再论重新评价实用主义》,《时代与思潮》1989 年第 1 期。

② Thomas C. Grey, "Holmes and Legal Pragmatism", *Stan. L. Rev.*, 41, 1989, p. 799; Thomas F. Cotter, "Legal Pragmatism and the Law and Economics Movement", *Geo. L. J.*, 84, 1996, p. 2075.

者视知识为实践的体现。① 而且，其真正所指不在于一般地承认语言和文化在知识形成中的作用，而在于强调不应仅仅将信念局限于外在于人的一些现实之上，相反，要在人们如何应对不确定性方面提供更佳的选择路径。②

主张知识具有语境性，包含了两个重要推论：一是它表明我们能够从关注实在的本质中获得客观知识的假定是没有意义的。在任何给定的时空，人类的知识都具有暂时性，都具有因新的经验而变的性质。二是实用主义所主张的知识的语境性也能够成为我们区分"好"与"坏"、"真"与"假"的标准。与其他任何信念一样，这些标准或准则也是社会性的和具有历史偶然性的。这样，实用主义者会倾向于拒绝接受基础主义（foundationalism）。③ 在格雷看来，基础主义是一种古老的哲学梦想，它认为知识植根于一套基础的和不容置疑的信念。④ 在实用主义者看来，任何理论都源自和依附于既有实践，理论有其自身的附条件性和文化特性。⑤ 在它看来，人类的习惯和信念在很大程度上是语言、文化和经验的产物。随着人们不断适应新的经验，习惯和信念也会不断变化。这样，偏好——令人满意之物以及我们所求之物——正如任何习惯和信念一样也都是语言、文化和经验的产物。由此，对新的经验的揭示能够改变现有的偏好，并在长期范围内带来更大的满足。因此，对实用主义来说，改变社会制度以在能够给人们带来比现状更多幸福的意义上限定人们的愿望和行为就是令人期待的。质言之，实用主义者拒绝接受功利主义在手段与目的之间的明确界限。一如格雷所言，目的本身从来都不是终局的，它们充其量是瞬时休止点，一定目的的实现进一步蕴含着可预见的称心或令人不快的结果。因此，目的本身必须作为那些相关结果的手段而被评估。相似地，实现目标的手段也不是完全工具性的：行为也需要从其内在的满足或挫败以

---

① See Thomas C. Grey, "Holmes and Legal Pragmatism", *Stan. L. Rev.*, 41, 1989, p. 798.
② See Thomas F. Cotter, "Legal Pragmatism and the Law and Economics Movement", *Geo. L. J.*, 84, 1996, p. 2076.
③ Ibid., p. 2077.
④ See Thomas C. Grey, "Holmes and Legal Pragmatism", Stan. L. Rev., 41, 1989, pp. 797, 799.
⑤ See Thomas C. Grey, "Hear the Other Side: Wallance Stevens and Pragmatist Legal Theroy", *S. Cal. L. Rev.*, 63, 1990, p. 1590.

及其结果中来加以评价。①

其次,实用主义者主张知识和理论具有工具性,即思想和探究是一种作用机制,它使得人类能够应对所处的环境。换言之,命题的意义在其结果之中。② 在杜威看来,艺术、科学、对与错的意义以及社会制度都不是旨在体现"真"或"好"或"美",而是旨在解决问题,从而带给人们更大幸福。因此,对于实用主义者来说,思想是前瞻性的和未来导向的。在现代实用主义者中,包括波斯纳和韦斯特(Cornel West)都同意实用主义者的公分母包括了一个未来导向的工具主义,它试图将思想用作实现更高效率行动的武器。③ 就一定理论的工具性而言,想来不会有太多分歧,理论构建的合理性、必要性、可行性往往并不在理论本身,而在于构建该理论所欲达到的目的。而说到范围更广、边界更不清晰的知识,则可能略有争议。在这一点上,实用主义者并不反对可能存在终极意义上的知识,但它更强调知识所具有的工具性的一面。知识的获取与经验紧密关联,而人类最远古的经验莫过于从祖先到人的演进。若此,则根据达尔文进化论,现代人类本就源于祖先对环境的适应。因而,人类——作为聪明的动物,其依靠经验获取的知识首先是适应性或工具性的。

最后,语境主义和工具主义一道,蕴含了格雷所称的视角主义(perspectivism)观念。在格雷看来,为一个目的、从一个角度对一种现象的最佳解释,可能并不能很好地与从另一个角度、另一种语境、服务于另一种目的所获得的解释相契合。④ 实用主义并不一般地否认知识、理论、制度设计本身所具有的意义,而是从知识、命题、制度是否产生了预期的后果中来评价优劣;而且,这一后果往往是具体的而非不可验证的。实用主义所强调或钟爱的后果不是事物的本质和本源,而是特定历史背景下的实践功能,是实事求是。与思维方式相一致,在行动方法上,相比较理性思辨而言,实用主义更加强调行动和验证的重要性,强调通过实践或尝试寻求适应环境的较优途径。以具体问题的解决为例,实用主义不赞成手段与目的之间的严格界限,更强调手段与目的的对立统一。对于任何问题——

---

① Thomas C. Grey, "Holmes and Legal Pragmatism", *Stan. L. Rev.*, 41, 1989, p. 854.
② Thomas F. Cotter, "Legal Pragmatism and the Law and Economics Movement", *Geo. L. J.*, 84, 1996, p. 2078.
③ Ibid..
④ Thomas C. Grey, "Holmes and Legal Pragmatism", *Stan. L. Rev.*, 41, 1989, p. 804.

目的——而言，手段的选择都不是随意的，它服务于目的，因而必然会受制于目的本身。离开了目的，便无法评价手段本身。质言之，手段的意义主要应当从其对应的目的中探寻。从相反的方面来说，离开手段所服务的目的去评价手段，或者单纯从手段所可能产生的全部后果中去评价手段本身，不仅没有多少实际意义，还可能会完全否定手段。例如，是否运用核聚变技术、怎样运用，若离开了特定的领域或目的，而局限于抽象或观念层面上的该用或不该用，便没有实际意义。况且，运用一词的本身，已经包含了目的判断。与此同时，手段的选择也并非仅仅受制于目的，一定的生产、生活方式、共识、观念、常识等都会影响手段的选择。相对于目的，手段的选择和使用都具有一定的相对性，不具有终局性和唯一性。就选择而言，实现特定目的的手段有时会多种多样，手段和目的之间并非总是一一对应的；而就手段的使用而言，随着生产、生活方式、共识等的变化，手段本身也可能需要作出调整，以使其能够更好地实现目的。换句话说，实用主义主张在概念、制度和观念所处的体系、语境中去确定它的意义，反对抽象地赋予这些要素以单一的、独立的意义。实用主义不仅认为手段是应当修正的，而且目的本身也并非恒久不变。

2. 实用主义思想要义在法律领域的体现

将实用主义引入法律实践和研究的做法由来已久。霍姆斯、杜威等人都对此作出了重要贡献。实用主义的上述思想要义在法律领域内也有许多对应的体现。理查德·波斯纳法官提炼出了实用主义司法的 12 个原则并进行了详细解读。[①] 我国学者认为，法律实用主义的品格在于：以社会福利作为法律目的、法律效用方面的工具主义、法律状态上的语境论以及创造而非发现的法律生成观。[②] 托马斯·考特（Thomas F. Cotter）指出，所有的法律实用主义者都赞同知识、思想和探究是语境性的和工具性的，反对基础主义，认同视角主义。[③] 米歇尔·西格尔（Michael L. Seigel）将法律实用主义者称作新实用主义者，指出其基本教义是：反基础主义；主观

[①] 参见［美］理查德·A. 波斯纳《法律、实用主义与民主》，凌斌、李国庆译，中国政法大学出版社 2005 年版，第 74—103 页。

[②] 刘燕南：《实用主义法理学进路下的国际经济法》，法律出版社 2007 年版，第 41—53 页。

[③] See Thomas F. Cotter, "Legal Pragmatism and the Law and Economics Movement", *Geo. L. J.*, 84, 1996, p. 2075.

性的不可避免性；在作出决定中，经验主义、演绎逻辑科学方法论之外实践理性的存在；工具主义。①

结合以上学者论述可知，将实用主义适用到法律上，首先要求人们特别重视法律决定本身的语境性性质，拒绝基础主义的法律观。在实用主义看来，人类思想是过往经验的产物和作为预测、控制未来情况的工具的结合，它不认为人们的准则——包括法律准则，能够植根于外在的一些先验和普遍的基础之上。② 它意味着要在以下两种意义上将法律看成一个实际的事业：法是由实践构成的以及法是工具性的，是实现社会欲求目的的手段，可随着其用途而调整。③ 只有将法的语境性和工具特征综合起来，才能展现法的全貌。在这方面，即便是经典的哲学实用主义者，也具有类似主张。晚年的杜威在对其法哲学的总结声明中就表达了相似的综合。他一方面主张了法的主要来源是习惯、构成群居生活的交往网络和期待；另一方面主张法的目的或评价标准是能够带来所期待的实际结果的程度。④ 霍姆斯在那本被誉为"美国人写得最好的法律书"中也谈道，法是语境性的，它来自感觉到的需要、下意识的直觉、偏好——沿袭过去思想的静态样式。法不能被当作纯粹的逻辑制度，因为它包含了一个国家跨越许多世纪的故事。法是工具性的，它是对道德和政治理论的回应，是对作为未来导向考量产物的公共政策直觉的公开承认。法是对传统以及共同体变化的需要和愿望的反映，将法律等同于经验意味着将其看成是政策和传统的结合。⑤ 在这方面，实用主义和功利主义一样，都支持结果主义的推理方式：知识是促成事物的手段，是帮助人们解决问题和满足愿望的工具。

法律学说的价值本质上是工具主义的，所谓"正确"或"好"在于其实际运行之中。法律决定的意义应从其对现实中的人所产生的实际影响方面加以判定，而非着眼于它与抽象概念是否一致或它会对理论的完美是

---

① See Michael L. Seigel, "Pragmatism Applied: Imagining a Solution to the Problem of Court Congestion", *Hofstra L. Rev.*, 22, 1994, pp. 573-575.
② See Thomas F. Cotter, "Legal Pragmatism and the Law and Economics Movement", *Geo. L. J.*, 84, 1996, p. 2072.
③ Thomas C. Grey, "Holmes and Legal Pragmatism", *Stan. L. Rev.*, 41, 1989, p. 805.
④ John Dewey, "Logical Method and Law", *Cornell L. Q.*, 10, 1924, p. 17; John Dewey, "The Historic Background of Corporate Legal Personality", *Yale L. J.*, 35, 1926, p. 655.
⑤ Thomas C. Grey, "Holmes and Legal Pragmatism", *Stan. L. Rev.*, 41, 1989, p. 807.

否有所贡献。① 也就是说，法律上所使用的裁判准则，没有必要、事实上也不能从任何外在东西上去寻找依据。正如学者所言，如果承认法也是人类之建构之物，则人们有权改变这些准则以适应我们变化的需要。② 法律实用主义者对诸如自然权利理论等传统基础主义法律观表达了不屑，在很大程度上主张以作为促成某事物之手段的思路看待法律准则。③

"实用工具主义理论强调法律与现实之间的交互作用，倾其用心于关注法律的应用对社会生活造成的实际影响、法律的总体效用以及法律的局限性。"④ 此外，法官和其他政策制定者在作出决定时必须考虑为共同体所普遍接受的非功利主义道德直觉。⑤ 也就是说，语境性的强调使实用主义者没有任何理由令功利主义直觉超越一切，包括人的基本自由。

实用主义的方法论适用到法学上，体现在拒绝接受宏大理论、形式主义法律观，强调实践理性的运用。拒绝接受宏大理论或多或少来自实用主义者对基础主义的拒绝接受。对法律实用主义者来说，反基础主义不仅意味着裁判准则非植根于一些外在基础之上，而且意味着试图将法的任何特别部分植根于包罗万象的价值之上可能是失败的。⑥ 理论的目的在于指导或改造实践，或者它本身就是一个追求自我满意后果的独立实践。照此说来，理论并非对世俗实践的统治，而是相伴其左右。因而，在实用主义法学看来，理论不具有唯一性，而仅仅存在当前实践中最好的理论和正确的理论。⑦ 杜威、富勒、卡尔·卢埃林等人在对待法律问题时，都主张把实用主义对基础主义推理模式的怀疑与实用主义倾向于同时强调法律的目的性或工具性方面以及其历史背景或社会情势方面结合起来。⑧ 同样，法律

---

① See Michael L. Seigel, "Pragmatism Applied: Imagining a Solution to the Problem of Court Congestion", *Hofstra L. Rev.*, 22, 1994, pp. 576–577.

② Ibid., p. 583.

③ See Thomas F. Cotter, "Legal Pragmatism and the Law and Economics Movement", *Geo. L. J.*, 84, 1996, p. 2072.

④ [美] 罗伯特·S. 萨默斯：《美国实用工具主义法学》，柯华庆译，中国法制出版社2010年版，第3页。

⑤ [美] 理查德·A. 波斯纳：《法理学问题》，苏力译，中国政法大学出版社2002年版，第468—473页。

⑥ See Michael L. Seigel, "Pragmatism Applied: Imagining a Solution to the Problem of Court Congestion", *Hofstra L. Rev.*, 22, 1994, p. 575.

⑦ See Thomas C. Grey, "Hear the Other Side: Wallance Stevens and Pragmatist Legal Theroy", *S. Cal. L. Rev.*, 63, 1990, p. 1569.

⑧ Ibid., p. 1571.

实用主义拒绝形式主义,这一方面根源于反基础主义,另一方面遵从了实用主义强调从结果中来检验知识,而不是通过与抽象观念是否一致来进行检验。

在替代形式主义和基础主义方面,实用主义主张在作出决定时注重实践理性。如威尔曼主张,在选择和评判所能使用的既定规则时,法官应当考虑哪一种解释或者哪一个规则能够更好地符合整个法律的根本目的。① 西格尔指出,离开基础主义,法律人总是能够通过使用实践理性方法做出合理的决定。② 当然,在实践理性的运用和论证侧重方面,法律实用主义者们的主张各有不同,但其共同的理论视角在于,主张将亚里士多德的实践理性与功利主义、美国实用主义或后现代欧陆哲学相结合。③

二 知识产权制度实践与实用主义的契合

(一) 工具性与知识产权保护的原因

实用主义主张,法是由实践构成的以及法是工具性的,是实现社会欲求目的的手段,可随着其用途而调整。④ 在此意义上,实用主义能够说明知识产权保护的原因。

工具必然意味着与有其对应的目标或实现目标的机制。历史地看,知识产权保护的工具性色彩非常鲜明。以英国早期知识产权保护实践为例,在《垄断法》之前,英国之所以对新发明给予专利保护,目的只在于实现工业上的赶超。而在17世纪之所以将专利垄断作为"好"的垄断豁免于《垄断法》之外,原因显然不在于专利垄断本身与其他形式的垄断存在好坏之别,而在于容忍这一垄断能够为新技术的研发和运用提供动力。与专利保护一样,版权的起源也是服务于印刷术应用后图书贸易垄断的需要以及王室言论审查的需要。及至近现代,知识产权保护的工具主义历史养分滋养了各国知识产权保护的立法。知识产权立法成为各国发展经济、文化的重要制度工具。知识产权保护的工具性几乎没有多少伦理色彩。需

---

① See Vincent A. Wellman, "Practical Reasoning and Judicial Justification: Toward an Adequate Theory", *U. Colo. L. Rev.*, 57, 1985, pp. 87–105.

② See Michael L. Seigel, "Pragmatism Applied: Imagining a Solution to the Problem of Court Congestion", *Hofstra L. Rev.*, 22, 1994, p. 576.

③ See Thomas F. Cotter, "Legal Pragmatism and the Law and Economics Movement", *Geo. L. J.*, 84, 1996, pp. 2071–2072.

④ Thomas C. Grey, "Holmes and Legal Pragmatism", *Stan. L. Rev.*, 41, 1989, p. 805.

要说明的是，尽管所有权、人身权制度本身也有其工具性，但它们因同时蕴含了深厚的伦理色彩而与知识产权有别，如人之所以为人的内在要求等。从现代知识产权立法的宗旨来看，知识产权制度很好地体现和运用了法的工具性，它契合了知识产权保护属于后天的、人为产物这一基本事实，也能够说明立法者为何不将所有人类创造或发现的知识信息都给予产权保护。知识信息的财产化是选择性的，其标准就是产权化所要服务的目的。

国内外许多学者已经关注到了知识产权保护的工具性。"知识产权保护本身不是目的，而是实现目的的政策和手段。"① 专利本身并非确定是"天使"或"恶魔"，而只是人们实现目的的一件工具，其效果取决于人类所要实现的目的本身的"好"或"坏"。② "从信息管理政策角度看，专利制度是一个成功的制度，它成功创设了一条通道，使大量具有科技和商业价值的信息先成为完全私有领域的专利垄断权，继而进入完全非排他的公共领域。"③ 澳大利亚学者德霍斯明确主张工具论的知识财产观，旗帜鲜明地反对知识财产的独占论。④ 李琛教授曾明确将工具主义论和自然权利论并列为知识产权正当性的两种主流学说。⑤ 但本书所使用的实用主义一词，不仅在于在与激励论相等同的意义上"重述"知识产权创设或认可中的静态正当性，更在于在动态意义上——围绕权利"从生到死"的全部环节中——践行知识产权制度演进背后的这一主导思想基础。尽管本书对实用主义的使用与李琛教授所使用的工具论的内涵——鼓励创造说有所不同，⑥ 但仅就法律的工具性职能来看，本书赞同她对工具论路径的概括："工具论着眼于知识产权制度带来的效果，即知识产权作为工具可以满足某种社会需求，因此，在思路上更符合法学的特点，至少在逻辑上，它回答了某种对象被设定为财产的原因。"⑦

---

① 孔祥俊：《知识产权法律适用的基本问题》，中国法制出版社 2013 年版，第 255 页。
② 参见［日］竹中俊子《专利法律与理论：当代研究指南》，彭哲等译，知识产权出版社 2013 年版，第 147 页。
③ 同上书，第 139 页。
④ 参见［澳］彼得·德霍斯《知识财产法哲学》，周林译，商务印书馆 2008 年版，第 208 页。
⑤ 参见李琛《著作权基本理论批判》，知识产权出版社 2013 年版，第 4 页。
⑥ 同上书，第 12 页。
⑦ 同上。

(二) 语境性与知识产权保护的"度"

实用主义不仅认为知识是工具性的，而且也是语境性的。与知识产权基本理论以及保护宗旨方面更为明显地体现了工具性不同，知识产权保护的语境性突出体现在许多具体制度的设计及其演进之中。确定权利主体、权利对象、权利内容及其边界的相关制度在不同历史时期所发生的变化，离开知识产权保护的语境性，是难以作出合理解释的。以专利法为例，历史上一些国家曾基于发展国内产业的考虑，对外国人与本国人的知识产权主体地位进行了差别对待；而从现当代来看，又几乎是基于同样的考虑，在知识产权保护水平方面向他国不断施压。专利法上发明与发现的界限，因一些对象需要保护而被不断重新解释，从早期专利实践中改进发明的不保护问题，到当代涉及数字技术、生物技术相关发明的保护问题，都表现得比较明显。比如说，遗传资源分离、提纯发明的保护问题，软件以及商业方法的专利保护问题等。还有专利授权实质条件变革的解释问题。从相对新颖性标准到绝对新颖性标准，离开了知识产权保护的语境性，如何能够获得合理的解释？类似的还有局部外观设计专利保护问题、平行进口的法律评价问题等。版权制度中也有一些反映了相同规律的重要变化。典型的如：软件的版权保护问题，它在多大程度上契合了传统版权法的保护宗旨是有很大疑问的；数字时代的临时复制问题的法律评价；网络服务提供者版权侵权责任特殊规则的形成问题等。相对而言，商标领域发生的类似变化要来得少一些，当然，驰名商标的跨类保护问题以及近年来在我国出现的商标共存问题，是可以作为例证的。此外，还有权利的排他性规则方面：若单纯从工具性角度，即以通过赋予对对象的排他性使用权来实现鼓励发展的方面看，知识产权的排他性在范围上应当与所有权没有区别。但实际上却并非如此，立法赋予权利人对知识信息的排他权在某种程度上比有体财产的排他权要更为宽广。众所周知，有体财产法中并不涉及相似土地或物件，但专利法不仅阻止他人实施发明者的专利，而且也涉及特定相似产品。版权侵权之作品实质性相似判定以及商标侵权行为之宽泛范围都表明知识产权的排他效力更为宽泛。其原因是，在知识财产的语境中，若将创造者的排他权精确限定在其发明、作品或商标标识之上，则意味着允许搭便车者使用相似发明、改编作品、使用相似标识，其结果是降低社会对初始发明、原始创作、诚信经营的回报，长期来看，会妨碍产权保护目的的实现。

与工具性一样,语境性对于我国知识产权保护而言,同样具有明确的规范意义。如孔祥俊教授曾在不同场合指出:"是否保护知识产权,首先与道德合理性直接相关,但保护范围的大小与宽窄,则更具有政策上的色彩和选择性,这属于功利和政策的问题。"①国情和产业发展实际是我国知识产权保护力度和广度的基本现实。"知识产权保护要与新经济和新技术的创新发展需求相适应。"② "任何国家的知识产权保护都立足于发展需求,具有阶段性特征。"③ 从实证来看,西方国家知识产权保护的历史,几乎毫无例外地体现了不同发展时期、不同传统下的具体要求。如今,与贸易的联姻导致了知识产权规则在全球范围内的高度趋同,在此背景下,我国更需要以己之发展环境和政策,确定保护的范围和力度。这也符合法律实用主义者所主张的视角主义。一句话,从规范层面来说,我国应当结合具体的语境,服务于特定发展阶段的要求和创新实际,从立法和司法两个层面上对知识产权保护高度、水平作出相应的调整,④ 而不应该完全以他国先验为据、亦步亦趋。特别是,相对于立法的稳定性而言,知识产权司法更应当在遵循法律原则和立法宗旨的前提下,尽可能地保持足够的灵活性,以回应技术和商业模式的不断创新。

(三) 反基础主义与知识产权制度的源流

实用主义虽然不排斥对知识、命题本身的理性思辨,但它更强调知识、命题的社会意义。这一点同样适用于对知识产权保护理论及其制度设计的评价。同时,实用主义的"实在"是经验的、是语境性的,这决定了评价知识产权制度设计的标准不可能是永恒的,相反,可能会随着具体情境变化而变化。换言之,尽管不同时期的知识产权具体制度设计定然有所不同——这也是工具性和语境性的必然要求,但若有助于人们适应相应时期的知识信息生产、使用以及社会发展环境,则是同样可靠的。知识信息生产、使用以及社会发展环境的变化,必然会要求知识产权理论及制度设计作出相应调整,以使二者能够相符合。相反,若固守理论、拒绝应变,则可能会带来二者符合程度的降低。这样,近代以来知识产权制度设

---

① 孔祥俊:《知识产权法律适用的基本问题》,中国法制出版社2013年版,第327页。
② 同上书,第254页。
③ 孔祥俊:《当前我国知识产权司法保护几个问题的探讨——关于知识产权司法政策及其走向的再思考》,《知识产权》2015年第1期。
④ 参见孔祥俊《知识产权法律适用的基本问题》,中国法制出版社2013年版,第322页。

计的变化从整体上来说是正常的，是实用主义的具体体现。

实用主义虽然不排斥变化，但同时也具有保守的一面，它强调新的理论、制度设计与旧理论的协调。除非来自新的新经验走向了反面，实用主义拒绝对旧理论的割裂和背离。体现在法律上，它注重立法及司法的连贯性。这一点对于知识产权制度变迁来说，不但具有解释意义，更加具有规范意义。相比较学者谈论较多的其他理论而言，这一点正是实用主义适用于知识产权制度的优越性。以激励论为例，它几乎只以近代美国宪法知识产权条款为基本出发点，而对于此前人类社会保护知识信息的制度思想关注明显不够，似乎知识信息的法律保护问题，完全是近代以来的人类创造。事实上，人类社会明确以促进产业进步为目的而对先进、实用技艺进行保护的做法在遥远的古代就已经是一个普遍事实，而且，威尼斯城市共和国专利法中的许多具体制度在今天仍然得到了很好的延续。同样，不论是激励论还是劳动财产权说，其逻辑基本上都是单向的。劳动财产权说只关注智力劳动成果专有化的伦理正当性；而激励论虽然体现了目的性的一面，但从实际情况来看，其中的目的之宣示意义大于导向作用。在近代以来知识信息保护的目的没有变化（至少条文上如此）的情况下，许多具体的制度设计在很大程度上背离了旧的理念，版权法对反规避版权技术保护措施的规定即为著例，对此，后文还将详述。

(四) 实用主义的方法论与知识产权司法

实用主义在方法论上意味着讲求实际、实事求是。体现在司法上，意味着不单纯拘泥于抽象理论，而是要着眼于具体案件事实，细致分析和评估对法律条文含义的不同解释和运用所导致的不同后果，并以立法目的和常识为基本评价标准，作出更为合理的司法判决。一如学者所言："法律适用不是机械的过程，而是追求目的和实现价值的过程。"[①] 这一方法论所蕴含的首要司法原则是，"规则及其他各种形式的法一旦被创设，则应当根据其服务的目标被解释、阐述和适用"[②]。也就是说，法律解释应当追求与现有"信念之网（web of beliefs）"的最佳一致，该"网"则是由

[①] 孔祥俊：《当前我国知识产权司法保护几个问题的探讨——关于知识产权司法政策及其走向的再思考》，《知识产权》2015年第1期。

[②] [美] 罗伯特·S. 萨默斯：《美国实用工具主义法学》，柯华庆译，中国法制出版社2010年版，第3页。

法律文本、其形成历史、当前政策和社会价值组成的一套法律材料。① 若对具体规范的字面解释会导致出现明显不合常理甚至是荒谬的结果，就不应当采用字面解释。另外，法具有抽象性和滞后性，并非所有摆在法官面前的案件都可以径直依照某法某条或某款作出裁判。但对于法院来说，无论如何，都应当作出判决。特别是对于私权纠纷，法官不能以"无法可依"为由而拒绝作出裁判。在此情形下，法官同样可以而且应当在立法目的和常识的基础上作出裁判。

如果说上文所述的问题在成文法传统的有体财产制度中会有些杞人忧天或"空穴来风"的话，则不论在何种法律传统中，解决知识产权纠纷案件的法官们早已经不止一次地运用了上述方法。一如孔祥俊教授所言，知识产权审判具有主动性和规划性。② 过去数十年的司法实践表明，知识产权法官会比其他领域的法官更为频繁地遭遇了"无法可依"的情形，此时，基于立法目的和精神处理涉案事实和法律问题几乎是唯一可行的做法，由此，在诸多可选裁判思路所导致的系统性后果之间进行权衡会显得尤为重要。如在20世纪末王蒙诉世纪互联技术有限公司著作权纠纷案中，尽管彼时尚无明确法律依据，但两审法院都基于两种可能裁判对于著作权人以及网络传播者的不同影响的对比作出了有利于原告的裁判。③ 同样，知识产权法官需要在具体案件中通过对一些立法上的习惯性套语或抽象性用语赋予内容或进行目的性的解释，从而尽可能地使得知识产权保护能够符合产业和行业发展实际。特别是对于知识产权侵权救济而言，立法上合理、科学地为各种不同的知识产权设定了相同的救济途径和责任形式。这样，在具体适用中，法院就应当结合所涉及知识产权类型的不同，考虑行业发展现状，区别对待，而不是完全机械地演绎。如国内外司法实践中均已经发生的在专利权侵权成立时不适用停止侵害责任的裁判实际上就是体现了法官对于具体规则适用后果的考虑。④ 按照我国现行《侵权责任法》及《专利法》的规定，未经权利人许可且无法律依据而制造他人专利产

---

① See Daniel C. K. Chow, "A Pragmatic Model of Law", *Wash. L. Rev.*, 67, 1992, p.794.
② 孔祥俊：《知识产权法律适用的基本问题》，中国法制出版社2013年版，第247页。
③ 北京市海淀区人民法院（1999）海知初字第00057号民事判决书，北京市第一中级人民法院（1999）一中知终字第185号民事判决书。
④ 对于这些案件，学说已从不同角度多有探讨，此处略去详情，拙著亦曾进行罗列，参见贾小龙《知识产权侵权与停止侵害》，知识产权出版社2014年版，第67—69、110—113页。

品的,法院判决被告人承担停止侵害责任具有"当然性"。然而,在一些案件中,法院之所以没有当然地适用一般情况下应当适用的法律规则,显然是在适用和不适用这些规范所产生的不同后果之间进行了衡量。同样,近年来,最高人民法院所作出的多起取得较好社会效果的商标纠纷裁判也很好地运用或体现了实用主义的方法论。典型的如:最高人民法院(2009)民三终字第3号民事判决书中对何为法律规定的商标近似的解读,显然也是考虑了不同的解释对于该案两件"鳄鱼"商标是否构成近似以及由此对当事人带来的不同后果。① 同样,对于"散列通"与"散利通"商标纠纷而言,问题的核心不在于两件商标是否形式上近似,"不仅仅是衡量一个抽象的商标标识是否应当撤销的问题",而是若仅仅从概念或本本出发是否会意味着对已经存在的市场格局的影响。②

可以想象,由于权利性质和权利边界方面的特殊性,加之历史表明技术变革会对知识产权保护不断带来新的影响,在未来知识产权司法实践中,面对新型或没有直接法律依据的案件将是不可避免的。因而,实用主义方法论在未来知识产权司法中同样应当受到特别重视。而根据实用主义方法论的要求,就是不能仅仅把知识产权保护本身当作分析的抽象客体,从对伦理正当性的固守中去适用或塑造知识产权的具体制度,而忽略规则所带来的后果。相反,"知识产权的保护需要强调合目的性。知识产权保护要符合各类知识产权的属性以及法律设定和保护特定知识产权的目的,积极促进法律目的的实现"③。需要赘述的是,知识产权制度充其量只是提供了一个额外的促进人类经济社会发展的机制。对于知识产权司法裁判来说,对于已有规则的解释,应当侧重于体系解释方法和目的解释方法。一如美国法官卡多佐所言,法官心目中对于自己的职能,要始终保持目的论的理解。④

需要说明的是,不论是言及过去的许多知识产权司法活动体现了实用主义及其方法论要求,还是展望未来的知识产权司法还将不可避免地沿袭

---

① 详见孔祥俊《知识产权法律适用的基本问题》,中国法制出版社2013年版,第578—580页。
② 同上书,第593页。
③ 同上书,第266页。
④ 参见[美]本杰明·卡多佐《司法过程的性质》,苏力译,商务印书馆2010年版,第63页。

这一传统做法，本书都没有在哪怕是最轻微的程度上表明法官可以无视法律规则本身。恰恰相反，实用主义对知识产权司法的要求在于使得规则的适用更加贴近实际，更好地维护法治，因为法治显然不是形式主义的，更加不是教条主义的，良好的法治必然是一个动态的过程，也只有在活的法律中，才能更好地维护法治的价值。

第三节 再论知识产权保护实践的实用主义解读为何应当

一 知识产权保护面临的基本问题与实用主义

（一）知识产权制度的当代变革呼唤理论创新

明确和强调知识产权保护所体现的实用主义向度，本身也是其他知识产权法理论的一个延伸。过去支配性的知识产权法理论，甚至是支持知识产权法理论框架的唯一支柱，乃是知识产权保护的正当性辩护。这种一枝独秀的局面虽然确实表现了知识产权法理论研究的薄弱，但本书也并非要"为赋新词强说愁"。只是知识产权保护的具体实践，特别是现当代知识产权规则国际化以及由此而导致的各国知识产权立法的高度趋同化，加上知识产权制度应对新技术发展的需要，都带来了许多亟待深入和冷静思考的问题。知识产权保护真正应当在国际"通行"或"普适"的，究竟是其背后的普遍规律，还是逐渐走向无差别的具体规则？知识产权保护的标准、边界到底在哪里？有学者以"非理性扩张"表达了担忧，另有学者指出："整个知识产权保护史就是知识产权扩张的历史。"[①] 面对这些问题，已有的主要知识产权保护正当性辩护理论不但无力应对，相反，可以说，知识产权保护的一再扩张、非理性扩张恰恰是这些学说的消极方面在立法上的展现。旧的理论无法适应新的实践，发现和运用新的理论就是必然的。换言之，知识产权立法应当怎样发展，它的明天能否或应否与其历史上的形态保持某种连续性、如何保持等，对这些问题的回应，实用主义具有不能抗拒的魅力。

[①] 孔祥俊：《知识产权法律适用的基本问题》，中国法制出版社2013年版，第330页。

(二) 实用主义解读的发力点

全部知识产权保护问题，都可以粗略概括为应否保护以及如何保护的问题。就是否应当赋予知识信息以法定权利而言，实际上与知识产权保护的正当性问题构成一枚硬币的两面。前文叙述表明，学说对此已从不同角度给予了回答。可以说，人们运用洛克、康德、黑格尔等学者的财产权学说已经基本解决了道德上的正当性问题；而激励论又在相当程度上论证了知识产权保护的政策必要性。在经历了数百年的变迁后，知识产权制度已被誉为人类重要的制度文明。时至今日，单纯分析知识产权保护的必要性或正当性问题似乎已不应再是研究的重点。

至于如何保护，核心则是将哪些知识信息纳入产权的对象以及给予其何种程度的保护问题。进一步说，是要明确当下的知识产权保护是否足够令人满意，以及它的未来应当是什么样子？无论关注具体问题，还是从一般性研究着手，这显然都是知识产权理论和实践的重中之重。一如孔祥俊教授所言："在（知识产权——作者注）保护的基本正当性（合道德性）问题早已解决的情况下，剩下的主要问题是功利或者实用主义的问题，即如何扩张及扩张到何种程度和范围，乃是知识产权保护的基本问题。"[①] 对此，从本书对现有学说的介评中以及当前各国的知识产权保护实践来看，都没有从根本上解决。甚至可以说，知识产权法学的一般性理论研究在此问题上选择了沉默。而根据前文的叙述，实用主义在阐释知识产权保护实践、从而指导未来制度变革中，具有鲜明的规范意义；它是在知识信息是否应当保护的问题解决之后，阐释和应对如何保护知识信息问题的重要思想理论工具。

二 知识产权保护实用主义解读的可能质疑及回应

（一）实用主义并非法律工具主义

现有文献表明，除了杜威曾将自己的哲学称作工具主义外，工具主义一词似乎并没有确定的所指。学界所使用的工具主义，更多的只是发生在通俗和习惯意义上的。但一段时间以来，在我国法学界，法律工具主义一语却具有了较为确定的含义。基本的界定是："法律工具主义是一种关于

[①] 孔祥俊：《知识产权法律适用的基本问题》，中国法制出版社2013年版，第330页。

法律本质和法律功能的法学世界观和法学认识论。"① 与实用主义哲学在中国的命运相似，许多年来，法律工具主义在中国法学界的"名声"很不好，以至于一些著名学者径直以此为由，"自然也尽量回避"使用法律工具主义一词。② 或许因为同样的考虑，国内学者大都甚至不愿过多谈论法律的工具观。③

由前文叙述可知，实用主义法律观意味着法的工具性和目的性的对立统一，因而，承认法律具有工具性职能，是实用主义的表现和内容之一。但是，认可法的工具性，不等同于肯定法律工具主义。事实上，法的工具性与备受我国学者责难的法律工具主义的内涵并不相同。前者针对的是具体立法、立法所确立制度的工具职能或作用，侧重在立法或制度的微观层面；而后者从其对"主义"的使用上则似乎暗含地表达了"法"本身可以为人所用、乱用、选择性运用的色彩，侧重在国家或社会治理模式的宏观层面。毋庸置疑，应当反对足以导致法律被滥用意义上的法律工具主义。但在具体立法或制度层面，不仅不反对法律具有工具职能，而且只有重视法律的工具职能，才能够实现法必然会体现的主体价值诉求。客观地说，批判法律工具主义者并非不承认"法律的工具职能"；④ 承认法律具有工具性的一面也并非意味着统治者可将法律"玩弄"于股掌之上或者人们可以选择性守法或"利用"法律，关键在于要让人民控制法的制定和实施。反之，若将具体层面的法律当作目的本身，在逻辑上也很难说通。质言之，作为主体的人，是以追求"法律"为目标吗？这个"法律"究竟为何物，它与主体之间的关系又是什么呢？

此外，认可法的工具性，并不是实用主义的全部。前文梳理已经表明，除了工具性外，实用主义还强调知识、命题、理论等的语境性。体现在法律理论和制度建构层面，即意味着立法者不可远离所处的时代和背景等，以过于远大宏伟的目的立法、执法和司法。质言之，语境性对于法的

---

① 谢晖：《法律工具主义评析》，《中国法学》1994年第1期。
② 参见张千帆《认真对待实用主义：也谈中国法学应该何处去》，《现代法学》2007年第2期。
③ 当然，也有个别例外，如重庆大学张爱军博士曾撰文研究了毛泽东工具主义法律观及其成功实践，参见张爱军《毛泽东工具主义法律观及其成功实践》，《毛泽东思想研究》2008年第1期。
④ 谢晖：《法律工具主义评析》，《中国法学》1994年第1期。

工具性具有内在和外在两个层面的限定或制约。制度建构目的的预设，离不开建构者的经验和所处的时代，反之，只能是理想，此为内在制约；为实现立法者切合实际的目的所选择的手段，或具体法律规范，同样受到规范对象的认知的限定，背离常识、常理等的规范设计，大多难以最终达到预期效果。

（二）实用主义亦非功利主义的变种

功利主义在资本主义经济、政治、立法和公共政策领域内都得到了广泛应用。功利主义的集大成者边沁主张，人具有避苦求乐的本性，人的一切思想和行动，均在"快乐和痛苦"这两位"主公"的支配之下。① 因而，避苦求乐是行为和行动的最终目的。行动——私人行动和政府的每项措施——的"是""非"标准是行动所具有的促进或妨碍幸福的倾向。② 边沁还将功利原则成功运用于法律领域，对当时以及后世的立法都产生了深远影响。

不可否认，功利主义在法学上具有历史进步性。③ 但今天看来，它也不可避免地带有历史局限性。除了对人类行为动机所作的不切实际的绝对单一化概括外，它在法律观上体现了比较极端的个人自由主义。一如学者所指出的，边沁等功利主义思想家所奉行的价值判断规则体现了真正的个人利益优先性。④ 在功利主义者眼中，个人利益是唯一真实的利益，社会（共同体）是虚构的，因而所谓社会利益不过是其成员个人利益的总和。⑤ 照此逻辑，"只要个人能够实现其最大利益，社会利益就能达到最大化"⑥。

可见，法学视阈中实用主义与功利主义的共同之处在于二者均强调了法律制度本身并非目的，它具有明显的手段或工具色彩。实用主义者赞同结果主义的推理，对于实用主义者来说，知识具有工具性，是有助于人们解决问题和满足愿望的工具。但二者也存在一些重要区别。其中，最主要的区别来自实用主义者对知识同时具有工具性和语境性的认可。正如前文

---

① 参见［英］边沁《道德与立法原理导论》，时殷红译，商务印书馆2000年版，第57页。
② 同上书，第58页。
③ 参见杨思斌《功利主义法学》，法律出版社2006年版，第8—14页。
④ 同上书，第7页。
⑤ 参见［英］边沁《道德与立法原理导论》，时殷红译，商务印书馆2000年版，第58页。
⑥ 杨思斌：《功利主义法学》，法律出版社2006年版，第7页。

多次强调的,实用主义者将人类的习惯和信念在很大程度上视为语言、文化和经验的结果。因而,随着人类经验的变化,这些习惯和信念会处于连续不断的变动之中。这一点就与功利主义明显不同。以功利主义所主张的偏好为例,对于实用主义者来说,已有偏好只是特定语言、文化和经验的结果,因而,新的经验体验会带来现有偏好本身的变化。因此,改变社会制度以使人们获得更多幸福是可欲的。相反,在功利主义看来,试图满足社会的已有偏好是其全部追求。

此外,在手段与目的理性方面,功利主义中所涉及的目的具有表征上的二重性,一方面是真实的个人利益,另一方面是虚幻的共同体利益。它所谓的共同体利益,实际上是个人利益的简单相加。因而,以功利主义为指导的立法活动及法律实施,其真实的正当性和目的在于实现个人利益最大化。同理,在共同体利益与个人利益的关系上,功利主义立法和法律实施具有鲜明的线性结构。在它那里,立法和法律实施的效果评价只在于是否符合了最大化个人利益的原理,而个人利益的最大化是否符合了最大多数人的最大幸福,则实际上不会进行评价。换言之,在功利主义者那里,所谓是否符合共同体利益原则,实际上是一个不会被推翻、不需要反思的推定。一句话,在功利主义者那里,立法或具体法律制度作为手段,与目的之间的关系只是形式上的,不具有实质意义。

(三) 实用主义是激励论的另一种表达吗

基于激励论在知识产权基础理论研究领域的卓越影响,几乎不可避免地会产生这样的疑问:实用主义与激励论或许只是表达上的不同!本书认为,产生这种质疑的根源是,虽然激励论在知识产权法学基础理论研究方面居于主导地位,但当前学界对于激励论的认知和提倡,更多地仍然停留在观念甚至是直觉层面,而非经过了缜密的理论推演。

由前文叙述可知,实用主义并非激励论的另一种表达。即便在本书的探讨主题中,二者也存在明显不同。基于前文已对二者分别进行过详述,故此处仅简要重述二者的主要不同。第一,二者的着力点不同。实用主义是知识产权制度实践的基本面向。这一判断来源于对知识产权制度设计的主要环节进行抽象并将其与实用主义的基本要义进行对照。激励论着眼于知识产权保护是否应当或曰立法为何要创设知识产权?实用主义解决的是知识信息怎样成为产权的对象,而激励论旨在辨明知识信息是否应当成为产权的对象。第二,二者的内涵不同。实用主义同时强调知识、观念、制度设计的工具性和语境性;而激励论之要则在于知识产权保护的工具性。第三,二者的内在结构不同。实用主义不仅认为手段的设定要与目的相对应,而且要以目的为标尺,持续检视手段的意义。激励论具有明显的单向度属性,认为只要提供了产权激励,创新的目的就会实现。就此而言,实用主义在手段与目的的关系处理上,具有动态性;而激励论是静态的。总之,无论从实用主义的基本面向来看,还是从本书的研究主题来看,实用主义都不是激励论的另一种表达。

三 法的实用主义研究已蔚然成风

长期以来,法学理论家们多致力于分析法律的基本概念和基本理念,或是将法律作为一种历史现象加以研究,重在探究法律的客观性、先验性、自治性、整体性等内容。而从19世纪后期开始,在众多因素的影响下,美国法学界形成了比较明显的实用主义法学思潮。与之前的研究路径不同,这一思潮关注的重点在于法律的工具性、实用性方面。典型的主张如奥利弗·温德尔·霍姆斯所提出的"法律的生命不是逻辑,而是经验"的命题。尽管这一法学研究路径和对待法律的态度曾经受到了批判,但实用工具主义法学的明确倡导者——美国学者罗伯特·S.萨默斯指出,①"它仍然代表着西方法学思想史中最持久最卓越的工具主义运动,其基本内容和范畴足以使实用工具主义并立于自然法学、分析法学、历史法学之列,在西方法学理论中荣膺第四大传统之誉"②。

根据萨默斯的研究,实用工具主义法学的缘起受到了以下因素的影响。第一,实用工具主义理论是对19世纪后期至20世纪初美国法律领域中某些特定问题的回应。③ 实用工具主义反对形式主义,主张法律的拓展和细化应当根据从普遍需求与利益中总结出的政策目标,而非假想的固属

---

① 从萨默斯所使用的文献和论据材料来看,尽管他别具一格地使用了"实用工具主义"一词,但其所言之实质仍然是与通常的法律实用主义似乎并无本质区别。因而,为叙述方便,本书不对"实用工具主义法学"和"法律实用主义"进行区分。当然,萨默斯对该术语的选择和使用给出了自己的解释。详见[美]罗伯特·S.萨默斯《美国实用工具主义法学》,柯华庆译,中国法制出版社2010年版,第3页。

② [美]罗伯特·S.萨默斯:《美国实用工具主义法学》,柯华庆译,中国法制出版社2010年版,第1页。

③ 同上书,第9页。

于概念的逻辑或完美的概念体系。① 在霍姆斯所处的时代，形式主义是法学理论方面的主流学说，该学说在法律学说的构建上采用了纯粹逻辑分析的方法。形式主义者将法学视为一种归纳科学。霍姆斯等实用工具主义者对此发起了攻击，认为由此导致的推理结果具有僵化性，难免与社会脱节。由此主张经验而不是逻辑对于法律推理、法律适用的重要性。第二，来自法学上的肯定性影响也是实用工具主义法学产生的原因。特别是在19世纪末，英国哲学家边沁关于法律促进社会进步的思想成为实用工具主义的主要思想源泉。"实用工具主义的大部分内容在本质上是边沁功利主义的。"② 第三，发生在1890—1920年的以"进步运动"闻名的社会政治改革运动对于实用工具主义法学的形成产生了正面影响。19世纪后期，随着美国的城市化和工业化，传统的政治和经济秩序在一定程度上被打破。自由主义下生产和资本走向高度集中，带来了一系列社会问题。为了改变这一现状，各界普遍发出了政治改革的呼声，促成了进步运动的兴起。进步运动拥护政府权力，依赖政府干预，依靠立法和行政来解决问题。这一时期，立法变得十分重要，人们相信，通过制定法律能够治愈各种社会弊病。③ 因为，他们所将法律视为实现社会目标和社会改良的工具，因而，进步运动者所倡导下的立法注定具有工具性和实用性。萨默斯指出，由于进步论者的影响，众多旨在达致进步主义目标的法律得以颁布。第四，科学精神的盛行。19世纪后半叶，随着进化论和物理学的发展，人们看待哲学与科学问题的传统观点——科学提供信息而哲学对这些信息进行解释——发生了变化，不但科学不再需要通过神学或哲学加以认可，而且科学家对自然物理现象在科学的语境中加以解释的做法使得科学成为其他学科的楷模。哲学也未能例外，如何使哲学像科学那样清晰和严密，成为当时美国哲学界的共同追求。④ "几乎所有的工具主义者都倡导

---

① [美]罗伯特·S.萨默斯：《美国实用工具主义法学》，柯华庆译，中国法制出版社2010年版，第10页。
② 同上书，第12页。
③ 参见冯伟年《论美国进步运动的历史背景及其社会影响》，《西北大学学报》（社会科学版）2001年第5期。
④ 参见江怡《西方哲学史》（学术版）（第八卷），凤凰出版社、江苏人民出版社2005年版，第282—283页。

'科学地'制定和实施法律。"① 他们把法律的运用看成可以在社会——大实验室——中加以验证的命题。法律规则及其功效是可以预测和验证的。第五，技术进步的影响。19世纪末20世纪初，汽车、电话、电灯等得到广泛应用，并对社会生活带来了很大的变化，这使得工具主义者们坚信，通过努力，人类能够改变社会秩序。因而，将法律类比于工具、机器，将法律公职视为社会工程师的表达层出不穷。② 第六，实用主义哲学在美国的繁荣。萨默斯指出，实用主义哲学是实用工具主义法学形成的"最重要智识之源"，其要义决定了许多法学家的理论和主张。自封为法律实用主义者的大多数人都共享同一个明确来自美国实用主义著述中的哲学观点。③ 我国学者基本上持类似态度，普遍认为实用主义法学是实用主义哲学在法律领域内的体现。④ 当然，波斯纳认为，实用主义在法律或司法上的真正所指并非哲学实用主义，而是日常意义上的实用主义。⑤

从我国的情况来看，尽管长期以来法律实用主义研究并没有得到鲜明的重视，但近年来，与法律实用主义有紧密关联的实证分析方法、法律经济学分析方法以及功利主义法学等都已经被广泛运用到了法学研究之中，特别是在侵权法、合同法、知识产权法学研究中。而且，随着学界对实用主义的理性反思，法学界已有学者明确强调了实用主义在法学研究中的重要性，⑥ 一些专门论著开始出现，如苗金春所著的《语境与工具：解读实用主义法学的进路》、王竹所著的《编纂民法典的合宪性思考———张"实用主义思路"的立法路线图》、刘燕南所著的《实用主义法理学进路下的国际经济法》等。

---

① [美]罗伯特·S.萨默斯：《美国实用工具主义法学》，柯华庆译，中国法制出版社2010年版，第13页。
② 同上书，第14页。
③ See Thomas F. Cotter, "Legal Pragmatism and the Law and Economics Movement", *Geo. L. J.*, 84, 1996, p. 2074.
④ 参见张芝梅《美国的法律实用主义》，法律出版社2008年版，第1页；刘燕南《实用主义法理学进路下的国际经济法》，法律出版社2007年版，第20页。
⑤ 参见[美]理查德·A.波斯纳《法律、实用主义与民主》，凌斌、李国庆译，中国政法大学出版社2005年版，第71页。
⑥ 参见张千帆《认真对待实用主义：也谈中国法学应该向何处去》，《现代法学》2007年第2期。

第四章　知识产权保护实践与实用主义吻合的历史求证

> 某些法律概念的研究之所以有它现在的形式，这几乎完全归功于历史，除了将它视为历史的产物外，我们便无法理解它们。
> ——本杰明·卡多佐：《司法过程的性质》

熊彼特在研究经济现象的一致性和探讨如何理解它们的关键时，表达了科学研究对待其研究对象的做法，即是将其当作某种"未知的事物"加以探索，直到其相对来说成为"已知的事物"。① 本章将借鉴这一研究思路，即不单纯以知识产权保护的现有制度设计为分析对象，而是要对它进行追本溯源，审视其究竟因何而生、因何而变。因为，"若不弄清楚这一制度从何处来，在不同的历史情境下延续和发展的基础何在，乃至为应对各种现实的和可能的危机和需求发生了怎样的变化，我们就无法确认它应当向何处去，未来怎样进一步完善，以及如何更加适应经济生活、科技形态、政治关系和社会观念等的变化"②。为此，本章将以西方封建社会时期有关知识信息保护的实践和资本主义国家立法确立的知识产权制度为分析对象，分别探寻这些制度实践及其形成过程中当局或立法者所遵循的主导思想。

第一节　早期的知识信息保护实践：产业和贸易发展的"奴婢"

知识产权真正确立于近代资本主义国家的立法实践。但西方封建时期

---

① ［美］约瑟夫·熊彼特：《经济发展理论——对于利润、资本、信贷、利息和经济周期的考察》，何畏、易家祥等译，商务印书馆1991年版，第7页。
② 李宗辉：《历史视野下的知识产权制度》，知识产权出版社2015年版，第2页。

的王室特权实践,已经涉及了特定知识信息的专有使用;行会贸易结构下对商业标识使用的控制,同样也与商业信息的专有使用有关。而且,后文的研究表明,在知识产权的立法确立过程中,立法者和法院不但没有有意隔断此前知识信息保护的实践,而且许多制度设计在很大程度上都是对这一实践的延续。因而,回顾早期知识信息专有使用的实践,是阐释知识产权制度演进规范基础的有机组成部分。

一 早期特权专利:先进技术开发和引进的"绿色通道"

过去两个世纪以来,"专利"一词具有了确定的技术含义,即它是发明人就其发明创造的商业实施在一定期限内所享有的排他性垄断权。但这却在一定程度上模糊或掩盖了专利的起源。事实上,欧洲中世纪时期统治者为推进经济和产业发展所进行的制度探索,为近现代专利制度提供了丰富的思想渊源。

(一) 欧洲城市共和国的专利实践:实现当局利益的灵活工具

尽管在古罗马时期还不存在专利或类似于专利保护的制度和实践,但统治者向发明者就其发明授予特权垄断的观念在15世纪前半叶的意大利地区就已经非常盛行了。到16世纪,这一做法几乎以相同的方式,迅速扩展到德国、法国、荷兰和英格兰。[①] 更为重要的是,虽然早期的特权垄断与王室好恶有关,偶然性有余而普遍性不足,但统治者的确在很大程度上将给予特权垄断当作了实现特定目的的工具。随着不同时期发展侧重和实践的不同,统治者所授予特权垄断的形式、内容也不尽相同,但通过给予知识信息以某种形式的保护以实现特定目的却是其中的恒定基调。

史料表明,早期专利不是如今天一样的消极排他权利,而是积极的特权或实施许可。它的产生受到了两个直接因素的影响:一是政府(或统治者)发展国家技术的需要;另一是技术引进者(主要是外国人)在由行会所控制的商业环境中从事营业、展开竞争的需要。当然,这两个因素的落脚点都是统治者为了促进国内或当地技术的发展。一如学者所言,

---

① See Edward C. Walterscheid, "The Early Evolution of the United States Patent Law: Antecedents (Part 1)", *J. Pat. & Trademark Off. Soc'y*, 76, 1994, pp.705–706; F. D. Prager, "The Early Growth and Influence of Intellectual Property", *J. Pat. Off. Soc'y*, 34, 1952, p.108.

"欧洲专利习惯起源于统治者鼓励领域内新产业发展的愿望"①。

行会是 11 世纪城市兴起后,商人特别是熟练工匠群体以实现和管理其对贸易的垄断而形成的同业团体。12—13 世纪,行会在不同行业中大量出现。特别是在 13 世纪前半叶,集中于特定手艺,如船舶建造、玻璃制造、绒线刺绣等行业的行会发展迅速。1173 年,威尼斯城市共和国通过立法确定了政府与专业工匠、商人的非正式贸易联盟之间的关系,政府得以正式地监督行会的行为。根据 1261 年的一项立法,行会的内部规则一旦得到政府同意,将变成规范行会的、有约束力的"立法"。② 这实际上相当于政府向行会赋予了开展技术贸易的排他权利,意味着行会成员之外的任何发明者要生产和销售其发明产品都需要取得相应行会的同意,或者说行会实际上享有了在相关技术领域内实施技术发明的排他权利。行会的这种垄断权还得到了它们所采用的商业秘密保护以及政府许可的补强。当然,该垄断是团体垄断,从来都没有授予单个人。③ 对商业制造和销售的团体垄断也降低了政府向行会提供单个排他性权利的需要。简言之,行会通过政府的认可取得了管制城市内贸易的特别权利。在行会内部,产品制造、销售中的竞争是自由的,但来自外来者的竞争却受到抑制。这种受到规范的产业运行模式对于促进威尼斯商业发展起到了积极作用,特别是在行会早期,它还具有保障年长和残疾成员的社会功能。但行会对城市、国家经济的高度控制也带来了一些消极影响。随着行会的发展,对价格、标准和工资的管制变成了其主要功能。行会与政府之间常常存在激烈冲突,典型的是对于外国人的不同态度。当时的政府普遍采取了一项明智而又不同寻常的政策,即对来自外国的定居者给予市民待遇,但行会却反对这样做。④ 外国人通常都被禁止加入行会。如此,行会对商业的控制事实上给外国人带来了额外的不便。

正是威尼斯共和国招募外国工匠的需要和行会规则对外国人从事商业

---

① Edward C. Walterscheid, "The Early Evolution of the United States Patent Law: Antecedents (Part 1)", *J. Pat. & Trademark Off. Soc'y*, 76, 1994, pp. 705-706.

② See Ted Sichelman, Sean O'Connor, "Patents as Promoters of Competition: the Guild Origins of Patent Law in the Venetian Republic", *San Diego L. Rev.*, 49, 2012, pp. 1271-1272.

③ See Ramon A. Klitzke, "Historical Background of the English Patent Law", *J. Pat. Off. Soc'y.*, 41, 1959, pp. 621-622.

④ See Frank D. Prager, "A History of Intellectual Property from 1545 to 1787", *J. P. O. S.*, 26, 1994, pp. 713-714.

的限制，为早期的专利保护实践提供了动力。13 世纪早期到 15 世纪，为了吸引外国工匠及其技术，当局向行会外的个人、通常是外国人给予了建造工厂和特定机器的许可，使其能够"侵犯"行会的垄断权利。向当局提供所需新技术者会获得一项特别创设的权利或许可，从而使其能够在"侵犯"既有行会垄断的同时制造、销售或使用新技术。这种特别创设的权利被称作特权。它最初并非排他性权利，只是允许被许可人与行会进行竞争，并不能阻止行会对被许可人发明的实施，它的授予和撤销完全取决于政府是否认为有用。① 尽管少有证据支持，但可以想象，外国人对行会盗用其发明是不满的，因而会向当局请求给予就其发明的排他性权利。可以说，早期专利实践是行会垄断的例外，② 是欧洲城市共和国政府对外国公民不愿意或不能够实施其技术的一种主动回应，更多的是为了促进引进域外技术（产业），是一种典型的政策工具。通过向外国人，后来扩大到向其本国工匠授予积极的特权以使其能够和行会进行竞争，促进了竞争和发明的繁荣。顺便说明的是，向个人授予特权垄断只是统治者促进产业发展的选择之一，并非唯一的制度。例如，早在 1332 年，威尼斯就通过财政设立了一项特殊的特权基金，用于支持先进机器或装置的建造。③

到 1421 年，佛罗伦萨向建筑师布鲁内莱斯基（Fillippo Brunelleschi）授予了世界上第一件真正的发明专利。当局授予此项专利特权的目的是：国家以及其他人能够得益于布氏装置的公开及应用，同时能够激励他更快地带来更好的成果。④ 尽管随后布氏因其专利运输装置首航时沉没而受到处罚并且导致佛罗伦萨此后在数年中断了授予专利特权，但这种具有个案性质的特权授予观念在 1443 年的威尼斯开始走向繁荣。1474 年，威尼斯城市共和国将此做法予以法律化，声称此举旨在使其国民为共和国作出更多有益的发明。其在《专利法》中规定，发明者在向城市国家登记完善

---

① See Frank D. Prager, "A History of Intellectual Property from 1545 to 1787", *J. P. O. S.*, 26, 1994, p. 714.

② Christine MacLeod, *Inventing the Industrial Revolution: The English Patent System, 1660 - 1800*, Cambridge: Cambridge University Press, 1988, p. 10.

③ Ramon A. Klitzke, "Historical Background of the English Patent Law", *J. Pat. Off. Soc'y.*, 41, 1959, p. 618; Frank D. Prager, "A History of Intellectual Property from 1545 to 1787", *J. P. O. S.*, 26, 1944, p. 714.

④ See Ikechi Mgbeoji, "The Juridical Origins of the International Patent System: Towards a Historiography of the Role of Patents in Industrialization", *Journal of the History of International Law*, 5.2, 2003, p. 412.

的发明之后，可在 10 年中独占其利益。该法不但在制定时间上远远领先于英国 1623 年《垄断法》，而且相比较后者，更加现代。① 它所规定的专利不仅仅是一项特许，还是面向所有人的普遍权利。

此后，在重商主义政策的指导下，欧洲国家广泛使用了专利垄断以作为吸引外国手工艺者在当地实施技艺的工具。侨居到外国的意大利工匠们，在将提供保护以避免当地竞争和行会限制作为输入其技艺条件的过程中，也将专利制度的观念传播到了整个欧洲。在许多国家，这一时期的首件专利都是授予玻璃制造的，而玻璃制造正是威尼斯所擅长的。② 在 1600 年以前，专利制度几乎在所有地方都是相似的。后来的发展进一步表明，早期的专利保护，实际上更是一个促进国家利益实现的灵活工具，是一个策略性的国际贸易政策。这种做法在后来英格兰的实践中被推向了顶峰。

(二) 英国王室授予特权：实现工业赶超的政策依托

1.《垄断法》之前王室授予专利特权的初衷

中世纪时期，英国的工业远落后于世界其他地方，统治者渴望激励娴熟工匠来到英格兰，发展制造工业。学者指出，统治者所采取的激励政策，是为发明授予专利制度的先驱。③ 有记载表明，自爱德华三世统治以来，王室就通过开封许可证（Letter Patent）向知名的外国手工艺者——主要是编织者、盐制造者以及玻璃制造者——授予了在当地实施技艺的特权，鼓励他们定居英格兰并将其技艺传授给当地学徒。例如，早在 1331 年英国王室就向带着佣工和学徒来到英国的佛兰芒织工授予了从事纺织的特权。④ 当然，这种特权并不具有排他性。⑤

伊丽莎白一世时期，同样是基于鼓励欧洲大陆的制造者和工匠传入的目的，这些授权行为得以在大规模程度上复兴。需要强调的是，由于受到

---

① 学者指出，该法所提出的专利制度的一些元素在今天仍然得到了认可。See Edward C. Walterscheid, "The Early Evolution of the United States Patent Law: Antecedents (Part 1)", *J. Pat. & Trademark Off. Soc'y*, 76, 1994, p. 708.

② See Christine MacLeod, *Inventing the Industrial Revolution: The English Patent System, 1660-1800*, Cambridge: Cambridge University Press, 1988, p. 11.

③ Adam Mossoff, "Rethinking the Development of Patents: An Intellectual History 1550-1800", *Hastings L. J.*, 52, 2001, pp. 1272-1273, 1259.

④ 参见［美］道格拉斯·诺斯、罗伯特·托马斯《西方世界的兴起》，厉以宁、蔡磊译，华夏出版社 1992 年版，第 183 页，第 190 页。

⑤ See Christine MacLeod, *Inventing the Industrial Revolution: The English Patent System, 1660-1800*, Cambridge: Cambridge University Press, 1988, p. 10.

当时意大利城市国家观念的影响，排他性是该时期所授予特权的一个主要特征。① 但特权与法律权利甚至是发明本身没有任何关系，毋宁说它们只是王室政策的一部分。在总理大臣威廉·塞西尔（William Cecil）（1571年受封为伯利勋爵）心目中，除了鼓励其他人并基于正义的要求对发明者的劳动和花费进行回报外，特权的授予首先是满足国家利益需要——确保必要商品的供应或者创造就业。② 获得特权者需要立即实施其发明，并通过将必要的技艺向当地工人传授以确保其特权的存续。如果不能满足这些条件，授权将可能会被撤销。基于同样的考虑，通常还会要求特权享有者所生产的产品要比进口同等物品来得廉价，有时候甚至还要求权利人定期检查产品的质量。此外，授权也不能危及已有的产业。有证据表明这一时期所授予的专利特权绝不是一经要求就会授予：在授权之前需要考虑发明的性质以及其对利益相关者财富的潜在影响。例如，1567年有法国玻璃制造者向王室请求授予一项21年期的专利以生产诺曼底窗户玻璃。政府咨询了奇丁福尔德（Chiddingford）玻璃制造者，询问了他们是否已经制造或者能够制造该种玻璃。只有在得到了否定的回答后，专利才被授予。1589年英国王室就曾经拒绝了德国工匠生产食盐的专利请求，原因是许多王室的庶民已经从盐水中提取食盐。③

尽管伯利勋爵努力工作欲使其产业政策走向成功，但多数新产业并未达至预期的繁荣程度。而且，更加富有争议的是，建立在非新兴产业或发明之上的垄断被授予了王室侍臣及他们的客户，他们所考虑的只是纯粹的经济目的。如在1581—1603年伊丽莎白女王所授予的20件垄断专利中，仅有2件是授予外国人的。伊丽莎白女王一方面拒绝了许多做出真正发明者的专利申请，④ 另一方面却向日常生活必需物品授予了专利，如盐、醋和淀粉，尽管这些已经被使用了很多世纪。伊丽莎白女王对王室特权的滥用，不但背离了专利特权最初旨在吸引先进外国技术的初衷，而且因为许

---

① See Adam Mossoff, "Rethinking the Development of Patents: An Intellectual History 1550-1800", *Hastings L. J.*, 52, 2001, pp. 1272-1273, 1261.

② See Christine MacLeod, *Inventing the Industrial Revolution: The English Patent System, 1660-1800*, Cambridge: Cambridge University Press, 1988, p. 12.

③ Ibid., p. 12.

④ See Adam Mossoff, "Rethinking the Development of Patents: An Intellectual History 1550-1800", *Hastings L. J.*, 52, 2001, p. 1265.

多垄断妨碍到了已有的贸易，包括生产者和消费者在内许多利益受到威胁者几乎立即发起了抗议，并最终导致了旨在限制王室滥用特权的法案——《垄断法》获得议会通过。当然，因为该法豁免了针对新发明的专利特权的普遍性禁止，因而，可以说，该法作为专利制度法律基础的功能只是一个奇怪的副产品。

不难看出，英国专利制度的早期史，也可以说是统治者为促进本国技术发展和提供先进生产、生活资料的产业政策史。英国王室授予的专利特权和威尼斯城市共和国时期一样，其产生、对象、权利性质等方面都依赖于王室发展特定产业的需要，具有鲜明的政策工具性质。这些早期的专利特权，至少从授权层面来看，特权申请者的个人利益、其在引进或开发相关技术过程的投入并不在王室的首要考虑范围之内。

2.《垄断法》的效果：实用主义的"回归"

作为英国首部专利立法，《垄断法》对英国乃至世界专利制度均产生了深远影响。该法的基本任务是从一般意义上取缔限制商业自由的垄断，但该法第6条规定，向符合条件的新制造授予特权不违反其规定。在爱德华·科克看来，这些条件包括：一是期限不超过14年。二是必须授予真正的发明者，科克对发明者的界定沿袭了伊丽莎白时期的实践，认为包括了产品和机械装置的进口者。三是必须在实质和本质上都是新的发明，在授权之前从未有任何其他人使用过，且不是改进发明。如果是在之前就存在的物上增加了新的部分，哪怕新增部分使得原物更为有益，也不能认为是法律上新的产品。四是特权不得与法律相悖。五是不应导致国内商品价格升高，任何替代国内产业的进口商品都不能损害消费者。六是不得损害贸易。七是不应是"普遍的不便利的"，科克对此所举的例子是"授予专利会导致他人失业"[①]。学者指出，专利特权之所以能够得到《垄断法》的豁免，原因在于发明者向全体公民引入了新的产业。[②]《垄断法》允许向新制造品的发明者授予特权的事实表明，授权本身只是经济政策的工

[①] See Christine MacLeod, *Inventing the Industrial Revolution: The English Patent System, 1660-1800*, Cambridge: Cambridge University Press, 1988, p. 18-19.

[②] See E. Wyndham Hulme, "On the Consideration of the Patent Grant, Past and Present", *L. Q. Rev.*, 13, 1897, p. 313.

具，旨在促进工业、就业及经济发展，实施发明则是专利权人的义务。①换言之，《垄断法》的专利法意义在于，其中所遵从的政策考虑与伊丽莎白时期孕育了专利制度的政策在本质上是一致的。正如学者所言，《垄断法》的效果在本质上是肯定了 1561—1603 年的王室实践，②它以立法的形式追忆了此前英国王室所采用促进产业进步政策，它的重要性在于给予了发明的特权专利以立法认可。

关于《垄断法》对于专利制度的作用，特别是《垄断法》的颁布是否代表着专利由王室特权转向了其现代法律权利形态，学界是有分歧的。有学者持肯定态度，③更多学者持相反观点。有学者主张，该法并未打破专利特权的架构，因而并不意味着是向专利权的直接转变。它并不旨在确立专利制度，甚至也没有创造出任何可以称作专利法的东西。④《垄断法》直接来源于王室特权体制。⑤《垄断法》的颁布，并非专利制度的飞跃，而只是表明专利制度从被滥用回归到了产业政策的正道。⑥事实上，对《垄断法》以及随后专利案件由普通法管辖性质的理解，不能离开当时英国社会的政治经济环境。在 17 世纪的大多数时期，英格兰面临的主要问题是王权的地位以及是否要限制王权。因而，王室特权所授予的垄断自然也成为冲突的焦点之一，人们以是否有利于公共利益为标准而区分了好的垄断和坏的垄断。对于王权所授予的好的垄断，则可以成为被普遍禁止的垄断的例外。在此意义上，可以认为，《垄断法》只是确认了此前的实践和习惯法，它的创新只是 14 年的期限限制以及关于垄断、开封许可证、许可以及诸如此类的案件都应该依据普通法加以审理和裁判的公开宣告。换句话说，尽管后人对《垄断法》在专利制度演进史上的地位看法不一，但从本书意义上来说，它的重要意义在于进一步彰显了英国王室专利特权

---

① 参见［日］竹中俊子《专利法律与理论：当代研究指南》，彭哲等译，知识产权出版社 2013 年版，第 99 页。

② E. Wyndham Hulme, "The History of the Patent System under the Prerogative and at Common Law", *L. Q. Rev.*, 16, 1900, p. 44.

③ See Adam Mossoff, "Rethinking the Development of Patents: An Intellectual History 1550-1800", *Hastings L. J.*, 52, 2001, pp. 1272-1273, 1300.

④ See Oren Bracha, "The Commodification of Patents 1600-1836: How Patents Became Rights and Why We Should Care", *Loy. L. A. L. Rev.*, 38, 2004, p. 192.

⑤ See Fritz Machlup, Edith Penrose: "The Patent Controversy in the Nineteenth Century", *J. Econ. Hist.*, 10, 1950, p. 2.

⑥ 参见黄海峰《知识产权的话语与现实》，华中科技大学出版社 2011 年版，第 136 页。

授予中的实用主义考量。

(三) 法国大革命前的专利实践: 凸显了商业体制的影响与产业发展的需要

法国在历史上曾经吸引了威尼斯和其他意大利城市国家移民的主要部分。而发生在1572年的圣巴赛罗缪大屠杀以及在大革命之前宗教上的不容异己,迫使大量娴熟工匠和发明者逃到了英格兰、荷兰和德国,从而"剥夺"了法国创造出专利制度的巨大潜能。[①] 粗线条来看,法国大革命前的专利实践的典型特征是: 为了鼓励发明,借鉴了威尼斯共和国的特权垄断做法,但因商业体制的差异而作出了一些明显调整;同时,在18世纪后期对新设计之上的财产权利主张予以了立法认可。

1. 威尼斯特权授予实践的传播与发展

大革命之前法国对发明者授予的特权有以下两种类型。

第一种是普通特权,该种特权通常仅仅是使得发明者的生产活动免受行会处罚。不难看出,这种鼓励发明创造的模式与威尼斯共和国时期的模式一样。其原因同样是,发明人需要取得一项政府保护的许可以使用其发明,这样政府便能在行会贸易垄断的大背景下实现促进发明的目的。与威尼斯一样,这种特权同样体现了当局奉行的重商主义政策与行会体制的妥协。16世纪中期之前的特权以此类为主,体现了行会、发明人或进口者、国王之间的妥协,从整个发展历程来看,都是来自对威尼斯实践的借鉴。其中,也存在特殊的个案。典型的是,1536年里昂市政府经过国王同意向来自皮埃蒙特的艾蒂安纳·特奎蒂 (Etienne Turquetti) 授予的一项丝织品生产特权。事实上,在此前大约100年内,都曾有人试图将该项技术引进法国,而由于从1466年开始法国的其他城市中已经成立了丝织品工人行会,这些早期努力都没有成功。里昂市政府在给予特奎蒂的特权中将其称作技术的发明者,它赋予了特奎蒂在其有生之年向所有里昂的新丝织品生产者收取许可费的权利,以及向他本人和他所引进的外国工人以贷款、免税以及其他方面的帮助。虽然特奎蒂的特权是非排他性的,但是它通过赋予收取许可费的权利推进了专利垄断的范围。[②]

[①] See Frank D. Prager, "A History of Intellectual Property from 1545 to 1787", *J. P. O. S.*, 26, 1944, p. 720.

[②] Ibid., pp. 722-723.

第二种是排他性特权，它在权利效力方面更加接近现代专利。排他性权利的范围可以包括整个王国，期限也可从5年直到永久。需要指出的是，在法国专利授予的实践中，专利和其他财产一样，既要受到社会义务的影响，还受制于行政干预。发明不能与政府的政策相冲突是获得特权的基本条件。这种实践开始于威尼斯，后来在英格兰王室、法兰西王室以及巴黎高等法院得到了延续。有时专利权人销售其产品的价格都是由国王或高等法院确定的，强制许可和实施义务已经为人们所熟知。但与相同时期英国实践的不同是，法国的授权程序更为复杂也更加官僚。之所以如此，与王室、贵族、行会三者的关系在法兰西、英格兰和威尼斯的不同密切相关，这种不同决定了特权授予中的妥协程度，进而形成了不同的程序。法国排他性特权的通常授权程序是，先经过负责评估发明技术面的巴黎科学院评估，然后提交到贸易办公室和财务总监以评价申请是否与国家利益相吻合，通过审查的申请将以皇家理事会令的形式获得特权，最后，将授权令向巴黎议会进行登记。巴黎议会是一个具有司法性质的机构，负责独立审查特权的前景以及听审来自行会等的反对意见。例如，在1551年法国向一名来自博洛尼亚的意大利人就使用威尼斯工艺制造玻璃器具授予的首件规范的垄断专利中，[①] 国王给予了10年期，但在巴黎议会登记时只有5年。可以想象，没有多少人能够顺利通过如此复杂的政治化申请程序。1715—1760年，所授予的排他性特权仅有48件。1762年王室通过法令明确了发明特权的授予条件，但行政官员仍然不愿意向发明者授予特权。同时，明确了一些促进专利实施的措施。其中包括权利人需要在1年内将专利投入使用，否则将被撤销。显然，这些做法体现了特权垄断授予的工具性以及语境性。特别是，与英国一样，法国也并非完全照搬威尼斯的特权垄断做法，而是结合实际作出了一些改变，最典型的莫过于明显的行政或国家干预性。

顺便提及的是，与特权授予中的"吝啬"相比，法国在18世纪还对发明和创新采取了一系列奖励和激励政策。1740—1780年，对发明进行经济奖励成为更受欢迎的手段。发明者或引进发明者的获益方式很多，覆

[①] See Edward C. Walterscheid, "The Early Evolution of the United States Patent Law: Antecedents (Part 1)", *J. Pat. & Trademark Off. Soc'y*, 76, 1994, p.711.

盖了从头衔、养老金（有时还会延伸至配偶或子孙后代）、无息贷款、一次性拨款、生产奖金或津贴、免税或以排他性特权形式给予的垄断等。但是，由于奖励制度固有的缺陷，这种做法不仅带来了很大的管理成本和机会成本，而且也无法关注发明本身的市场价值。这其中的大量发明被证明是没有用途的。以至于在大革命前夕，很多人声称政府鼓励发明的政策是失败的。

2. 地方优势特色产业发展需要与新设计属于财产的观念的演变

史料表明，虽然 1551—1762 年授予的一些排他性特权也具有一定的财产性质，如可以转让、可以继承，但发明被认为是固有财产的观念的形成，与里昂主导产业的发展需要关联十分紧密。作为欧洲最重要、最古老的商业中心，贸易的发达是里昂创新与贸易有关的制度的温床。18 世纪之前，里昂的主要贸易产品是从威尼斯及以东地区输入的丝织品，供给神职人员、贵族和王室使用。同时，当地的纺织行业也在此前特权垄断的保障下，发展壮大。里昂丝织品行业的组织结构以家庭作业基础。拥有大商行的雇主将纺纱、编织、刺绣等工艺交给工头，工头相应地再雇用熟练工人和学徒。雇主也会雇用专业设计者。在这样的生产结构中，雇主之间因为新的设计被抄袭而产生纠纷就不可避免。在解决这一问题的探索中，里昂独特的商业治理方式及其演变共同促成了新的设计属于财产这一观念的立法认可。地方行会与政府的完全融合是里昂商业治理的一大特点，这样，行会的规则本来就是法律规则，这是丝绸制品行会的设计财产规约在 1711 年成为里昂设计财产法的重要原因。新的设计属于财产的观念源于行会内部也不稀奇，因为行会反对的是外来的干预，而不是内部创新。换言之，行会虽然不是发展出这种具有个体性的知识产权观念的理想场所，但它也不会反对这种发展；相反，行会内部禁止雇主之间的过度竞争。正是在行会内部解决新设计被抄袭的过程中，产生了新的设计属于财产的观念。设计财产法共有 5 个文本，到 1787 年文本，将受保护的设计限定为新的设计，而且受到了 15 年期限的限制，并明确地将设计看成是"财产"。在此过程中，诸如"盗窃"或者"出售"等词语被适用到了无体的甚至是非特权化的"设计"之上，这在当时的法律语境中是完全新的东西。换言之，这样的设计在当时清晰地包含了财产特征。可以说，法国有关设计财产的立法是革命性的。① 就此而言，法国 1787 年立法超越了美国 1790 年立法。后者只是规定政府可以在适当条件下合法地授予专利，这是政府的义务，但该义务的性质是模糊的和不确定的。当然，法国法上对知识产权观念的这一认可，也只是延续了短暂的几年。1795 年，法兰西第一共和国《共和三年宪法》中对发明和发现使用了"补偿"的措辞，实际上意味着对发明性质的认识重新回到的特权时代。加之设计财产自始就存在期限限制，难以与传统财产观念吻合，导致了 1844 年《法国专利法》也没有使用知识产权或知识财产的表述。而到 1887 年，法国高等法院武断地宣布，不存在知识产权这样的东西。② 夸张一点说，法国在 18 世纪创造了知识产权法律规则，又在 19 世纪毁了它。设计财产以及知识产权的这个命运变化，与雇佣关系高度关联，因为当时的个体性质的设计财产观念及规则妨碍了雇主利益，雇主遂以这种财产因有期限限制而不能称为财产为借口，掏空了刚刚兴起的知识产权的内涵。

综上，法国在大革命前的不同阶段，在侧重不同的产业领域内采用了不同的政策工具。不难推断，在针对发明的特权授予和率先认可设计之上存在财产之间，一定会存在观念、技术与设计本身的不同等其他重要影响因素，但不论哪种形式，维护产业竞争优势的目的是一致的。而且，似乎也可以这样认为，正是因为产业或行业领域不同，法国在促进发展中采用了明显不同的制度工具。如果这种说法是可靠的，则可以认为，就新的制造和产业发展而言，制度或政策工具的选择本身带有很强的语境性。

二 早期版权实践：管制印刷及图书贸易的副产品

（一）印刷特权所承载的双重使命

普遍认为，版权的产生与印刷术的发明和应用有直接关系。在德国人约翰·古登堡将印刷术引入欧洲之前，欧洲大陆只有大约 3 万册图书，而到了 1500 年，图书数量猛增到 900 万册。③ 就英国的情况而言，尽管在

---

① See Frank D. Prager, "A History of Intellectual Property from 1545 to 1787", J. P. O. S., 26, 1944, p. 729. 共有五部相关立法，1737 年立法在 1711 年立法的基础上增加了严厉的刑罚制裁，而在 1739 年通过立法对这些刑罚措施暂停执行，1744 年和 1787 年立法增加了保护的实质条件。

② See Frank D. Prager, "A History of Intellectual Property from 1545 to 1787", J. P. O. S., 26, 1944, p. 735.

③ 参见黄海峰《知识产权的话语与现实》，华中科技大学出版社 2011 年版，第 7 页。

1477年威廉·卡克斯顿将印刷术引入了英国时，手抄本图书商业贸易已经很繁荣，但大量图书都是在商业化的寺院文书房完成的，图书要么是为客户的预订而生产，要么是为图书销售商特别制作。在这种图书贸易结构中，不存在应当发展版权制度的理由。① 图书一旦出售，书商和抄写员就能够收回其投资，不存在保护长期投资的经济驱动。②

但印刷术的应用，给图书生产与贸易方式带来了革命性变化。早期主要依靠手工抄写来完成的图书生产，让位于印刷技术采用后形成的工业化生产。工业化的图书生产，虽以印刷术的出现为必要，但若无大量的资本投入，则尽管利在千秋，也依然只能停留在实验室中。印刷术的出现，让资本看到了在图书制作领域内实现其逐利本能的良机。这样，印刷术与资本不可避免地结缘，缔造了图书生产的工业化方式，同时也将工业化生产所具有的普遍风险带给了图书生产，包括市场需求不足和后来者的竞争。图书的工业化生产，在需要大量资本投入的同时面临着能否获得必要利润的风险。典型的是，若缺乏足够的购买，则势必会影响投入产出比。而除了客观的市场需求不足外，他人将同样的图书投入市场是先进入市场者面临的另一风险。与前者是内在的相对，后者是外在的；前者在图书生产投资固化后是相对稳定的，而后者始终是可变的，是可以通过外在的力量加以控制的。因而，取得图书生产的垄断权，阻止他人从事同样的图书生产，便是首先进入市场者或打算进入市场者寻求通过外在力量——国家强制——实现的重要目标，以此确保其投入到图书生产中的资本增值。这一需求反映在立法上，直接促成了近代版权制度的诞生。另外，印刷术的引入也使政府意识到诞生了一项需要激励的新商业。欲使印刷繁荣，就有必要对图书贸易进行管制。③ 可见，印刷术的推广使用，使得一种被后人称作版权的新财产形式的创造具有了不可避免性。④

为了激励印刷业发展，威尼斯城市共和国利用了在15世纪早期已经

---

① 李雨峰：《著作权的宪法之维》，法律出版社2012年版，第41页。

② See John Feather, *Publishing, Piracy and Politics: An History Study of Copyright in Britain*, London: Mansell Publishing Limited, 1994, p. 10.

③ See Mark Rose, *Authors and Owners: The Invention of Copyright*, Massachusetts: Harvard University Press, 1994, p. 9.

④ See Lyman Ray Patterson, *Copyright in History Perspective*, Nashville: Vanderbilt University Press, 1968, p. 20.

存在"特权"机制。① 如在 1469 年,威尼斯城市共和国向该城市首位印刷商斯拜尔（Speyer）授予了一项为期 5 年、在威尼斯境内印刷图书的排他性权利。② 到 1517 年,因印刷特权授予过多而变得难以管理和控制,威尼斯共和国通过颁布补救法令撤销了所有图书上的特权,宣布此后特权只能授予新的书籍和作品。③ 总体来看,威尼斯的立法实践取得了杰出成就,在一个很长的时间内,作者更愿意来到威尼斯寻找出版商,这也使威尼斯的图书印刷商成为欧洲所有国家图书出版的弄潮儿。④ 这清楚地表明了威尼斯印刷特权实践背后的政策考虑。值得注意的是,如果照此思路下去,书籍和作品财产权利的认可或许本可以出现在这些早期时期,但威尼斯在商业上的逐渐衰退,加上教会和政府出版审查制度的出现窒息了版权的诞生。威尼斯的出版审查源于 15 世纪末 16 世纪初印刷商基于证明特权本身而向威尼斯议会寻求颁发准予印刷令的实践。到 1526 年,立法要求每一本印刷书籍都需要取得威尼斯议会颁发的准予印刷令。1543 年,此要求再次得到加强,并对违反者规定了严厉的处罚措施。

  法国、英国等欧洲国家很快借鉴了威尼斯的上述特权实践。经济因素与借助印刷特权实施出版审查是其中的双重考虑。⑤ 以英国为例,在印刷机引入之前,就断断续续地存在着图书出版审查制度。在印刷机引入后,政府很快意识到印刷机是一个应当被控制的器械。加之印刷商的原因,出版审查的重点发生了改变。⑥ 1504 年英国王室开始向其臣民授予印刷特权。是年,亨利七世任命威廉·范奎思（William Facuques）为皇室印刷商。范奎思不但在这一冠冕堂皇的名头之下得到了一些物资,而且独享印刷皇室公告、制定法以及由王室颁布的其他文件的权利,这无疑使得范奎

---

  ① 前文表明,威尼斯政府早在 15 时期早期就以"特权"形式向个人给予了有期限的排他性权利,以奖励或激励他们在实用技术方面的贡献。

  ② See John Feather, *Publishing, Piracy and Politics: An History Study of Copyright in Britain*, London: Mansell Publishing Limited, 1994, p.10.

  ③ See Mark Rose, *Authors and Owners: The Invention of Copyright*, Massachusetts: Harvard University Press, 1994, p.10; Frank D. Prager, "A History of Intellectual Property from 1545 to 1787", *J. P. O. S.*, 26, 1944, p.719.

  ④ See Frank D. Prager, "The Early Growth and Influence of Intellectual Property", *J. Pat. Off. Soc'y*, 34, 1952, p.135.

  ⑤ Ibid., pp.134-135.

  ⑥ See Lyman Ray Patterson, *Copyright in History Perspective*, Nashville: Vanderbilt University Press, 1968, p.23.

思在贸易中居于特权地位。① 后来，印刷商的特权覆盖了"圣经"等书籍，享有特权的印刷商在贸易中取得了对其竞争者的商业优势。当然，印刷特权的增多也带来了许多不满。在此背景下，特权的性质发生了微妙变化。1553年，玛丽一世剥夺了女王印刷商印刷普通法书籍的特权，转而授予了印刷商理查德·陶特尔（Richard Tottel）。陶特尔的特权具有两个方面的特殊性：一是该项特权既使陶特尔享有了印刷普通法书籍的权利，又明确禁止他人从事相同印刷；二是该项特权不仅及于已经存在的普通法书籍，而且也及于将来写作的书籍。随后，此类印刷特权逐渐普及。到16世纪70年代中期，在初级读本、祈祷书籍、年历、"圣经"等类型书籍印刷中，均出现了类似的特权。这类特权与1504年授予范奎思的特权有着本质不同，它们不仅适用于匿名著作，或者集体创作著作，还适用于图书贸易成员或其他人所写作的书籍，也不论作者是否愿意给予这些权利。此外，它们是有期限的，不具有永久性。从宗教争端和维护王室统治的角度看，印刷特权对于控制印刷是必要的。同时，印刷特权只是王室授予的诸多特权垄断中的一种类型，王权的模糊性使得区分印刷特权的基础和工业专利的基础比较困难。美国学者帕特森更是指出，事实上，印刷特权的授予仅仅是全部专利制度的一个方面。② 由此，印刷特权的基础同样在于激励产业发展。

同样，德国早期授予的印刷特权也具有鲜明的工具性，但所追求的目的，又与威尼斯城市共和国以及英法等地不尽相同。1479年维尔茨堡主教向从斯特拉斯堡招募来的印刷商瑞瑟（Reser）等三人授予了德国历史上首个具有排他效力的印刷特权，也是最早的有王室许可和背书的教会特权。这项特权授予的背景是，教会仪式用书比较陈旧且相互矛盾，需要官方版本。因此，经书版本的完整性和一致性是该项特权的主要关切，同时也表达了王室对印刷术的策略性使用，目的是实现其宗教和政治目的。瑞瑟等三人被认为是当时最有经验的熟练工人，其获得的特权是在维尔茨堡教区印刷日课经。但在后来的多次续展中，均未再重述初次授权时所表达

---

① See John Feather, *Publishing, Piracy and Politics: An History Study of Copyright in Britain*, London: Mansell Publishing Limited, 1994, p. 11.

② See Lyman Ray Patterson, *Copyright in History Perspective*, Nashville: Vanderbilt University Press, 1968, p. 82.

的排他性,原因是,在当局和教会看来,印刷内容的可靠性而不是印刷者免受重印侵扰才是1479年特权的本质。而在后续续展的时候,教区内已经没有人能够重印瑞瑟印刷的版本了。此外,从技术和规模经济角度看,印刷术的采用使图书出版的成本降低了不止一半,但在德国,图书价格并未明显下降,原因是图书在印刷前会被反复地审查。这表明,在特权授予者看来,内容的控制大于一切,到1485年时,维尔茨堡主教施行了自图书印刷发明以来德国历史上的第一个出版审查敕令。[1]

(二) 英国出版商公会版权:图书贸易垄断与出版审查的联姻

在英格兰,除了印刷特权外,还存在一个更为重要的图书贸易管制,它是在出版商公会的支持下发展起来的。[2] 按照出版商公会内部规则,只要图书尚未取特权保护,首次就图书印刷向出版商公会登记的公会成员即可取得出版商公会版权。这样,在英格兰存在两个平行的印刷管制:基于王室特权的印刷特权和基于行会规则的出版商公会版权。[3] 它们的共同之处在于都直接或间接地依赖于王室权威和君主特权,如果王室的特权减小了,或其权威遭到了侵蚀,都会对图书贸易的组织和稳定带来即时影响。[4]

1557年,重组后的出版商公会获得了女王玛丽一世授予的在伦敦及整个王国内印刷和销售图书的特许状。因为出版商公会实际控制和支配着图书贸易,获得特许状表明其权威得到了王室支持,这是特许状的不寻常之处,反映了出版商公会和政府之间的合作关系。其中,一方的关注点在

---

[1] Kawohl, F., "Commentary on the Privilege Granted by the Reprinting Provision in the Prussian Statute Book (1794)," *in Primary Sources on Copyright (1450–1900)*, eds. by L. Bently & M. Kretschmer, 2008, by www.copyrighthistory.org.

[2] 事实上,出版商公会是管理印刷商、图书销售商和图书贸易中的其他参与者的行会组织。

[3] 有学者研究表明,英格兰实际上还存在着一种议会特权(Parliamentary Privilege)制度,是指议会两院就其选举、辩论、演讲和会议纪要的印刷控制权,非经议院明确授权,任何人不得印刷,违者将受到处罚。学者指出,这种特权所提供的保护比通常的版权更为宽泛,如通常没有期限限制等。See H. Tomás Gómez-Arostegui, "The Untold Story of the First Copyright Suit under the Statute of Anne in 1710", *Berkeley Tech. L. J.*, 25, 2010, pp.1252-1253. 尽管如此,这种特权目前研究较少,其所以创设的原因也不是很清楚。

[4] See John Feather, *Publishing, Piracy and Politics: An History Study of Copyright in Britain*, London: Mansell Publishing Limited, 1994, p.37.

于维持图书贸易垄断,另一方则在于管制印刷,这种关系持续了超过100年。① 特许状在序言中授权出版商公会可以针对异端邪说采取适当措施,这清楚地表明了授予特许状的原因在于确立一个有效的出版审查代理机构。换言之,政府授予特许状的主要目的不在于保护出版商公会的财产权利,而是要确立一个更加有效的印刷监督制度。② 授权有助于王室实现确保异端邪说不至于进入流通领域的目的。③ 1559年,伊丽莎白一世出台了管控印刷的禁止令,即非经王室任命的检查员许可,任何书籍都不得印刷。出版商公会有义务管制图书贸易,以协助王室执行这一禁止令。在严格履行该义务的过程中,出版商公会确立了印刷许可登记制度。登记制度的初衷是表明图书的印刷经过了许可。《安妮法》之前,经由登记取得的出版商公会版权同样得到了法院和议会的支持,其中包括1566—1641年间皇室法庭作出的许多裁判、1643—1660年内战及过渡期议会的法令和立法,以及1662年通过的《关于禁止频繁滥用印制煽动性叛乱性和非经许可之图书小册子并且管制印刷业印刷机法》(即《许可法》)。④ 事实上,从《许可法》的标题来看,它不是旨在保护出版商公会版权,而是在于控制印刷。这样,在英格兰,图书出版审查和贸易管制交织在一起,一直持续到《安妮法》颁布。⑤

不难看出,相对于印刷特权来说,出版商公会版权实际上更是一个贸易和言论的双重管制制度。其中,行会的关切在于图书贸易管制,而政府则关注对于公众言论的管制。因而,很难将出版商公会版权与出版审查看成两个独立的实践。同时,作者通常并非出版商公会的成员,只能任由出版商公会成员摆布,后者将作者的作品登记为自己的财产。⑥

---

① See Lyman Ray Patterson, *Copyright in History Perspective*, Nashville: Vanderbilt University Press, 1968, p. 27.
② See Mark Rose, *Authors and Owners: The Invention of Copyright*, Massachusetts: Harvard University Press, 1994, p. 11.
③ See John Feather, *Publishing, Piracy and Politics: An History Study of Copyright in Britain*, London: Mansell Publishing Limited, 1994, p. 15.
④ See H. Tomás Gómez-Arostegui, "The Untold Story of the First Copyright Suit under the Statute of Anne in 1710", *Berkeley Tech. L. J.*, 25, 2010, p. 1255.
⑤ See Mark Rose, *Authors and Owners: The Invention of Copyright*, Massachusetts: Harvard University Press, 1994, p. 13.
⑥ See Richard A. Spinello, Maria Bottis, *A Defense of Intellectual Property Rights*, Massachusetts: Edward Elgar Publishing, Inc., 2009, p. 17.

此外，尽管在《安妮法》颁布之前，出版商公会版权与出版审查之间进行了有机结合，但对于二者之间的因果联系，学界有不同主张。

一说认为，出版商公会在履行图书审查职能时所实施的出版前登记制度以及出版商公会所拥有的处罚违反者的权力意味着出版商为了自己的目的创造了一种新的财产形式。图书印刷登记，不仅是特定图书可以印刷的证明，而且是享有专有印刷权的证明。在此意义上，尽管彼时尚无"版权"之名，但印刷登记已与版权观念无异。① 因为印刷他人的图书版本，被视为侵犯了其财产权，可正当地科处罚款加以惩罚，有时还包括了向受害人支付赔偿。而且，向出版商公会登记取得的印刷特定图书的权利是永久的、可转让的，尽管该权利只能由行会成员（书商和印刷商）所取得。到1576年，图书版本的所有权模式已经普遍化，并可通过买卖、继承、赠予等方式而转移。此后的图书出版登记制度实践表明，出版商公会的主要关切在于，基于其成员的利益考虑而规范贸易秩序。实际上，等于出版商基于自己目的而创造了一种新的财产形式，并形成了充分利用这一形式的制度。

二说认为，早期的版权不宜被称作财产，因为这些权利仅限于一个特殊的团体。而且，作为审查制度和出版控制的结果，团体成员可以使用它们自己的处罚措施以支持这些权利。② 尽管如此，但早期版权实践对后世的影响是重要而持久的。它表明，基于更大的公共利益考虑，版权在法院和立法机关可以毫无障碍地被创造出来并延续下来。尽管在宗教和政治动乱的环境下，特别是在都铎王朝和斯图亚特王朝时期，出版审查和印刷控制几乎不可避免，而且成了政府在这一时期的主要政策考虑，但帕特森指出，不能认为版权是出版审查和印刷控制的产品。③ 出版审查是一项与财产概念无关的政府政策，行政官员对于作品复制品的归属几乎完全不关心。例如，亨利八世在1529年发布的首个出版审查公告的对象便只针对特定的禁书，而在1530年、1536年发布的审查公告针对的也只是有害宗

---

① See John Feather, *Publishing, Piracy and Politics: An History Study of Copyright in Britain*, London: Mansell Publishing Limited, 1994, p. 17.

② See Lyman Ray Patterson, *Copyright in History Perspective*, Nashville: Vanderbilt University Press, 1968, p. 20.

③ Ibid., p. 21.

教的书籍以及叛国者的作品出版。① 尽管亨利八世于 1538 年首次确立的王室许可制度所涉范围甚广，但事实上，这种范围宽泛的出版审查仍然只是他为了实现与罗马教皇决裂而采取的许多措施中的一个相对次要的工具。此后至 1694 年英格兰施行的出版审查通常都是直接指向不同阶段的宗教冲突。② 但是他们将图书贸易成员当作出版业的"警察"使用给予了印刷商和出版商从事印刷的国家垄断、给予了他们创造出一项权利以确定所涉及作品复制品归属的自由，正是后者发展演变成了版权。简言之，版权非因出版审查而生，毋宁说，在个人、出版商和印刷商基于其个人利益考虑并在少受法院和政府妨碍下创造出版权制度的过程中，出版审查制度确实起到了助推作用。帕特森直言，即便没有出版审查和印刷控制，出版商版权还是会发展起来。③ 只不过政府基于印刷控制的考虑，扩大了出版商公会的权力，从而的确使得出版商控制贸易变得更加容易。二者的真实关系是，正如政府对于图书复制本的归属没有任何兴趣一样，实际上出版商公会对于图书审查本身也没有多少兴趣，除了将它作为保护自己利益的工具。④ 后来，出版商公会进一步在事实上扩大了它们的权利。由此看来，英格兰的出版审查——至少是长时间出版审查制度——可以被看成出版商版权的一个产品而不是相反。⑤

本书认为，上述两种观点的不同只是形式上的，或者因出发点不同而已，并非完全对立。若从财产的普遍性上来说，二说自然更为有理，但若从财产的权能上来说，一说也不可谓妄言。无论如何，早期的版权实践，其出发点都不在于保护作者的利益，而在于将版权作为一种维持图书贸易垄断和统治秩序的工具。

三 贸易方式的变化与标识功能演变

（一）从区分所有到识别来源：标识的商业功能源自贸易方式的变化

在传统知识产权范畴中，商标并不具有与专利、版权相同甚至是形式

---

① Ibid., p. 23.
② See Lyman Ray Patterson, *Copyright in History Perspective*, Nashville: Vanderbilt University Press, 1968, p. 24.
③ Ibid., p. 31.
④ Ibid., p. 37.
⑤ Ibid., p. 39.

上相似的起源。当然,这并不表明,商人在商业活动中使用标识以实现某种商业功能的历史会明显晚于工匠对某项新技术的专有使用以及出版商所获得的印刷专权。相反,越来越多的证据表明,人类在日常或商业活动中使用标识的历史远早于王室授予的特权垄断。只不过,早期人们在商业活动中使用标识,不是国家或当局的强制性要求,也无国家强制力保证其使用上的专有。换言之,早期标识的商业使用,不具有排他效力,而仅仅表现了使用者实现某种个人目的的企图。

在物上打上印记的历史可以追溯到遥远的古代,它主要是作为私人所有权的指示来使用的。[1] 研究表明,人类在尚不具备文字读写能力之前,就开始了在牛和其他动物身上打上烙印的实践。[2] 因为没有文字能力,所以许多世纪以来,烙印都仅仅是图样形式。在古希腊和古罗马的日常生活必需品陶器罐子柄上,常常可以看到制造者的姓名。我国早期瓷器以及出现在两河流域和埃及的砖瓦上,都发现了标明它们或者是为某位统治者烧制,或者在某人统治时期烧制,或者是作为某个特定项目的建筑材料而烧制的印记。许多留存下来的古罗马赤土砖瓦上面还印有标识者的姓名或者工厂的标识。[3] 公元前1300—公元前1200年,在印度和小亚细亚之间的贸易中,印度人一般都在其货物上使用了标识。后来,古罗马的油灯成为一个重要的贸易商品。在公元前35—公元265年的大约三个世纪中,有超过千余种不同的罗马陶器标识在使用。其中,"FORTIS"品牌似乎非常成功,在意大利和现在的法国、德国、荷兰、英国和西班牙,都发现了使用该标识的标本。之所以会在如此大范围的地域出现,很可能是因为"FORTIS"标识遭到了复制和假冒。[4] 如此,可以想象,它已经成为一种特定种类的油灯的通用牌号,其他地方的竞争者也正是因此而使用这个牌号。这种识别性的标识还出现在了其他物品上,包括一种治疗眼疾的合成软膏、出口用酒和奶酪等。

有学者指出,古代使用这种标识很明显是对贸易扩大的响应。货物得

---

[1] See Daniel M. McClure, "Trademark and Unfair Competition: A Critical History of Legal Thought", *Trademark Rep.*, 69, 1979, p. 310.

[2] See Sidney A. Diamond, "The Historical Development of Trademarks", *Trademark Rep.*, 65, 1975, p. 267.

[3] Ibid., pp. 269-270.

[4] Ibid., p. 271.

以通过运输在相对较远的市场上进行销售，给传统上在工匠店铺内直接做生意生产方式带来了实质改变。相距较远的消费者对那些质量上乘货物的重复购买需求，赋予了标识的来源识别功能。非常清楚的是，这些标识与现代商标一样，履行了同样的识别来源职能。①

（二）从个人标识到行会标识：行会贸易控制的需要

大约自公元500年开始至此后的千年中，西欧处于所谓的"黑暗时代"。这一时期，知识衰落，标识的使用相应地衰落了。及至中世纪，知识复兴、贸易扩张、行会兴起，带来了商标的第一次普遍使用。② 后人对这一时期的标识进行了归类：一是个人标识（Personal Marks），用以识别个人。其中包括住所标识（House Marks），在房主人从事旅馆生意、作为工匠销售其货物时，具有识别功能。二是所有权标识（Proprietary Marks）或商人标识（Merchant's Marks），用以表明货物的所有权。它是商人在货物或其包装上所采用的识别标识，尤其是当长途运输的货物发生意外时凭借它来确定货物归属。③ 第三种是制造标识（Production Marks），它是工匠们使用的一种标识，也是最接近于现代商标的一种标识。工匠们将它置于货物之上以指示货物来源或制造者。制造标识的最初使用却不是自愿的，而是受到了行会体制的严格控制，正是在此意义上，它也被称作行会标识。

行会是控制严格的工匠群体，行会中的所有工匠都必须使用制造标识，也就是说，制造标识的使用具有强制性。这种标识发挥了管理功能，主要目的是归咎质量低劣产品的责任，它方便了追踪瑕疵商品和惩罚违规工匠。④ 可见，此时的制造标识并不具有明显的商誉象征功能，也不是可以给持有人带来商业竞争优势的财产。⑤ 行会具有在一定区域内制造和销售产品的垄断权，因而，强制性制造标识还具有了阻止行会之外的人在行

---

① See Sidney A. Diamond, "The Historical Development of Trademarks", *Trademark Rep.*, 65, 1975, p. 270.

② See Frank I. Schechter, *The Historical Foundations of the Law Relating to Trade-Marks*, New York: Columbia University Press, 1925, p. 20; Benjamin G. Paster, "Trademarks: Their Early History", *Trademark Rep.*, 59, 1969, pp. 556–557.

③ See Daniel M. McClure, "Trademark and Unfair Competition: A Critical History of Legal Thought", *Trademark Rep.*, 69, 1979, p. 310.

④ Ibid.

⑤ See Frank I. Schechter, *The Historical Foundations of the Law Relating to Trade-Marks*, New York: Columbia University Press, 1925, pp. 38–48.

会垄断区域范围内销售产品的功能。可以说，这种行会标识的关键功能是帮助行会实施垄断。① 行会标识也被用来实施产业控制，特别是地域贸易屏障。货物是否流向其被允许的销售区域以外，可由其标识便利地识别出来。有关货物标识的大多数早期立法都得到了特定行会的支持，通过法令，行会又进一步取得和加强了监督商品质量的权力。② 总的来说，中世纪的行会标识更多的是强制性标识，其基本目的是为劣质手工艺品归责和实施贸易控制。

与个人标识功能的演变一样，当货物需要长途运输时，行会标识演变成了现代意义上的商标。工业革命兴起之后，工业化生产方式代替了旧时期的手工生产，产业获得极大增长。生产能力的提高相应地要求销售方式创新。人们开始使用广告以使消费大众了解产品的性能和用途，随之而来的是商标在其现代功能——作为货物来源识别物——意义上的使用不断增长。

综上，商标的早期出现与发展过程中少有公权力（如王权）的介入，它是工匠和行会基于货物销售和地域贸易保护所作出的一种自发创造。这一略显低调和平淡的演进过程同样体现了主导近现代商标形成和发展的实用主义思想，即尽管对货物进行标识的实践在远古时期就已经发生，但只是在货物需要销往距离店铺或作坊较远的地方时，对货物的标识才真正具有了现代商标的意义，而这一意义的产生显然是由工匠或销售者基于扩大货物销售目的而作出的有意识、选择性实践。标识本身并未发生多少变化，但在不同生产条件下，它被用来服务于不同的目的。

第二节 知识产权的立法认可：受限法权背后的政策考虑

近代以来，知识产权逐步得到了资本主义国家的立法认可，与知识信息有关的利益保护形式也与早期有了明显不同。对此，现有研究已多有揭示。但一方面，从资本主义国家创设新的制度形式意欲实现的基本目

---

① See Daniel M. McClure, "Trademark and Unfair Competition: A Critical History of Legal Thought", *Trademark Rep.*, 69, 1979, p. 311.

② See Sidney A. Diamond, "The Historical Development of Trademarks", *Trademark Rep.*, 65, 1975, pp. 277–278.

的——而非全部——方面来看，其与特权模式下所体现的统治者欲求并无本质不同。知识产权法律发展史表明，主导王室特权实践的实用主义正是知识产权作为私权形式在资本主义国家立法上得以确立的思想酵母。另一方面，基于生产方式、思想观念、国家政治结构与过去的不同，资本主义国家对与知识信息有关的利益保护的制度形式甚至是创设知识产权的目的、具体制度等方面均作出了与特权时期有明显不同的规定。可以说，知识产权其在向现代形态蜕变过程中，并未将其早期形态下的实用主义基础一并抛弃。相反，下文的研究表明，在知识产权的立法确立过程中，更为全面、稳定、清楚地体现了实用主义。

一 作为私权的专利：实现创新的工具

（一）专利权利保护模式普遍化前夜的理论准备

《垄断法》之后的许多年间，英国专利保护制度进入了一个比较混乱的状态。直到18世纪末，专利保护模式的理论阐释仍然处在连续的变动和模棱两可之中。① 有的主张认为专利是权利，也有的主张依然遵从了特权模式。1795年艾瑞（Eyre）法官曾言道：就我能够发现的而言，专利权在我们的著作中没有得到准确讨论。② 美国专利法学者也指出，发明者就其发明拥有一些能够且应当在一定期限内获得保护的权利的思想，无论是否用财产权的术语表达，都不是起源于英格兰。③ 事实上，1800年之前英国授予专利的行为只能称作一种专利习惯或专利惯例，是由政府向从事新贸易或技艺者给予的有期限垄断特权。④ 有学者甚至指出，1835年之前英国不存在任何《专利法》。⑤

尽管如此，但随着18世纪人们对于发明本身认识的转变，越来越多的人认识到，发明会影响国家的经济利益。在此背景下，人们开始关注专

---

① Oren Bracha, "The Commodification of Patents 1600-1836: How Patents Became Rights and Why We Should Care", *Loy. L. A. L. Rev.*, 38, 2004, p.210.
② Adam Mossoff, "Rethinking the Development of Patents: An Intellectual History 1550-1800", *Hastings L. J.*, 52, 2001, p.1276.
③ See Edward C. Walterscheid, "The Early Evolution of the United States Patent Law: Antecedents (Part 1)", *J. Pat. & Trademark Off. Soc'y*, 76, 1994, pp.699-700.
④ See Edward C. Walterscheid, "The Nature of the Intellectual Property Clause: A Study in Historical Perspective (part1)", *Journal of the Patent and Trademark Office*, 83, 2001, p.777.
⑤ ［澳］布拉德·谢尔曼、［英］莱昂内尔·本特利：《现代知识产权法的演进》，金海军译，北京大学出版社2006年版，第120—121页。

利制度的合理性问题。17世纪，人们很少讨论发明本身，即便有，在很大程度上也只是在形而上学的意义上来进行的。发明意味着对已有东西的发现，并被更多地看成是神的眷顾而非人的行为。① 但在18世纪，人们逐渐接受了发明者不仅仅是神的代理人的观点，而是认可了个体对于发明的贡献。这一对发明本身的新认识最终导致了18世纪末人们关于专利制度合理性的探寻。首先是自然法理论。自然法理论的前提是假定每个人对其思想拥有自然的或固有的权利。据此，社会有义务阻止一个人的思想被他人无偿使用。然而，英格兰遵循习惯和先例的普通法传统成为自然权利理论适用的天然障碍，因而，自然法基础上的专利制度正当性理论从来没有能够在英格兰占据通说地位。② 其次是通过垄断获得报酬理论。与自然法上的合理性相比，通过垄断获得报酬理论得到了广泛讨论。该理论的依据是，发明者应当获得与其发明对社会的有用性程度相当的回报。因为通常的市场机制无法确保这一满意结果，所以需要政府提供暂时的垄断加以干预。亚当·斯密对此观点表示了支持，指出专利通常是无害的，并且偶尔还有好处。专利权所带来的暂时垄断能够阻止竞争者在不承担发明者所付出研发成本的情形下搭便车，从而确保发明者从其研发投资和投入中获得回报。而且，因为专利发明受制于供需法则，发明者所取得的报酬，无论形式是许可费还是直接销售，都将是与发明对社会的价值相称的。而向发明者直接支付金钱报酬的替代做法正是因为无法精准地达致这一相称而无法令人满意。③ 除斯密外，许多功利主义经济学家也都在此意义上表达了对专利制度的支持。他们普遍接受了在《垄断法》中表达的传统哲学：因为创新所利用的临时垄断的特殊性质和功能，它们应当被排除在对垄断的一般性禁止之外。边沁指出，给予发明者的排他性特权与被正当地谴责的垄断没有任何共性。④ 约翰·穆勒认为对垄断的谴责不应当扩展至发

---

① See Edward C. Walterscheid, "The Early Evolution of the United States Patent Law: Antecedents (Part 4)", *J. Pat. & Trademark Off. Soc'y*, 78, 1996, p. 103.

② Christine MacLeod, *Inventing the Industrial Revolution: The English Patent System, 1660-1800*, Cambridge: Cambridge University Press, 1988, p. 199.

③ See R. L. Meek, D. D. Raphael, P. G. Stein, *Adam Smith: Lectures on Jurisprudence*, Allison Pointe Trail: Liberty Fund, Inc., 1978, p. 83.

④ See John Bowring, *The Works of Jeremy Bentham* (Volume Ⅱ), London: Edinburgh, 1843, p. 533.

明,并详解了其中原因。① 发明者及其支持者也很自然地倾向于支持这种合理性。再次是垄断利润激励理论。尽管这一理论在某种程度上是通过垄断获得报酬理论的一个变种,但是,它却并未过分倚重于回报发明者,而是相信:经济增长是人们的固有期待,发明供给的增加对经济增长具有积极影响,而发明的供给在不使用专利保护发明者时会比相反的情况下来得少。因而需要通过认可专利垄断,以使发明者能够取得垄断利润,从而激励发明的供给。尽管在确信存在与证明真实之间存在不同,但到18世纪末时,对于专利法、发明和产业增长之间存在因果关系的确信确实在增加。② 最后一种合理性理论是秘密的交换理论,它以契约理论为基础,主张发明者向公众披露发明的秘密以换得暂时垄断。这一理论是以曼斯菲尔德勋爵在利厄德特诉约翰逊(Liardet v. Johnson)案中关于专利说明书必须具有可行性(即必须告知熟悉相关领域者如何制造和使用发明)的裁判基础上形成的。③ 按照该理论,专利制度的根本目的是确保技术信息向公众传播。同样,该理论也假定在发展和发明之间存在因果联系。尽管这些理论特别是后三种理论之间存在一些差异,但更重要的是,在18世纪末,绝大多数人开始相信,法律制度可以为大量产业领域中的合法垄断提供充分保证,而这注定为专利制度走向成功提供了必要的理论给养。

(二) 专利权立法认可的普遍化

到18世纪末,世界上三个主要国家都有了法定专利制度:1790年美国专利法、1791年法国专利法以及在此之前英格兰已经存在的发明专利保护制度。此后半个世纪中,专利制度作为由制定法规定的发明者保护制度推广到了其他国家。④ 总体上可以说,是立法者、社会以专利保护对市场竞争和科技进步的影响,而非人们对其发明享有自然权利的思想,左右了近代主要专利立法的不平凡确立过程。此处以法国、德国、日本首部专

---

① 参见 [英] 约翰·穆勒《政治经济学原理》(下卷),胡企林、朱泱译,商务印书馆1991年版,第520—521页。
② See Edward C. Walterscheid, "The Early Evolution of the United States Patent Law: Antecedents (Part 4)", *J. Pat. & Trademark Off. Soc'y*, 78, 1996, p. 105.
③ Ibid., pp. 105-106.
④ 澳大利亚于1810年、俄罗斯于1812年、普鲁士于1815年、巴伐利亚于1825年、比利时和荷兰于1817年、西班牙于1820年、瑞典于1834年、葡萄牙于1837年分别颁布了各自的专利法。

利法为例略加说明。①

法国 1791 年专利法尽管一些具体制度设计与当时的另外两个专利制度存在明显不同，但与它们一样，都鲜明地反映了专利保护本身的工具性。该法虽然受到了自然权利学说的明显影响，宣称要与过去的特权授予方式划清界限，但实际上，许多旧的做法还是保留了下来。当然，因为受到了自然权利学说的影响，放弃了授权前的审查，改为只进行登记。在革命者和立法者看来，登记是对本来就存在的权利的立法认可，而不是授予或创设。然而，从该法及此后的发展可以看出，它对自然权利学说的推崇宣告大于实质，实际的条款反而是反映了此前的重商主义政策。例如，在专利保护对象方面仅涉及能够应用的生产方法和产品，不包括无法实际应用的理论和科学发现、金融方法、药品，表明该法关注的同样是专利保护对生产活动和技术应用带来的影响。专利权的内容仅仅在司法程序中才会判断，专利登记本身并非专利有效性、优先性的证明，而且专利权人有权决定不同的权利保护期限。这表明专利登记的基础显然首先不在于要认可发明人以任何积极的权利，否则，权利内容自然不能待日后确定。同时，该法还规定了权利人在获权 2 年内实施专利的义务，否则将面临撤销；确立了阻止法国技术向外扩散以及鼓励引入外国技术发明的机制。直到 1844 年专利法，限制发明的出口，若发明人试图在国外就相同发明取得专利，则国内专利将被宣告无效。与对待发明的输出不同，该法第 3 条规定，首次将外国人的发现带入法国者应当享有与发明人一样的利益。该法还规定，公众有权了解专利说明书，这一点反映了美国和英国专利授权中的交换理论。而由于自然权利学说所导致的不审查制度，以及大革命后仍然保留的传统奖励政策，发明人可以在商业化发明之外通过奖励制度进行权力寻租等因素的影响，法国 1791 年专利法在鼓励发明方面来说不够成功。

实际上，这一时期所有欧洲国家和拉美国家颁布的专利法都或多或少地受到了法国法的影响。例如，早期西班牙也采用了特权形式，只不过大多数特权授予了外国人，主要是法国和英国人。由此来看，外国技术转移是西班牙当时政治经济的一个主要考虑。西班牙于 1811 年颁布的专利法

---

① 在近代产生较早的三大专利制度中，学界对于英美专利制度的形成和发展关注较多，本书其他部分也对此进行了相似分析，此处不做重述。

也反映了这一点，对发明人和引进者都授予专利。对引进来说，只要它对西班牙是新的，不要求是真正的发明人。如此，它的唯一目标就是增进西班牙的创新和生产。专利权人要在1年内实施专利。而且引进专利的期限只有5年，远少于发明专利最长的15年。荷兰也一样，不要求发明必须是新的，只要是首次进口或引入符合条件。联想到威尼斯城市共和国在15世纪对专利制度的贡献可以说，威尼斯城市共和国专利法的光彩基本上被扭曲了，欧洲国家实施专利保护的政策考虑完全是经济上利益以及取得科学技术上的领先地位，特别是在纺织、采矿、冶金等领域。换言之，当局所关心的不是发明者，而是发明本身。

德国19世纪的统一专利法也反映了同样的思路。德国的专利授予早于1484年，并在16世纪形成了具有法律约束力的习惯法规则，但发生在17世纪的"三十年战争"彻底毁掉了德国的专利习惯，200年后，德国专利制度才得以重生。[①] 德意志第二帝国建立之初，发明保护状况相对比较复杂多样。1815年北部地区的普鲁士国王下发了有关专利授予的敕令，否认专利是财产权，采取了非常严格的遴选程序。而在南部的巴伐利亚王国于1825年出台了涉及发明保护问题的商业法。德法边境的阿尔萨斯—洛林，以法国的自然权利模式保护发明。不来梅、汉堡、吕贝克等地没有发明保护的制度。1842年，为了消除各王国之间对贸易自由的限制，各国以发明专利和特权的共同规则为基础，达成了协议。在1871年德意志帝国宪法的授权下，德国于1877年统一了专利法。当时的德国远落后于欧洲其他国家，统一专利法的目的就是促进增长、特定工业领域的创新传播，以推动经济增长。相应地，规定了许多此前从来没有见过的制度。例如，专利的取得程序更为严格，专利费用制度相当高，背后的考虑是减少专利数量的同时为符合条件者提供强保护才能够更好地促进发明。采取了绝对的先申请制度，确保隐藏起来的发明也会被社会迅速披露。在申请程序中，甚至不要求发明者的姓名，说明书中也不要求。德国专利政策还鼓励技术信息传播，在授权之前，权利要求和说明书会公开印刷。可以说，德国1877年统一专利法所体现的政策也是为促进经济发展而鼓励特定产业普及、创新和发展。立法者认为，专利保护能够促进技术利用、确保专

---

① See Edward C. Walterscheid, "The Early Evolution of the United States Patent Law: Antecedents (Part 1)", *J. Pat. & Trademark Off. Soc'y*, 76, 1994, pp.711-712.

利信息普及,且其对职务发明理论的较早应用也是旨在便利发明的应用。①

日本在明治维新时期为了尽快赶上先进工业化国家,曾于1885年派出高桥是清等人组成代表团赴欧洲和美国考察专利制度。高桥是清认为,是专利制度造就了美国成为一个强国,日本也需要专利制度。1888年日本借鉴美国专利制度,颁布了其首部专利法。当时日本专利不授予外国人,保护对象也不包括食品、药品,专利授权3年内不实施会被撤销,直到1921年都不保护食品和化学产品、药品;此外,1921年修法还允许政府在适当补偿后撤回对与公共利益有关的专利授权。

当然,专利制度的近代立法确立也不是一帆风顺的。在《垄断法》颁布的200年后,欧洲各主要国家掀起了一场围绕专利制度改革甚至存废的争论。到19世纪60年代末,保护专利的理由似乎完全消失了,② 荷兰甚至于1869年废除了专利制度。但是欧洲大陆反专利运动的胜利只是暂时的。专利制度的倡导者在1867—1877年组织了有效反击。巧合的是,这些年欧洲大陆经历了经济萧条,自由贸易运动随之弱化。因而,有关保护专利的思想重新进入了公众视野。在1873年危机之后,保护主义者战胜了自由贸易者。随后,一些新的专利立法活动在主要国家兴起。荷兰是发明的自由贸易的最后据点,直到1910年才重新颁布了专利法。

(三)专利权保护立法中的政策考虑:基于美国立法的分析

在现代语境下,专利是发明的财产权形式。专利法和专利制度也主要是源自如下认识:认可和保护发明之上的财产权(而不是特权)的确是社会的需要。③ 而这一思想的明确和稳固,源于18世纪末,特别是美国专利法施行之时。此时专利一词才开始具有了准确的和技术的意义,即国家授予的在一定期限内对发明进行商业实施的垄断权力。④ 加之近200多

---

① 参见[日]竹中俊子《专利法律与理论:当代研究指南》,彭哲等译,知识产权出版社2013年版,第126页。

② See Fritz Machlup, Edith Penrose, "The Patent Controversy in the Nineteenth Century", *J. Econ. Hist.*, 10, 1950, p.5.

③ See Edward C. Walterscheid, "The Early Evolution of the United States Patent Law: Antecedents (Part 1)", *J. Pat. & Trademark Off. Soc'y*, 76, 1994, p.699.

④ See Edward C. Walterscheid, "The Early Evolution of the United States Patent Law: Antecedents (Part 1)", *J. Pat. & Trademark Off. Soc'y*, 76, 1994, p.700; M. Frumkin, "The Origin of Patents", *J. P. O. S.*, 27, 1945, p.143.

年来，美国在知识产权保护和立法方面引领世界潮流。因而，此处仅以美国专利立法为对象，分析专利私权化过程中的政策考虑。

1. 美国宪法知识产权条款对此前制度实践的确认

美国《宪法》第 1 条第 8 款的规定是专利和版权保护的宪法依据，分析美国专利制度，须从其宪法知识产权条款入手。该款规定的措辞表明，国会之所以有权赋予作者和发明人对其著作和发明在限定时间内的排他权，是因为如此能够促进科学与实用技艺的发展。后人认为，该款在结构上与其他授权条款的明显不同表达了国会有授予有期限的排他权以促进科学和实用技艺发展的权力，但这并不表明国会仅有此项权力。① 换言之，授予排他性权利只是促进科学和实用技艺发展的选择之一。尽管如此，该款规定还是被后人们普遍解读为保护知识产权的原因——为创造提供激励，并成为当代知识产权保护正当性的支配性学说。例如，在托马斯·杰斐逊——美国联邦最高法院后来"追认"的专利法缔造者看来，② 专利、版权并非自然权利，相反，只是一项特别的法律授权，是对人们追求思想的一种激励。③ 排他性专利权只是一项法律特权，其正当性在于对"发明的垄断"能够服务于"社会利益"。爱德华·沃特斯盖德（Edward Walterscheid）也指出，专利权对美国建国者来说意味着一项特权，而不是与其他财产权同样的权利。④ 莱姆雷认为，知识产权是在时空上受限的，且只能授予满足最低条件的作者和发明人。知识产权法的正当目的是与鼓励创新保持一致的。⑤ 当然，对于宪法知识产权条款的历史意义，理论上有一定分歧。有学者主张美国宪法创造了第一个现代专利制度体制。⑥ 另有学者由此得

---

① See Edward C. Walterscheid, "The Nature of the Intellectual Property Clause: A Study in Historical Perspective (Part1)", *Journal of the Patent and Trademark Office*, 83, 2001, pp. 775-776.

② 美国联邦最高法院在 1966 年 Graham v. John Deere Co. 一案中认为，托马斯·杰斐逊是美国专利法的缔造者。

③ See Alex Kozinski, Christopher Newman, "What's So Fair About Fair Use?" *J. Copyright Soc'y U.S.A.*, 46, 1999, p. 519.

④ See Edward C. Walterscheid, "The Nature of the Intellectual Property Clause: A Study in Historical Perspective (part1)", *Journal of the Patent and Trademark Office*, 83, 2001, p. 777.

⑤ See Mark A. Lemley, "Property, Intellectual Property, and Free Riding", *Tex. L. Rev.*, 83, 2005, p. 1031.

⑥ See B. Zorina Khan, Kenneth L. Sokoloff, "History Lessons: The Early Development of Intellectual Property Institutions in the United States", *J. Econ. Persp.*, 15, 2001, p. 235.

出了专利是私权甚至是自然权利的观念。①

事实上，除了在联邦层面上设定了授予专利权的权力外，宪法条款并未背离专利权的传统模式，该条款也并非源于单纯的想象。因为在美国建国之前，对发明授予专利的实践已经存在了几个世纪。至少在英国，王室特权的法律形式确立已久并得到了广泛实施。没有证据表明美国建国者企图割裂已经为他们所熟知的已有专利实践而去创造一个全新的现代专利制度。相反，有证据表明，那时国会已经收到了许多私人专利申请，请求国会通过特别法授予基于个案的排他性特权或其他"鼓励"。国会没有拒绝这些私人特权请求，而是将这些申请交给特别委员会基于案情实质去考虑。② 最终美国国会对这些专利申请的回应不是颁布特别法，而是颁布了具有普遍效力的专利法。更为重要的是，美国宪法知识产权条款在诞生过程中所表现出来的突然与平静状态表明，其背后的思想在立法者和普通民众心目中都已经得到了一致确立，而这只能是历史的思想延续。该款是国会闭会前不到两周内才被提出并获得了全体一致通过，在宪法的批准程序和此后许多争论中，该款都没有受到多少质疑。③

2. 美国联邦专利法：专利权利模式的确立及其初衷

1790 年美国通过了首部联邦专利立法。应该说，在很多重要方面，该法都具备了与传统决裂并开启现代专利制度的色彩。如其创造了普遍适用的专利制度，确立了标准化的专利授权条件以及统一的专利权利内容。但与此同时，该法还设置了专利委员会。依照规定，专利委员会在授予专利方面享有充分的自由裁量权，借此可以在是否授予专利时权衡公共政策并作出具有个案性质的决定。专利委员会不仅审查专利申请是否满足了一般性的可专利性标准，而且还在每一件专利授予中进行相关社会利益和有

---

① See Frank D. Prager, "Historic Background and Foundation of American Patent Law", *Am. J. Leg. Hist.*, 5, 1961, p. 318; Bruce W. Bugbee, *The Genesis of American Patent and Copyright Law*, Washington, D. C.: Public Affairs Press, 1967, pp. 129-130; George Ramsey, "The Historical Background of Patents", *J. Pat. Off. Soc'y*, 18, 1936, pp. 15-16.

② Oren Bracha, "The Commodification of Patents 1600-1836: How Patents Became Rights and Why We Should Care", *Loy. L. A. L. Rev.*, 38, 2004, p. 217.

③ See Edward C. Walterscheid, "The Ñature of the Intellectual Property Clause: A Study in Historical Perspective (Part1)", *Journal of the Patent and Trademark Office*, 83, 2001, pp. 765-766.

利方面的个案评估。① 所有这些都表明，尽管授权机关不再是立法院或议会，也不再是如英格兰时期的王室，但专利委员会制度还是深深植根于专利源于主权的特别酌定的传统之中。立法开启了专利保护的"普遍权利"模式，但授权本身还是维持了特权模式。史料表明，专利申请人对专利委员会的认知也清晰地充斥着传统特权观念：专利委员会的作用是审查所述发明中的公共利益以及运用委员会的自由裁量权以决定所述发明是否值得保护。由此可以说，该法似乎是传统英格兰的王室特权制度、国家授权和现代专利权利模式的混血儿。该法没有规定专利授权的义务，它只是赋予了专利委员会在其认为发明是足够重要和有用时授予专利的自由裁量权，也没有规定任何能够使得申请人在其申请被拒绝时获得救济的程序。几乎没有证据表明当时会将专利当成是一项权利，而尝试诉诸法院强制专利委员会授予专利的证据更是难以见到。② 简言之，短命的 1790 年专利体制不能等同于现代权利意义上的专利制度，相反，所有方面都表明它是一个迷人的混血儿。

1793 年国会颁布了新专利法。该法的最大变化是引入了注册制度，并将专利授权的重心转向了法院的事后审查。这使得法院不但需要解释和适用标准的可专利性标准，而且需要决定专利权的模式到底是特权还是权利。由此引发了在随后近半个世纪中司法有关专利权性质的论战。直到 1836 年美国专利法，不但在美国首创了真正的审查制度，而且规定，如果所述发明足够实用和重要，专利局有义务授予专利。③ 正如 1790 年专利法是建立在当时的重商主义思想之上，1836 年专利法的思想与同时期杰斐逊主张政府应当鼓励私人企业的观点是一致的。1836 年美国国会曾在一份报告中明确宣告，促进艺术和制造进步是向发明授予专利的目的。

---

① Oren Bracha, "The Commodification of Patents 1600–1836: How Patents Became Rights and Why We Should Care", *Loy. L. A. L. Rev.*, 38, 2004, pp. 200–222.

② Ibid., pp. 200–224, 226.

③ 参见美国 1836 年专利法第 7 条。原文是："That, on the filing of any such application, description, and specification, and the payment of the duty hereinafter provided, the Commissioner shall make or cause to be made, an examination of the alleged new invention or discovery; and if, on any such examination, it shall not appear to the Commissioner that the same had been invented or discovered by any other person in this country prior to the alleged invention or discovery thereof by the applicant, or that it had been patented or described in any printed publication in this or any foreign country, or had been in public use or on sale with the applicant's consent or allowance prior to the application, if the Commissioner shall deem it to be sufficiently useful and important, it shall be his duty to issue a patent therefor."

所有文明国家都对发明天才提供了某种形式的鼓励。① 由此，该法与其他被制定出来激励企业发展的立法一样，是一部为所有市民都提供平等和普遍机会的立法，而不是个别特权。在此背景下，专利权的普遍保护模式得以确立，集中体现在可专利性标准的明确化、个人有权在满足这些标准时获得专利权、权利取得本身具有可诉性等方面。同时，对特权的扬弃带来价值的市场观念。普遍专利权将保证发明人得到其发明的"真实"价值，即取决于市场会向其支付什么。换言之，发明者将得到一个与其发明价值相称的公正的和适当的激励。至此，专利制度才真正全面完成了从特权形式向普遍权利形式的转变。毫无疑问这一转变是划时代的。普遍权利形式的确立，同样是现代国家促进科技创新的众多选择之一，此后至今的实践证明，这一选择居于绝对主导地位。

以上对美国宪法知识产权条款以及其专利法的简要考察表明，美国立法上最终确立的专利权完全是出于促进制造业进步的目的，没有官方文献表明发明人可以仅仅因为做出发明就自然或天然地应当获得保护。立法者在继承此前专利保护经验的同时，也因时而异地进行了创新。以专利保护最终转向普遍权利模式为例，尽管政体的变革为专利保护走向普遍权利模式提供了条件，但在立法者眼中，专利保护与制造业进步之间的传统关系并未发生本质改变。当然，普遍权利模式在理论上更加有利于促进制造业进步。事实上，不仅是专利制度，版权制度和商标制度在向现代形态转变过程中，也同样反映了立法者鲜明的实用主义诉求。

二 作者版权的近代确立与实用主义

（一）英美近代版权立法中的实用主义

1.《安妮法》之"名"与"实"

《安妮法》被认为是近代版权立法肇始的标志。之所以如此，非因它是国家立法史上的首部版权立法，② 而是后人从中解析出了版权的现代意蕴——首次将版权赋予了作者，进而认为，版权自此至今都是始终与作者

---

① See Michael A. Carrier, "Unraveling the Patent - Antitrust Paradox", *U. Pa. L. Rev.*, 150, 2002, p. 805.

② See H. Tomás Gómez-Arostegui, "The Untold Story of the First Copyright Suit under the Statute of Anne in 1710", *Berkeley Tech. L. J.*, 25, 2010, p. 1251.

相联系的。诚然，该法首次使作者取得了对其作品的权利，并由此惠益了作者。然而，多数学者认为，言及《安妮法》将版权赋予了作者，实乃该法之名，远非其实；且此名乃后人所强加，亦非彼时立法者有意为之。① 《安妮法》之要旨非在惠益作者，而是一个贸易规制法，旨在修复因《许可法》失效而带来的图书贸易秩序混乱状态以及阻止书商垄断。

（1）《安妮法》的初衷：旨在规范图书贸易秩序而非保护作者

从制定背景来看，《安妮法》受到了两方面利益的影响：一是一些政治家认为《许可法》的失效本身就是一个错误，应当得到矫正。需要通过实施贸易管制法以维持图书贸易秩序、解决图书贸易中存在的出版商公会垄断和书商垄断。二是拥有图书复制权的书商（出版商公会成员）寻求保护其既有财产以对抗盗版者。② 《许可法》的失效直接导致了出版审查制度的终止，许可制度之下出版商所拥有的搜查及扣押非法印刷书籍的权力也随之丧失，出版商需要新的手段以对抗盗版。鉴于《许可法》等法令"复活"无望，书商们开始明确的为自己利益而游说议会颁布新的版权立法。只要有可能，书商们随时都准备着将自己的利益伪装成统治者利益的裙摆。在成功游说议会重新获得对图书印刷的排他性控制过程中，书商们认为他们也是为了作者的利益，③ 并最终通过将其目标融入"鼓励学识"的说辞中而为自己披上了受人尊敬的外衣。由此，《安妮法》在本质上是一个保守的法案，是由那些既得利益的维护者所推动的立法。④

从作者的法律地位来看，《安妮法》的最大变化不是规定作者有权取得版权——一个此后可以限制书商成员的特权，而是向所有人授予了这种权利。在该法中，除了第九段之外，"作者""复制件的购买者""复制件

---

① John Feather, *Publishing, Piracy and Politics: An History Study of Copyright in Britain*, London: Mansell Publishing Limited, 1994, p. 64.

② 此外，苏格兰和英格兰在1707年的联盟，也是推动《安妮法》制定的一个重要因素。结盟后，作为苏格兰印刷特权主要授予者的苏格兰枢密院在1708年解散，英格兰书商开始担心苏格兰图书大量涌入，而苏格兰书商则担心它们无法继续获得保护。See H. Tomás Gómez-Arostegui, "The Untold Story of the First Copyright Suit under the Statute of Anne in 1710", *Berkeley Tech. L. J.*, 25, 2010, pp. 1256-1257.

③ 学者指出，正是在1707年出版商公会成员们向议会请求立法的申请中，提出了作者权利（authors' right）的主张。See Diane Leenheer Zimmerman, "The Statute of Anne and its Progeny: Variations without a Theme", *Hous. L. Rev.*, 47, 2010, p. 970.

④ John Feather, *Publishing, Piracy and Politics: An History Study of Copyright in Britain*, London: Mansell Publishing Limited, 1994, p. 64.

所有者""书商"或者"受让人"等术语交替使用,类似表述还直接体现在了该法的名称之中。有学者甚至指出,该法彻底忽略了图书作者,当然也非有意授予他们更多权利。① 该法的施行并未明显改变此前作者身份和法律地位上的不明确状态。因为,在17世纪英国内战之前,作者权利就已经得到了实践认可。及至1660年查理二世复辟,通过合同就作品原稿向作者支付报酬已是确定的事实和规范的实践。无论细节如何,这都清楚地表明作者权利得到了实践的认可。帕特森指出,《安妮法》所给予作者的唯一利益是延长版权保护期限的权利。作者取得版权与其他人取得版权的唯一区别在于不需要通过购买。除了第九段,该法给予作者的权利并不比任何其他经作者同意而享有版权者更多。②

从《安妮法》所规定的版权本身来看,它通过规定和承认两种版权来阻止图书贸易垄断:该法实施后所印刷图书之制定法版权和已印刷图书上的出版商公会版权。③ 其中,制定法版权几乎可以说是出版商公会版权的法典化。因为二者的对象均为图书,而非书中的全部财产利益;二者的取得程序相似,都需要在印刷之前向出版商公会登记;二者都是旨在阻止对印刷作品的盗版;制定法版权与出版商公会版权一样,也是旨在维持图书贸易的秩序。可以说,制定法版权本质上也是一种出版商版权,但在后来,该法被解释为已经规定了一种作者版权。事实上,出版商的版权与作者的版权之间存在根本区别:前者来源于后者。换言之,从出版商版权到作者版权,《安妮法》本身没有作出多少贡献,但因其所规定的制定法版权后来变成了作者版权,所以人们不可避免地会认为,制定法版权的设计初衷就是使之成为作者版权。事实上,作者在《安妮法》中的出场只是当时该法完成其历史使命的一个工具。强调《安妮法》在制定法版权中必然包含了作者版权的主张,形式大于实质。该法当时需要解决的图书贸易垄断问题可谓形式多样且根深蒂固,非釜底抽薪难以克服。而作者的出场即符合逻辑,也顺理成章。因为作者此前虽无版权,但在出版商公会成员实现自身目的的过程中,作者的利益作为手段也得以促进。出版商公会

---

① John Feather, *Publishing, Piracy and Politics: An History Study of Copyright in Britain*, London: Mansell Publishing Limited, 1994, p. 64.

② Lyman Ray Patterson, Copyright in Historical Perspective, Vanderbilt University Press, 1968, p. 146.

③ Ibid., p. 143.

的主张本质上是，如果不设立版权以维持贸易秩序，出版商将不会出版图书，也就没有人向作者的手稿付酬。立法者利用了这一主张，作者主要被当作武器，用以对抗垄断。① 一方面，针对出版商公会成员的版权身份垄断问题，《安妮法》赋予了作者版权资格，② 使得版权对所有人来说都是可及的，而不仅仅是出版商公会成员。另一方面，为阻止已有图书上的版权垄断，《安妮法》将版权的期限限制在了21年之内。③ 而后，在这一旧版权的法定期限届满时，书商为维持垄断而进行的普通法永久版权之争却最终导致了版权被确定为作者的权利，而非出版商的权利。可见，《安妮法》虽是立法者回应出版商公会游说的结果，但又并未完全如出版商公会所期。

综上，《安妮法》是议会在其承诺限制垄断与回应选民（出版商）游说之间妥协的结果，④ 它应当被理解为管控不同类型垄断问题的贸易规制法：通过版权能够为全体人可及而处理了出版商公会的垄断，用21年期的版权替代永久版权解决了图书销售者的垄断，并通过限制版权的期限以阻止书商的未来垄断。由此，该法的真实面目是一个全面的、明了的图书贸易规制方案。当然，作为版权制度史上的一个驿站和大事件，《安妮法》影响深远。特别是，它在序言中明确了促进学识的意旨、通过期限和对象等的明确限制了图书印刷中的排他性权利、规定了图书登记和缴存等条件以及赋予市民可就图书价格过高寻求法律救济等措施，都表达了它所规定的排他性权利具有明显的工具性色彩。学者指出，该法的本质是一种社会交换。为了鼓励博学者撰写有用的图书，政府会给予印刷和再版那些图书的确定的权利，这是一个涉及作者、书商和公众的实用主义交易。⑤ 这一理念不但成为英国后续立法的基础，而且也深深地影响了其他

---

① See Lyman Ray Patterson, *Copyright in Historical Perspective*, Vanderbilt University Press, 1968. p. 147.

② Statute of Anne, 1710, 8 Anne, ch. 19.

③ See Lyman Ray Patterson, *Copyright in Historical Perspective*, Vanderbilt University Press, 1968. p. 147.

④ 图书贸易垄断、特别是出版商公会版权垄断的问题之所以长期以来免受《垄断法》责难，原因在于出版商公会曾辩护称其所涉及的产品是奢侈品（图书），而非日常必需品，同时，出版商公会能够促进文化繁荣和学识，因而是无害的。但《许可法》的失效挖了图书贸易垄断的墙脚，使得针对图书贸易垄断进行限制的主张再次成为议会必须处理的问题。

⑤ Ronan Deazley, *Rethinking Copyright: History, Theory, Language*, Edward Elgar, 2006, pp. 13-14.

国家的版权立法。

(2)《安妮法》的后世解释:"书商之战"与作者版权的出世

和所有法律的适用一样,《安妮法》客观上也需要对其进行解释,比如为什么会提到作者、促进的是怎样的学识、如何保护以对抗盗版等。后人在解释该法时产生了有关其目的及其实现问题的新争议。正是在解决这些争议漫长过程中,形成了现代版权保护的基石和许多共识。

在1774年英国国会上议院首次对《安妮法》进行解释时,该法实际上成为一个与其起源相独立的立法。① 施行60余年间发生的一些重要事件,遮盖了该法的制定背景和身世。一如前文所述,《安妮法》旨在消除图书贸易垄断并规定了包括限定保护期限在内的一些有价值的措施。因而,当1731年书商们依据《安妮法》享有的版权保护期限届满时,伦敦的书商们很自然地寻求避开版权保护期限限制从而继续从图书贸易垄断中获得经济利益。起初,他们一方面寻求议会通过新的立法,但多个议案最终都被议会上院否决;另一方面,通过作者将其他重印者诉诸衡平法院寻求禁令救济。后来,又转战普通法院。在此过程中,有关作者应当享有普通法上的永久版权的主张成为书商们的主要斗争武器。他们的策略很直接:主张作者基于其作为作者的自然权利而拥有普通法上的版权。因为聚焦作者,既符合了当时正在兴起的自然法学说,也能够巧妙地避开为自身垄断问题进行直接辩护的弊端。此后30年间,争讼的焦点问题是《安妮法》之外究竟是否存在另一个版权。后来,在著名的米勒诉泰勒(Millar v. Taylor)案中,18世纪英国最有影响力的曼斯菲尔德法官在自然法学说的基础上,裁判认可了作者的普通法永久版权。有意思的是,该案的当事人中并没有作者!法庭多数意见将版权作为作者的权利看待,全然没有了此前版权的本质是出版商权利的影子。书商们自然达到了目的,通过将其出版垄断建立在作者的普通法永久版权之上,延续了旧有垄断。当然,这一裁决在法庭内外都存在反对作者普通法永久版权的主张。如该案唯一的反对者耶茨(Yates)法官担心承认此永久版权,公众通过从已有书籍中学习的能力或受到限制。在1773年的另一起案件中,凯姆斯(Lord Kames)认为,不但版权届满后图书价格下降会惠益普通读者,而且会鼓

---

① See Lyman Ray Patterson, *Copyright in Historical Perspective*, Vanderbilt University Press, 1968, p.144.

励他人在已有创作之上进行改进。① 而到 1774 年英国国会上议院审理唐纳德森诉贝克特（Donaldson v. Beckett）案并对《安妮法》上的版权作出定性时，上议院选择了与米勒诉泰勒案不同的出发点，重新回到了《安妮法》制定时版权一词的语境之中。如果上议院欲打破书商垄断，就不得不说受到期限限制的制定法版权是作者在其书籍出版后唯一的保护方式，尽管《安妮法》对此并未明确且其自制定以来本身条文并未发生实质改变。《安妮法》上的版权，自然不再被认为是出版商的权利，而是作者权利。尽管这一次，作者同样也是什么都没有做。

这样，1710 年，版权是出版商图书出版的排他性权利，其功能在于阻止书籍盗版；到 1774 年，版权成为作者的权利，其功能仍然是保护出版的排他性权利。然而，这一改变给作者带来的好处并不比出版商多，它意味着版权将拥有其他功能。版权不再仅仅是保护出版商不受盗版的权利，而是一个能够包含作者就其图书出版所拥有的全部权利的概念。而因为版权对出版商仍然是可及的，这一变化同样意味着出版商作为版权的所有人将享有与作者同样的权利。简言之，版权变成了一个包含作者或出版者与印刷作品有关的全部权利的概念。如此，这一变化妨碍了进一步区分作者和出版商利益的不同，从而也妨碍了将作者当作作者予以保护的立法的形成。可见，版权成为作者权利不是作者努力的结果，而是书商规避《安妮法》以永久垄断图书贸易的结果。换言之，作为作者权利的版权的出世只是"书商之战"的副产品。② 但是，英国议会上议院这一近乎无奈的解释所传递出来的新思想事实上成为实用主义版权观的重要体现：如思想/表达二分法的区分，前者基于促进学识目的对公众都是可及的，后者才是版权人私有的对象；在版权保护中，作者、书商和普通公众，都是版权保护的利益共同体，版权保护的成本不但须从图书价格升高中来衡量，而且也要从学识促进、创新、言论和思想自由中来评价；公众对作品的接触和再利用要求确定合理的版权保护期限；等等。

---

① See Diane Leenheer Zimmerman, "The Statute of Anne and its Progeny: Variations without a Theme", *Hous. L. Rev.*, 47, 2010, p. 978.

② See Lyman Ray Patterson, *Copyright in Historical Perspective*, Vanderbilt University Press, 1968, p. 151.

2. 美国实用主义版权观的确立

版权保护是美国建国之始就着手处理的众多立法问题之一。与英国跌宕的版权实践相比，及至 1834 年威顿诉皮特思（Wheaton v. Peters）案（以下简称"威顿案"）①，美国联邦版权制度的基本框架便已基本稳定。这一迅速发展离不开新政府的创造，更加不可忽视的是，它在思想和制度层面都受到英国版权历史的影响。美国的州和联邦版权立法的基础都是《安妮法》，而威顿案中的争议焦点与前文提到的英国唐纳德森诉贝克特案、米勒诉泰勒案极为相似。

（1）18 世纪版权观念的"摇摆"

首先，州版权立法体现了受限制的自然权利观念。虽然在殖民地时期版权不受保护，但新政府很快意识到了保护图书的重要性。1783 年大陆会议通过了各州保护作者或新书出版商版权的建议。从内容来看，该建议的基础正是《安妮法》。例如，版权可授予作者或出版商，期限不少于 14 年，作者有权对版权进行延展，权项涵盖印刷、出版和销售权。事实上，在大陆会议以前，康涅狄格州、马萨诸塞州和马里兰州在大陆会议建议前已经制定了版权法。随后，除了德拉华州和纽约以外，其余各州都颁布了版权法。② 有的州版权立法明显带有的《安妮法》痕迹，如马萨诸塞州版权法授予了作者就其作品在满足一定条件下的独立财产权，非经作者同意，印刷、出版或销售版权作品会被判处罚金。也有一些州采用了不同模式，如有 8 个州的版权法序言表明，其维护作者利益的基础在于作者的自然权利。其中，又以康涅狄格州和马萨诸塞州版权立法的序言为代表。③ 总体上看，州法中版权保护的主导性思想是作者权。但因受到了《安妮法》和大陆会议建议的影响，州法制定者需要在将版权描述成作者权或出版权之间作出选择。除了南卡罗来纳州和弗吉尼亚州外，没有立法将版权特别授予了原稿的购买者或出版者，有权享有版权的是作者及其继承人

---

① Wheaton v. Peters, 33 U. S. 591 (U. S., 1834).
② See Lyman Ray Patterson, *Copyright in History Perspective*, Nashville: Vanderbilt University Press, 1968, p. 187.
③ See Lyman Ray Patterson, *Copyright in History Perspective*, Nashville: Vanderbilt University Press, 1968, pp. 186-187；黄海峰《知识产权的话语与现实》，华中科技大学出版社 2011 年版，第 52—53 页。

或受让人。由此，说州法将版权仅仅授予了作者似乎是正当的。① 但在具体制度设计上，州法并未全面贯彻自然权利理念，反而在很大程度上体现了版权保护的工具性色彩。典型的表现是：只是保护部分作者权利，它既没有确定也没有否定作者的其他权利，这些权利可能会得到普通法的认可。而且，州法版权与英国出版商版权之间具有很大的相似性：受保护的作者权利不能和其他作者的权利相冲突，作者权利保护必须让位于社会利益，所有的州立法都规定了版权的期限。帕特森认为，总体上看，州法的版权理论是通过给予作者有期限的印刷、出版和销售其作品的排他权利，以确保其从作品出版中获得利益。② 康涅狄格州、南卡罗来纳州、北卡罗来纳州、佐治亚州和纽约州等 5 个州还基于鼓励学识的考虑规定了价格控制条款。

其次，实用主义版权观是联邦宪法的初衷。美国《宪法》明确赋予了国会制定版权法的权力。它用十分明确的措辞表达了实用主义版权立法观，其原意并非首先是保护作者利益，而是将其作为实现促进学识这一基本目标的手段。1909 年美国国会指出：版权主要不是为了作者利益，而是基于公共利益考虑授予的。不是认为任何特定市民不管怎样都应当得到利益，而是因为相信这样的政策能够惠益大多数人民，因为通过向作者和发明者给予一些好处将激励创作和发明。③

需要注意的是，宪法知识产权条款没有授权国会要保护什么样的版权，甚至没有使用版权一词。然而，因为参与立法的绝大多数州（在 13 个州中已经有 12 个）已经颁布了版权立法，可以断定，参加制宪会议的成员无法不沿袭州法中的版权观念。宪法知识产权条款也是仅仅确认和保护作者的经济权利部分，所谓排他性权利，只是印刷、出版和销售权，并不包含作者可能拥有的其他排他性权利。宪法知识产权条款对专利和版权的产生采用了不同的表达。使用"保护"一词表明国会制定版权法是确定和保护一个既有权利，而非创设一个新权利，这与"授予"专利一词明显不同。"授予"和"保护"的不同表明了专利和版权的不同历史背

---

① See Lyman Ray Patterson, *Copyright in History Perspective*, Nashville: Vanderbilt University Press, 1968, p. 188.
② Ibid., p. 191.
③ See Jane C. Ginsburga, "A Tale of Two Copyrights: Literary Property in Revolution France and Amercia", *Tul. L. Rev.*, 64, 1989–1990, p. 999.

景。在英格兰，发明者从来没有因其发明而享有普通法上的垄断，新发明的排他性制造权直接来源于王室特权，并被《垄断法》加以法定化。而作者就其作品享有利益很早就已经得到了英国图书贸易实践及立法的承认。美国宪法将专利和版权放在一起表明二者是同样的经济权利。① 这种结合意味着版权是一个范围受限的权利，其被确认的目的在于保护作者的经济权利。

1790 年，美国颁布首部版权法，全名是《通过在一定期限内保护地图、海图和书籍复制件（copy）属于作者及复制件所有人以鼓励学识之法》。可见，版权是鼓励学识的手段。② 这是宪法知识产权条款所持的实用主义立场的具体体现：以授予财产权作为回报能够鼓励有价值的智力作品创造，借此使公众受益。③ 该法包含 7 节，从内容来看，与《安妮法》十分相似，贯穿其中的基本思想是版权是政府授予的制定法特权，而不是一个自然权利。④

(2) 19 世纪实用主义版权观的最终确立

尽管美国首部《版权法》明确了版权的制定法特权本质以及版权保护旨在促进学识的目的，但因该法过于简单，加之在其制定前各州普遍存在的版权自然权利思想，影响了该法以及宪法知识产权条款立法目的的实现。直到 19 世纪版权法定、思想/表达二分法以及合理使用等原则经由判例法确立并得到广泛适用，并对版权的保护对象、权利范围等作出一般性限制以后，实用主义版权观才得到全面贯彻和真正确立。

第一，版权法定原则。所谓版权法定，是指版权是一项制定法权利，并非自然权利。尽管 1790 年《版权法》对此已有宣示，但直到威顿案，版权的制定法权利性质才得以清楚地确定。威顿案被称为英国唐纳德森诉贝克特案的美国版本。⑤ 皮特思在 1928 年继任美国联邦最高法院判例报

---

① See Lyman Ray Patterson, *Copyright in History Perspective*, Nashville: Vanderbilt University Press, 1968, p. 195.

② Jane C. Ginsbug, "A Tale of Two Copyrights: Literary Property in Evolutionary France and America", *Tul. L. Rev.*, 64, 1989-1990, p. 1001.

③ Alex Kozinski, Christopher Newman, "What's So Fair About Fair Use?" *J. Copyright Soc'y U.S.A.*, 46, 1999, p. 519.

④ See Lyman Ray Patterson, *Copyright in History Perspective*, Nashville: Vanderbilt University Press, 1968, p. 198.

⑤ Ibid., p. 203.

告人后，计划将其三位前任所出版的 25 卷案例报告集缩编为 6 卷本出版。1831 年 5 月，威顿与其案例报告集的出版商以皮特思的缩编版案例报告没有任何实质性缩写和改动为由，将皮特思起诉到位于宾夕法尼亚州的巡回法院，同时主张《版权法》和普通法上的版权，诉求禁令和损害赔偿。① 皮特思则以威顿未履行《版权法》要求、美国不存在普通法版权以及威顿报告并非制定法和普通法上的适格版权作品为由否认存在侵权行为。不难看出，本案的焦点在于版权到底是政府授予的权利还是自然权利？一审法院基于公共利益的考虑，认为版权系制定法权利，且不应承认普通法版权。在上诉审中，美国联邦最高法院以 4∶2 作出判决，维持原判。约翰·麦克林（John McLean）法官撰写的判决多数意见认为，国会经由 1790 年《版权法》创设了一种新的权利，而不是对已有权利的承认。② 同时，承认永久版权不利于知识进步和公共利益。③ 该案确认了版权的制定法权利性质，明确舍弃了版权自然权利观念，指明了创设版权与知识进步等公共利益之间的关系，从而为限制版权、实现其创设的目的奠定了坚实基础。可以说，版权的这一属性，是实用主义版权观的基石。

第二，思想／表达二分法原则。思想／表达二分法是实用主义版权观的另一个重要支撑。思想／表达二分法的思想起源可以追溯到 18 世纪下半叶发生在英国的关于文学财产的争论。在那场对后世影响深远的争论中，文学财产的支持者们正是通过将文学财产"限定在某一作者所采用的表达题材和风格上"④，而不及于"作品中可能包含的任何思想或知识上"⑤，有力回应了反对者们关于文学财产等同于"反自由、不公正的垄断"的指控。⑥ 大约在同一时期，德国学者也注意到了作品中思想与表达的不同地位。塞拉认为，构成作品内容的事件与社会事实不能成为作者权利的对象，他人有权自由使用作品的内容。费希指出，作品本身可分为思想内容

---

① Wheaton v. Peters, 33 U.S. 591, 594 (U.S., 1834).
② Wheaton v. Peters, 33 U.S. 591, 660-661 (U.S., 1834).
③ Wheaton v. Peters, 33 U.S. 591, 658 (U.S., 1834).
④ ［澳］布拉德·谢尔曼、［英］莱昂内尔·本特利：《现代知识产权法的演进》，金海军译，北京大学出版社 2006 年版，第 40 页。
⑤ 同上书，第 39 页。
⑥ 参见［澳］布拉德·谢尔曼、［英］莱昂内尔·本特利《现代知识产权法的演进》，金海军译，北京大学出版社 2006 年版，第 40 页；Diane Leenheer Zimmerman, "The Statute of Anne and its Progeny: Variations without a Theme", *Hous. L. Rev.*, 47, 2010, p. 979.

与思想的表现形式，后者应归作者所有，而前者则在作品发表之后成为共有物。① 法国学者孔多塞侯爵在 1776 年指出，真正的知识是客观的，思想之上的特定个人权利只涉及体裁、个体化的形式，而不是思想的实质。② 而关于思想/表达二分法原则的法律确立，学说上略有分歧。一说认为它确立于 1879 年贝克诉塞尔登（Baker v. Selden）案。③ 二说主张思想/表达二分法明确起源于 1894 年英国的判例，④ 认为贝克诉塞尔登案判决中并未明确在对立的意义上使用思想和表达这一组范畴，⑤ 所使用的仅仅是"艺术创造"（art）和"艺术创造的描述"（description of the art）的区分。⑥ 此后，美国著名法官汉德等人曾阐述过这一区分，汉德法官还提出了"抽象检验法"。1954 年美国联邦最高法院在另一起里程碑式案件——迈热诉斯坦恩（Mazer v. Stein）案中明确使用了思想与表达的区分，指出版权和专利不一样，它并没有就披露的艺术创造给予任何排他性权利，保护仅仅及于思想的表达，而非思想本身。⑦ 该原则最终被纳入美国 1976 年《版权法》第 102 条。

之所以认为思想/表达二分法原则是实用主义版权观的另一重要支撑，原因在于该原则实际上发挥了限制版权保护范围的作用。通过将版权保护严格限定在作品的表达之上，既能为作者提供必要创作激励、促进思想表达繁荣，同时也为他人创作自由留下了必要空间。反之，"因为版权法的最终目标是促进公共事业的发展，如果将思想划为私有，必将损害公共事业"⑧。

第三，合理使用制度。与思想/表达二分法原则一样，版权法上的合理使用制度也是实用主义版权观的重要支撑。根据吴汉东教授的研究，合

---

① 参见李雨峰《思想/表达二分法的检讨》，《北大法律评论》2007 年第 8 卷。
② See Carla Hesse, "Enlightenment Epistemology and the Laws of Authorship in Revolutionary France, 1777–1793", *Representations*, 30, 1990, p. 116.
③ 参见黄海峰《知识产权的话语与现实》，华中科技大学出版社 2011 年版，第 82 页；Edward Samuels, "The Idea-Expression Dichotomy in Copyright Law", *Tenn. L. Rev.*, 56, 1988–1989, p. 326.
④ 参见李雨峰《思想/表达二分法的检讨》，《北大法律评论》2007 年第 8 卷。
⑤ 同上。
⑥ See Amaury Cruz, "What's the Big Idea behind the Idea-Expression Dichotomy?" *Fla. St. U. L. Rev.*, 18, 1990, p. 231.
⑦ Mazer v. Stein, 347 U. S. 201, 217 (1954).
⑧ 李雨峰：《版权制度的困境》，《比较法研究》2006 年第 3 期。

理使用制度发端于 1740—1839 年英国判例法，成就于 1841 年美国弗尔萨姆诉麻什（Folsom v. Marsh）一案。到 20 世纪初，英国、美国均以通过成文法形式规定了合理使用制度。① 尽管有学者认为，美国法上合理使用制度创设的初衷"并非出于维护公益的目的"，② 但目前研究已经表明，英国判例法上之所以认为一些情形下的使用为"合理"，是因为这些使用旨在创作新作品因而符合版权保护的目的。③ 同时，尽管国内外学者至今仍然对于合理使用制度的法律属性存在不同理解，有版权限制制度和使用者权利等观点，④ 但无论从哪个角度看，合理使用制度都表明版权保护本身并非目的，因而保护的限度和范围需要从是否有利于新作品创作、文化进步等目的方面加以判断。换言之，合理使用制度发挥了在提供版权保护以给作者产生必要创作动力与推动全社会文化繁荣之间平衡的功能。⑤ 因而，体现并成为实用主义版权观的重要制度支撑。

（二）大陆法系近代版权立法与实用主义

1. 法国近代版权立法中的实用主义

（1）大革命前有关出版特权性质的争论

文艺复兴后期，法国王室控制了出版产业，出版垄断只是王室出版审查制度的衍生物。⑥ 与英国一样，18 世纪的法国见证了图书贸易的巨大增长，这在给作者、出版商带来了空前机遇的同时也给公共权威带来了同样空前的挑战。但与英国不同的是，法国大革命期间所发生的关于作者身份及作用的迷人争论深刻影响了法国近代版权法的形成。回顾这一争论，是明了作为大革命成果之一的版权保护制度指导思想的重要源头。

大革命前，国王与巴黎印刷商及出版商行会之间围绕王室特权性质和期限的争论持续了 50 多年。在 1723 年王室颁布的规制巴黎印刷业法令中，没有认可思想或作品印刷本之上会存在财产，也没有对作者的法律认

---

① 参见吴汉东《知识产权多维度解读》，北京大学出版社 2008 年版，第 554 页。
② 黄海峰：《知识产权的话语与现实》，华中科技大学出版社 2011 年版，第 87 页。
③ 参加吴汉东《知识产权多维度解读》，北京大学出版社 2008 年版，第 557 页。
④ 同上书，第 558—559 页。
⑤ 同上书，第 557 页。
⑥ Jane C. Ginsbug, "A Tale of Two Copyrights: Literary Property in Evolutionary France and America", *Tul. L. Rev.*, 64, 1989--1990, p. 997.

可。① 那时的主导思想是，思想是来自上帝的馈赠，写者只是披露而已。思想不能由写者所有，他也不能出售思想。相应地，决定何为真正的上帝的知识以及谁来享有对知识的特权的权力只能属于上帝在地球上的代言人——国王。换言之，国王——承蒙上帝恩典和欢悦，独享决定什么可以出版、由谁来出版以及受保护的期限等权力。由此，为获得特权，出版商在图书印刷之前需要将书籍交由王室审查。获得特权不仅意味着官方对作品的认可，而且确保了特权享有者得就作品印刷享有合法的排他权利，因而，它保护了出版。然而，尽管在17世纪末18世纪早期作者在社会文化领域中获得了崭新的形象，但其仍然不能就所创作成果主张作者权利。与早期的英国一样，只有印刷商和出版商行会的成员才有资格从事印刷出版业，作者无权自行出版。想要出版，就需要出售给出版商。这意味着特权只是出版商行会的法定垄断。

期间，为了回应行会成员之外的其他出版商抗议，出版商行会曾将王室特权解释为对在先财产权的确认。这样，印刷商和出版商行会与王室之间就出版特权的不同认识引发了关于文学财产起源和性质的争论。1763年，德尼·狄德罗（Denis Diderot）代表印刷商和出版商行会向王室图书贸易管理机构表达了特权是财产的主张。狄德罗认为，因为思想是个人心智的创造，而非源于劳动或从自然中进行拨归的结果，因而是不可侵犯的财产形式。因此，作者就其手稿的特权应当被认为是对永久财产权的法律确认。② 与狄德罗的主张不同，孔多塞侯爵在大革命前夜（1776）抨击了王室文学特权理论和狄德罗主张的作者财产权理论。他坚称思想上没有财产，文学财产不是源于自然法的财产，文学财产权利不是真正的权利，而是特权。思想不是个人心智的创造，它是自然所固有的，因而不应当归属于任何单个的个人。③ 但在启蒙思想影响下，1777年国王政府会议颁布了一系列旨在反驳这种认识以及打破巴黎图书印刷业垄断的法令。法令明确了两类文学财产：首次认可了作者并创设了永久作者特权（除非其向第三人出售手稿），从而鼓励作者持有手稿并出版而不是出售给出版商；出

---

① See Carla Hesse, "Enlightenment Epistemology and the Laws of Authorship in Revolutionary France, 1777–1793", *Representations*, 30, 1990, p. 111.
② Ibid., pp. 114–115.
③ Ibid., p. 116.

版商的特权止于作者终生，作者逝世后，相应图书进入公共领域并可被所有经过国王许可的出版商出版。① 不难看出，这些法令旨在促进思想的传播，其所采取的路径不是认可财产权，而是修正特权制度。

大革命时期，革命者主张摧毁所有旧体制的象征。1789年8月，国民会议废除了旧体制下的所有特权，宣告出版自由是人的不可侵犯的权利。一年后，王室图书贸易管理部门被查禁，1791年3月颁布立法终止了出版商和印刷商行会的商业垄断。② 革命者希望借此解放思想并促进思想传播和交流。尽管如此，但在后来的新规则产生过程中，革命者依然未能脱开孔多塞和狄德罗式的争论。

(2) 1793年版权法的诞生及其指导思想

1793年版权法使得法国历史上第一次通过民主程序确立了文学产权，因而该法在法国知识财产立法上具有标志性作用。尽管后世常常对法国知识产权特别是版权保护制度作出了与英美法十分不同的解读，但学者主张，从该法制定过程来看，其很可能是以《安妮法》和美国1790年版权法为蓝本的。③ 特别是，革命者孔多塞的建议决定了法国版权法可能会效法美国立法者——他们寻求在私人利益和对公共利益之间取得平衡——所宣扬的政治哲学。在此过程中，作者并非这一新的文学财产制度的牢固核心，相反，公共利益起到了主要作用。学者指出，法国与英国版权法诞生于相似的语境之中。例如，在意识形态上追求激进的思想解放，反对王权控制言论自由；经济上强调竞争对改进产品的益处，中产阶级教育的增长导致图书需求扩大，而伦敦和巴黎的书商又分别拥有该国印刷市场的支配地位。由此决定了法国版权法与英国版权法对致力于作品传播的共同追求。④

王权制度的崩塌带来了私人印刷业的繁荣，旧体制下印刷从业者的破产接踵而至。濒临破产者通过多种途径向国民议会表达不满。为引起关注，他们将文学财产权及其经济利益保护问题与叛乱、诽谤言论等政治问题结合起来，强调为维持运营，他们不得不印刷带有叛乱和诽谤言论的材

---

① See Carla Hesse, "Enlightenment Epistemology and the Laws of Authorship in Revolutionary France, 1777-1793", *Representations*, 30, 1990, pp. 112-113.

② Ibid., p. 117.

③ See Calvin D. Peeler, "From the Providence of Kings to Copyrighted Things (And French Moral Rights)", *Ind. Int'l & Comp. L. Rev.*, 9, 1998-1999, p. 429.

④ See Lionel Bently, Uma Suthersanen, Paul Torremans, *Global Copyright: Three Hundred Years Since the Statute of Anne, from 1709 to Cyberspace*, Edward Elgar, 2010, pp. 124-125.

料。于是，国民议会要求宪法委员会提交一份规制印刷自由的法案。在 1790 年 1 月 20 日西耶斯（Sieyès）代表委员会提交的法案中，孔多塞作出了重要贡献。孔多塞和西耶斯在法案中不再坚持文学财产权是特权的主张，而是认为促进启迪公共利益和分配正义的观念一起要求通过立法保护作者就其作品所享有的财产利益。同时，正是对确保公众接触作品以促进启迪而不是对思想的私人权利的关注，使得他们所建议的文学财产权利具有了确定期限。当然，与孔多塞最初的主张不同，西耶斯的法案认为，不是通过将思想完全从个人权利中解放出来，而是通过确保图书成为合法限制和保护的商品，就能够最好地实现促进启迪的目的。① 具有讽刺意味的是，在大革命时期保护文学财产的这一次立法努力中，由于出版商将经济利益和政治议题结合起来，导致了该法案认为作者应当对被认定为其财产的文本在法律上负责。而且，与 1777 年的法令相比，作者的财产不再是永久的。有学者指出，该项议案是不合逻辑的、是主观的，它一方面认可了文学财产权，另一方面，通过规定其不能继承，倡导了公共利益优先的工具主义观念。② 尽管该法案遭到了诸多反对且未能获得表决机会，但其事实上拒绝承认绝对财产观念，并通过提倡受限财产权利以在私人利益和公众启迪之间实现立法协调的做法所体现的实用主义思想令人印象深刻。

1791 年发生的几个重要变化使得关于受限财产权利的论争有了明显不同。当年 9 月，有关叛乱与诽谤言论的规范被纳入宪法之中，因而文学财产的问题需要与出版审查独立开来加以解决。10 月，关于文学财产问题的管辖权由农业与商业委员会过渡到由孔多塞领衔的公共教育委员会，相应地，文学财产问题被纳入教育与鼓励学识的新语境之中。也是在 1791 年，宪法委员会收到了由 21 名戏剧作品作家签名的请愿书，抗议法兰西喜剧院（Comédie française）对戏剧作品的垄断，主张任何人都可以开设剧场。法兰西喜剧院自 1680 年成立以来，只有剧院主管是唯一能够合法取得上演和出版戏剧作品特权的人，而且该垄断在 1777 年改革中并未受到影响。这一次，戏剧作品作者采用了西耶斯和孔多塞的妥协方案，

---

① See Carla Hesse, "Enlightenment Epistemology and the Laws of Authorship in Revolutionary France, 1777–1793", *Representations*, 30, 1990, pp. 118–119.
② Ibid., p. 121.

将自己看成公共利益的仆人、启迪公众的英雄，而不是自利的财产所有人，以此与出版商和剧场管理者的私人利益保护形成鲜明对比。该年 1 月 13 日，针对性的立法获得通过，废除了所有旧的垄断并认可了戏剧作品作者主张有期限的排他性财产权的主张。正如该法第 1 条所明确的，其主要目的是宣告所有市民有权开设自己的剧场，因而作者财产权只是这种自由的副产品，其将对作者权利的认可作为了终止戏剧垄断的工具。然而，剧场主管将该法解释为只适用于未来作品，这使得旧的戏剧作品作者无法得到该法保护。更为糟糕的是，立法委员会于 1792 年通过的保护剧作家版权的新立法使得剧作家的公开表演权保护变得更为脆弱。该法要求作者在剧本出版时，以特定方式向公众告知作者保留了公开表演权，否则将视为不存在类似权利。而且，在剧本印刷 10 年后，任何人可自由表演。该法还认可了 1791 年立法之前剧场与作者之间所签订合同的效力。不出意料的是，该法引起了新的抗议。而且，未被 1791 年法所涵盖的音乐作品作者也在 1792 年向国民会议提出了请求获得保护其财产和阻止盗版方法的申请。在此背景下，1793 年 2 月 20 日公共教育委员会最终指派谢尼埃（Chénier）起草适用于所有类型作品的法律草案，当年 7 月获得通过。学者指出，该法相当于孔多塞和西耶斯 1790 年法案的另一个版本，其目的是通过授予作者受限的财产权利，激励和补偿智力活动，以此促进和确保公众启迪。① 换言之，在这一普适的立法中，作者仍然主要不是基于自己利益而获得保护，相反，立法认可作者权利将促进公共福利。② 此外，该立法还将特权体制下向王室图书贸易管理机构登记的制度改为了向国家图书馆缴存副本，这同样削减了作者权利的先天性观念。可见，立法机关尽管将王室文学特权体制下的作者特权重新界定为财产，但其并非绝对权。立法机关明显旨在废黜特权体制下的绝对作者形象，而赋予其作为公共利益仆人的身份。

2. 德国主要版权立法中的政策考虑

德国封建社会政治上的四分五裂，导致了其早期法律制度分散且发展

---

① See Carla Hesse, "Enlightenment Epistemology and the Laws of Authorship in Revolutionary France, 1777–1793", *Representations*, 30, 1990, p. 128.
② Jane C. Ginsbug, "A Tale of Two Copyrights: Literary Property in Evolutionary France and America", *Tul. L. Rev.*, 64, 1989–1990, p. 1009.

缓慢。① 1648年奥斯纳布吕克与明斯特签订和平条约以后，地方诸侯国拥有了优先立法权，罗马皇帝赐予的印刷特权在地方特权面前失去了根基。作为德国印刷产业以及莱比锡这一图书贸易中心的发祥地，萨克森正是利用了这一有利形势，以发展成为神圣罗马帝国的图书生产中心为目的，开始了授予慷慨而有吸引力的地方特权的历史，这种特权只是要求简单的登记程序和宽松的审查。那时，所有的书商都需要一个萨克森特权，方能够在莱比锡图书展销会上向重印其图书者求得经济赔偿。当时德语世界的图书交易建立在传统的以物易物模式基础上，书商们需要将其图书带到展销会上与其他出版商进行交换。印刷成本和图书内容共同决定了图书的交换价值。这种图书贸易体制的成功运作得益于写作基本上是源于宫廷的赞助或者谋得了一官半职。但在1750年前后，情况开始发生改变。宗教和科学图书的生产比例开始下降，而娱乐以及实用信息方面的书籍增加，作者开始为自由市场而写作。从宫廷和教会赞助中获得解放使得作者可以为不断增长的中产阶级的胃口写作，并向出版商要求更多分成。其结果是带来了印刷商运营成本的增加，特别是德国北部地区的印刷商。因为它们已经开始通过世俗合同的方式给比较吃香的写者支付了很高的酬劳。而保守的南部天主教地区，因不具备作者发展的这种有利条件而保持着传统产销模式。高报酬给北部地区的印刷商带来了更大的经济压力，它们不再满足于通过图书展销方式与南部书商进行那种缓慢的交换。这对南部印刷商而言，效果不亚于宣战，威胁到了其图书贸易的持续。为此，南部的印刷商开始系统性地重印北部印刷商的畅销图书并通过不同的渠道加以销售，除了莱比锡。为了阻止重印，北部印刷商被迫寻找在没有特权保护的区域之外保护其图书的理想法律基础。在哥廷根大学教授的帮助下，他们找到了作者转让权利的自然法理论。然而，与英国、法国曾经遭遇的问题一样，传统财产权的理论难以适用到作品财产之上，争论的持续不断蚕食着这两种财产形式之间的相似性。而后续的立法表明，有关作品财产的争论对立法本身没有产生多少影响。不难看出，18世纪中期所发生的有关特权保护性质的理论争议，源于图书贸易结构的变化所带来的新的出版利益保护需要，既不是特权本身发生了变化，也没有意味着作者真正受到了关注。萨克森以及神圣罗马帝国的其他地方的实践只是表明，印刷特权是保护出

---

① 何勤华主编：《德国法律发达史》，法律出版社1999年版，第19页。

版者利益、促进图书贸易的手段。

"三十年战争"给德国造成了全面影响,直到 18 世纪中叶,图书贸易才达到战前水平。18 世纪末 19 世纪初,普鲁士等发达诸侯国资本主义经济道路已经开始。1794 年《普鲁士邦法》(该法直到 1900 年德国民法典颁布)是德国宣布对无正式手续重印图书进行普遍禁止的首个立法,也是《安妮法》之后首部同时规定了详细的出版合同条款以及一般性禁止图书重印的立法。综合来看,它是偏向于出版者的。尽管它规定取得版权需要作者的同意,但只是明确了作为出版商印刷权利的财产权,并且将这一财产权最终赋予了出版商而不是作者。它将版权建立在出版合同的基础之上,详细规定了出版合约,授权出版商可以向盗版者主张赔偿,但没有界定作为协议一方的作者的权利。《普鲁士邦法》的另一个重要特征是,它采用了私法形式,认可出版商的私人财产权,适合鼓励图书资本市场以及其他印刷事宜。但起草者想完全替代特权制度的目标并未完全达到,原因是担心拥有特权的印刷商的反对以及出于正当程序等方面的考虑。该法施行之后,图书特权仍然继续了很多年,而且被认为是一个更强的保护形式。① 可以说,作者在该法中完全服务于出版商的版权。

1809 年,拿破仑占领下的巴登地区民法典将版权定位为财产权,并在德国历史上首次将版权期限限制于作者终生。1815 年维也纳会议建立了德意志邦国联盟,同时明确政府有义务禁止图书重印,但终因各邦联国分歧过大而未能迅速形成解决方案。1834 年,德国在北南两个关税同盟的基础上,组成了"德意志关税同盟",次年德意志邦联才在全国范围内禁止重印图书。其背后的原因是,此时出版原作开始变得比重印外国书籍更为赚钱。也就是说,图书市场的盈利结构发生了变化。1837 年普鲁士颁布了那时候最为现代的一部版权法,作者权利极大丰富,且对未出版作品也进行保护。②

---

① See Kawohl, F., "Commentary on the reprinting provisions in the Prussian Statute Book (1794)", in *Primary Sources on Copyright (1450–1900)*, eds by L. Bently & M. Kretschmer, 2008, www.copyrighthistory.org.

② 本部分对德国版权史的梳理参考了英国学者本特利教授等人所编辑的书籍,在此说明并致谢。详见 Lionel Bently, Uma Suthersanen, Paul Torremans, *Global Copyright*: *Three Hundred Years Since the Statute of Anne*, *from 1709 to Cyberspace*, Edward Elgar, 2010, pp. 116–121。

1871 年德意志帝国（也称第二帝国）建立，开启了德国近代法制的创建。① 1870 年版权法是德国资本主义时期的首部版权立法，也是普鲁士 1837 年版权法与德国 1901 年版权法法之间最为重要的一部立法。它于 1870 年 6 月 11 日在北德意志邦联通过，后被 1871 年 1 月 1 日建立的德意志帝国所采纳。这部立法对作者授予的权利原则上限于阻止未经许可的重印。北德意志邦联《宪法》第 4 条以及随后德意志德国宪法中，都将专利和版权事务规定为联邦立法的事项。因而，在德意志帝国建立时，该版权法相应地在整个德意志帝国都生效。和北德意志邦联所有立法一样，该法也是起源于普鲁士。版权立法作为普鲁士法律的一部分，旨在通过许可与其他邦国的自由贸易来促进经济繁荣。尽管它在德国版权法的历史地位无可取代，但与现代德国版权法相比，它因为受到重印权的传统观念影响而将焦点仍然在权利的利用方面。即便提到了作者权，实际上也是从重印概念的角度去加以限定的。在该法被修订前的 30 年间，它有力地促进了德国图书出版的繁荣。

　　简言之，德国版权的近代立法认可，尽管遭遇了比较曲折的历程，但其恒定不变的政策考虑是促进图书贸易的繁荣。作者及其界定完全服务于出版商的图书贸易。

　　3. 保护精神权利是制定法的初衷吗？

　　需要强调的是，被后人看成是法国著作权立法的特色，并借以将大陆法系版权立法与英美法系版权立法相区别的作者精神权利保护，似乎并非法国知识财产法上的定数。史料表明，法国版权法上的精神权利保护实际上来源于版权立法之外。② 1828 年，一家巴黎法院宣告了发表权，被学者看成是第一个拥护精神权利政策的司法裁判。③ 但对用精神权利来保护作者和艺术家人格与名誉的哲学基础的探讨，则主要发生在 19 世纪后半叶法国的司法裁判中。法院的长期争论表明，超越经济利益之外对作者提供保护不是来自严格的法律考虑，而是源于对伦理和正义的社会关切。伴随着这种关切，法院扩张解释立法以增加作者的权利和利益。而且，令人意

---

　　① 厉以宁先生认为，到 1871 年德意志帝国建立之前，普鲁士已经通过长期的、渐进式的改革措施而建立了资本主义社会经济制度。参见厉以宁《资本主义的起源——比较经济史研究》，商务印书馆 2010 年版，第 420 页。

　　② See Calvin D. Peeler, "From the Providence of Kings to Copyrighted Things（And French Moral Rights）", *Ind. Int'l & Comp. L. Rev.*, 9, 1998-1999, p. 432.

　　③ Ibid., p. 434.

外的是，在 19 世纪的法国司法史上，能够作为精神权利保护开始的标志性案例或事件仍然不是很确定；该时期也没有规定作者精神权利的立法。精神权利悄悄潜入法国立法中之所以令人意外，还在于它们并不是法国既有立法合乎逻辑的扩张——那些立法中并不存在能够作为这些权利基础的政策或原则。至少从立法史和法律文本来看，法国知识财产立法似乎并未为保护精神权利留白。联系前文叙述可知，那些立法的初衷在于促进公共利益，同时，也没有将其所宣告的作者权利塑造为绝对的或自动的权利。

以上简要梳理并非要武断地表明，大革命时期立法机关只是将版权作为了促进公共福利改善的工具。我们不应也不能否认，自然权利观念在法国版权立法中起到了重要作用。但是，可以确定的是，正是通过将版权保护主要作为向公众传播知识的工具，大革命时期的立法者解决了公众和私人之间的紧张关系，也就是说，大革命后法国法上的版权保护和英美法一样，实用主义诉求是影响其定型的首要因素。这种情况与同属大陆法系的德国比较类似。德国对保护作品完整权等精神权利的首次认可也不是来源于立法，而是德国帝国最高法院。直到第二次世界大战后，战争的创伤开始让德国通过宪法保障了作者的精神权利和经济权利。

三 从阻止欺诈到保护商誉：商标法律保护中的政策考虑

（一）阻止欺诈与保护财产：近代商标司法保护的双重关注

与近现代专利权和版权直接源于资本主义时期主权国家的制定法创设不同，商标法律保护到底起源于何时、商标权于何时得到了明确的立法认可等问题，至今仍然缺乏充分的信息予以证明。① 资料表明，近代以来司法主导下商标的法律保护，大致经历了三个界限并不十分清晰的阶段。在不同阶段，支撑商标保护的理论也不甚一致。

1. 法律保护商标源于阻止欺诈的需要

在商业活动中使用专门标识的历史和商业活动本身的历史一样悠久。② 我们可以合理推断，商标从制造业竞争和商业精神发端之初就已经开始发挥作用。没有什么会比通过打上标识以识别自己制造或拥有的东西

---

① 加之笔者能力所限，无法收集和使用早期法国、德国商标立法资料，此处分析只能以英美司法保护商标的史料为主。

② See William Henry Browne, *A Treatise on the Law of Trade-marks and Analogous Subjects*, Boston: Little, Brown, and Company, 1898, p.1.

来得更加自然。早期商业活动中标识的使用并非出于自利的动机，而仅仅是为了避免混淆和纠纷。① 同时，它所传递的更多是个人声誉，如特定工匠的技艺、为人们所熟悉的店家的信誉等。特定的生产方式（手工作坊）和有限地域范围内的彼此熟悉使得仿冒此种商业标识的行为不会十分常见。

同样，尽管人们已经发现了在中世纪就有立法禁止模仿商业标识的证据，在16、17世纪，英国王室也频频通过王室公告保护个人和集体商标，但直到18世纪初，实务界和理论界才开始在普遍意义上思考商标。② 1726年英国的一项制定法表明，议会认为在货物上使用标识是一项特权，而不是义务，侵犯商标者应当向商标所有人进行赔偿。③ 到18世纪下半叶，保护商标才真正进入司法的视野之中。这当然不是因为商标本身发生了变化，而是由于技术进步所带来的市场扩大，使商标在商业中的作用发生了变化。工业革命带来了生产的工厂化，制造能力显著提高；运河和铁路的增长极大地便利了运输，资本主义商业活动的地域范围得以显著扩大，商标因其能够打破商业的地域束缚而得到普遍认可。随着商标重要性的增加，在商人那里产生了寻求法律保护以阻止对其商业标识和名称进行不正当模仿的需要。④ 但就实际情况而言，起初法院对商标的保护，却并非首先基于商人的利益考虑，而是基于对公众欺诈。

证明存在欺诈故意通常是获得商标侵权救济的先决条件。许多案件表明，如果不存在对公众的欺诈，法院并不会干预商标使用。甚至在19世纪末学者的著作中，也认为非法行为是基于欺诈目的而将标识置于供销售的货物之上，欺诈是法律干预的基础。⑤ 不论是普通法院，还是衡平法院，起初均未明确认可持有人就其商标享有财产权利或排他性使用权。在普通法上，商标持有人的利益只能通过假冒之诉来得到保护，衡平法院也认为仅仅将标识使用在相同货物上，而不存在从标识合法持有人那里转移

---

① See William Henry Browne, *A Treatise on the Law of Trade-marks and Analogous Subjects*, Boston: Little, Brown, and Company, 1898, p. 3.

② See Frank I. Schechter, *The Historical Foundations of the Law Relating to Trade-Marks*, New York: Columbia University Press, 1925, p. 127.

③ Ibid., p. 128.

④ See William Cornish, David Llewelyn, *Intellectual Property: Patent, Copyright, Trade Marks and Allied Rights*, London: Sweet & Maxwell, 2003, pp. 573-574.

⑤ See William Henry Browne, *A Treatise on the Law of Trade-marks and Analogous Subjects*, Boston: Little, Brown, and Company, 1898, p. 67.

顾客的欺诈故意时，并不能成为合适的诉因。① 如在1742年布兰查德诉希尔（Blanchard v. Hill）案中，原告主张其基于王室特许状就其发明和使用的标识本身享有财产权，法院则认为，在被告没有欺诈故意的情形下，使用相同标识并无不可。② 法院的关注焦点始终在于被告是否出于将己之货物伪装成原告生产或销售之货物的目的而模仿了原告的标识，因为这样做会导致消费者受到欺诈并损害原告的营业。1783年曼斯菲尔德法官清楚地指出，如果被告在原告的名称或标识之下出售自己的药品，就构成了可诉的欺诈。③可以说，在这一时期商标的司法保护中，商标使用人或所有人利益完全屈从于公共利益。保护商标只是保护消费者免受欺诈的便捷手段，尽管商标欺诈诉讼并非由消费者发动，但这并未影响法院对商标的认识。

然而，众所周知，欺诈消费者的故意时常不易证明，仅以阻止欺诈为由保护商标难免为违背诚信的商业行为留下了空当。为矫正违背诚信的商业行为，普通法院随后扩张了可诉的商标侵权行为。许多判决中法院的分析焦点更多地转向了原告权利的性质，而不是被告的行为。随着这一扩张，原告就其所使用或所有的商标享有权利的表述开始出现在一些法院的判决中。如在1833年布伦费德诉派恩（Blofeld v. Payne）案中，里特戴勒（Littledale）法官认为，被告的行为构成了对原告的欺诈，如果不能向原告给予特定赔偿，在某种程度上，就是对原告权利的侵犯。④ 但对于该权利的性质，法院并未作出进一步说明。渐渐地，普通法上形成了比较一致的认识，即在原告证明了其在较长时间内使用了某标识，并使得使用该标识的货物为市场所熟知时，原告就享有了使用该标识的权利。尽管如此，但学者研究表明，法院在给予救济和保护的过程中，清楚地拒绝了那种认为保护基础是以存在排他性权利为前提的主张。商人所拥有的权利仅仅是阻止其货物被混淆的权利，法院主要是阻止误认，并附带地认可了这种权利。⑤ 换言之，法院认可商标使用人诉讼权利的主要目的是阻止购买

---

① See Daniel M. McClure, "Trademark and Unfair Competition: A Critical History of Legal Thought", *Trademark Rep.*, 69, 1979, p. 312.

② See Blanchard v. Hill, 26 E. R. 692, 693 (1742).

③ See William Henry Browne, *A Treatise on the Law of Trade-marks and Analogous Subjects*, Boston: Little, Brown, and Company, 1898, p. 20.

④ See Blofeld v. Payne and Another, 110 E. R. 509, 510 (1833).

⑤ César Ramirez-Montes, "A Re-examination of the Original Foundations of Anglo-American Trademark Law", *Marq. Intell. Prop. L. Rev.*, 14, 2010, pp. 106-107.

者发生误认,并间接地使受害商人获得赔偿。①

2. 商标保护基础的变化与商标权观念的发展

现有资料表明,商标权观念的发展,与商标保护基础的变化存在令人信服的关联。而阻止欺诈作为商标保护基础的动摇,很可能主要是来自衡平法院的推动。1818年哲依诉普利切特(Gee v. Pritchard)一案改变了衡平法院管辖权,即其保护只能及于财产权、而不能及于对人权(personal rights)。这样,衡平法院通过预防性救济措施更加有效地保护商标时只能将保护对象界定为财产。② 在1838年米林顿诉福克斯(Millington v. Fox)案中,原告未能证明被告存在欺诈故意,但衡平法院还是对商标持有人给予了禁令救济,并明确存在欺诈故意并非获得此类救济的必要条件。③ 在该案中,科特汉姆(Cottenham)法官还明确使用了原告就涉案名称享有排他性使用权的表达。④ 学者指出,该案是法院首次将商标作为财产看待并使其可以对抗所有侵权行为甚至是非故意侵权。⑤ 1863年韦斯特巴瑞(Westbury)法官也指出,法院将基于保护财产的规则作出裁判,对于禁令救济而言证明被告存在欺诈是不必要的。⑥ 正如学者所指出的,在衡平法院的判例中,事实上暗含了商标本身即是财产的认识。⑦ 此种认识的思想渊源在于传统财产权利与标的物之间的对应关系,顺着这一对应关系,法院在确定商标案件中所保护的财产时,标识成为关注焦点是符合逻辑的。衡平法院认为,商标所有人正是通过对商标的占有和控制而取得了财产权,这进一步表明了商标本身是财产的思想观念形成于商标与有体物之间的逻辑推演,是一种自然权利的立场。⑧ 如此,只要被告使用了与原告

---

① César Ramirez-Montes, "A Re-examination of the Original Foundations of Anglo-American Trademark Law", *Marq. Intell. Prop. L. Rev.*, 14, 2010, p. 106.

② See Kenneth J. Vandevelde, "The New Property of the Nineteenth Century: The Development of the Modern Concept of Property", *Buff. L. Rev.*, 29, 1980, p. 334.

③ See Daniel M. McClure, "Trademark and Unfair Competition: A Critical History of Legal Thought", *Trademark Rep.*, 69, 1979, p. 313.

④ See Millington v. Fox, 40 E. R. 956, 962 (1838).

⑤ See Kenneth J. Vandevelde, "The New Property of the Nineteenth Century: The Development of the Modern Concept of Property", *Buff. L. Rev.*, 29, 1980, p. 342.

⑥ See Eldesten v. Eldesten, 46 E. R. 72, 78 (1863).

⑦ See Kenneth J. Vandevelde, "The New Property of the Nineteenth Century: The Development of the Modern Concept of Property", *Buff. L. Rev.*, 29, 1980, pp. 341-348.

⑧ See Edward S. Rogers, "Comments on the Modern Law of Unfair Trade", *Ill. L. R.*, 3, 1909, pp. 552-554.

标识相同的标识,就侵犯了原告的财产。

然而,因物之上的权利传统上认为是"绝对的"和几乎不受限制的,而商标保护实际上又是受限制的,这与将标识本身视为财产的观念之间便存在不易缓和的紧张,导致了标识本身的财产性主张没有得到普遍认可。1865年,英国国会上议院一方面认可了将商标看作财产的主张,同时却仍然将公众受到欺诈作为了法院干预的理由。① 这样,保护商标的基础是欺诈还是商标中的财产并未得到解决,这也导致了19世纪后期司法判决的不一致。如在森格诉卢戈(Singer v. Loog)一案中,法院在认可原告就森格(Singer)名称有排他性使用权的同时指出,如果原告不能证明公众受到了欺诈,或者存在合理的欺诈可能性,他便无权干预他人对该名称的使用。② 直到在19世纪末20世纪初,该问题才得到了最终解决。人们认为商人不是就其使用的标识本身享有排他性权利,而是对于标识所代表的商誉享有排他性权利。

与英国的情况相似,19世纪下半叶以来,美国法院也开始认为,尽管没有制定法的认可,但商标之上存在可以被转移的财产。③ 而关于商标保护的理论基础,美国法院的裁判也是游离于财产理论和欺诈之间,比较混乱。美国联邦最高法院在其审理的首起商标案件中认为,欺诈是法律干预的唯一基础。④ 然而,在1877年的麦凯琳诉弗莱明(McLean v. Fleming)一案中,最高法院的态度发生了明显转变,指出当事人就其商业以及商标中的商誉享有宝贵的利益。⑤ 到1879年美国联邦最高法院审理的商标系列案中,该法院更是明确指出,挑选和使用标识以识别自己所制造或销售的货物,并排除他人对该标识使用的权利在英国普通法院、衡平法院以及美国法院长期以来都是得到认可的。它是财产权,侵犯该项权利会招致普通法上的赔偿之诉。⑥ 此后裁判中,美国联邦最高法院对此进行了多次明确和重申。例如,1916年汉诺威星级磨坊公司诉麦特卡夫(Hanover Star Milling

---

① See The Leather Cloth Company (Limited) v. The American Leather Cloth Company (Limited), 11 E. R. 1435, 1440 (1865).
② See The Singer Manufacturing Company v. Hermann Loog, 8 App. Cas. 15, 39 (1882).
③ See Derringer v. Plate, 29 Cal 292, 295 (Calif Sup Ct 1865); Lockwood v. Bostwick, 2 Daly 521, 522 (NY OP 1869).
④ Canal Co. v. Clark, 80 U. S. 311, 322-323 (1871).
⑤ McLean v. Fleming, 96 U. S. 245, 252 (1877).
⑥ In re Trade-Mark Cases, 100 US 82, 92 (1879).

Co. v. Metcalf）案指出，普通法商标及其专有使用权当且仅当在如下意义上才是财产权，即人们有权享有其商业声誉及由此而来的商誉不受他人不当干涉，因为商标是一种工具。在英国法院常常会有人说，商标中不存在任何财产。法院认可一方当事人有权专有使用商标标记来表明其制造的商品的原因是，一个人无权将己之货物假装成他人的货物加以销售，他不能被允许实施这种欺骗，也不能使用为此目的作出贡献的手段。因此，他不能使用足以诱使购买者相信他所销售货物乃是他人所制造的那些名称、标记、字母或其他标记。显而易见，除了作为已有商业或贸易的附属，商标上的财产权是不被认可的。商标只是对商誉的保护，除非与现有商业相关，它便不是财产的对象。① 这意味着商标财产理论的焦点从标识本身转向了标识所承载的价值。联合药品公司诉希欧多尔·瑞克堂纳斯（United Drug Co. v. Theodore Rectanus Co.）案指出，商标并非一项概括权利，它的功能仅仅在于指示商品来自特定商人，从而保护其商誉不被他人使用。除了与已有商业关联起来外，商标之上没有财产的对象。商标无论在何种意义上都没有赋予垄断，而仅仅是方便商誉保护的便捷工具。② 这些均表明，法院保护商标的理论基础发生了从"标识是财产"向"商誉是财产"的转移。③ 与此同时，学说也给予了积极回应，认为法律保护的是标识的商誉，商誉是财产，而标识仅仅是收获利益的工具。④

商誉是商标保护中的财产的主张否认商标本身的普遍财产意义，并将商标保护的理由建立在了商标所积聚的商誉的财产性之上。此后至今，尽管此说同样受到了学界质疑，⑤ 但正是商誉观念的引入，适应了在新的商业以及市场环境下保护商标与维护竞争之间平衡的需要，反映了在商标权的普遍认可背后立法者对于竞争秩序的终极关切。

---

① See Hanover Star Milling Co. v. Metcalf, 240 U. S. 403, 413-414 (1916).

② See United Drug Co. v. Theodore Rectanus Co., 248 U. S. 90, 97-98 (1918).

③ See César Ramirez-Montes, "A Re-examination of the Original Foundations of Anglo-American Trademark Law", *Marq. Intell. Prop. L. Rev.*, 14, 2010, p. 133.

④ See Edward S. Rogers, "Comments on the Modern Law of Unfair Trade", *ILL. L. R.*, 3, 1909, p. 555; John E. Hale, "Good Will as Property", *St. Louis L. Rev.*, 10, 1925, p. 63.

⑤ 如谢克特指出，将商标仅仅描述成商誉的象征，而未承认商标是实际创造和使商誉得以持续的一个代理，忽略了商标本质中最令人信服和最需要保护的那个方面。将商标仅看成是更为重要的企业商誉、是应受保护以免被侵害的"财产"的可视表现以及"商誉是物质（substance），商标仅仅是影子"的主张都没有准确地表达出商标的功能，模糊了对其充分保护问题。See Frank I. Schechter, "The Rational Basis of Trademark Protection", *Harv. L. Rev.*, 40, 1927, p. 818.

(二) 制定法在商标保护中的作用

前文表明，这一时期商标的法律保护主要来自司法领域，而不是立法领域。这一点基本上是正确的，但却不够全面。至少从形式上看，19世纪下半叶以来，与商标有关的制定法开始出现，但从实质上看，这一时期的立法对于商标的法律保护作用的确甚小。与法院的较早介入和缓慢发展相比，通过制定法对商标提供保护较为滞后。法国被认为是立法上对制造和贸易中的商标提供普遍保护的先驱，其在1857年颁布了世界上首部具有普遍地域效力的商标注册法。其后短短20年间，商标立法达到了高潮。① 但需要特别强调是，这些立法既没有从根本上改变商标司法保护的状况，也没有创设新的商标权利。它们一方面加大了对商标仿冒和欺诈的打击力度，另一方面通过建立注册制度为商标使用提供证据。当然，后一点为商标的排他性使用起到了重要的推动和宣示。② 以1862年英国议会通过的《关于货物欺诈制造法之修正法》为例，它并未规定商标的注册，只是一部直接针对伪造和仿冒商标的刑事立法，对于此前存在的商标侵权受害人可提起普通法和衡平法诉讼没有影响。③ 同时，由于商标在这一时期尚不被普遍认同为通常的和正式的财产对象，因而，这些立法颁布的主要目的和动机首先都不是加强商标保护。例如，1875英国首部注册商标法和1870年美国商标法都清楚地表明，它们均非更多地基于国内制造商的保护而颁布，而是为了使得这些制造商能够享有与外国互惠立法上的利益。④

可以说，商标并非资本主义时期的立法所创造，商标权也是一样。在19世纪各主要商标立法中，关于何为商标的表达，具有高度的一致性。这表明，商标一词的所指在此时不同国家的法律职业人员中没有异议和疑问。这一高度一致导致了一个不可避免的结论：商标不是新创造的事物，其含义、目的和价值在所有商人中都是清楚的。国家间协定的明确目的是实现互惠保护，而不是给商标以新生。简言之，无论是国家间条约、协定

---

① 包括美国、意大利、德国等在内的10个国家均在1880年之前颁布了商标注册法。
② 彭学龙：《寻求注册与使用在商标确权中的合理平衡》，《法学研究》2010年第3期。
③ See William Henry Browne, *A Treatise on the Law of Trade-marks and Analogous Subjects*, Boston: Little, Brown, and Company, 1898, pp. 27-28.
④ See Frank I. Schechter, *The Historical Foundations of the Law Relating to Trade-Marks*, New York: Columbia University Press, 1925, p. 140.

还是国内立法,都不是商标这种表意符号的"父母"。制定法上的潜在逻辑是,权利是先前存在的,条约仅仅是认可了这些权利。① 注册仅具有证据和证明意义,是表明所有权关系的初步证据。

综上,很难确定地说法院到底是为了商标使用人的利益或是为了消费者利益而保护商标。毋宁说,不同时期侧重点的不同,是法院应对商业活动和商业环境变化对商标保护作出的必要调整。而这一调整过程的背后,无论是有意还是无意的,都揭示了法院通过平衡私人利益和公共利益以促进诚信竞争的努力与不变追求。

---

① See William Henry Browne, *A Treatise on the Law of Trade-marks and Analogous Subjects*, Boston: Little, Brown, and Company, 1898, pp. 99-100.

第五章　知识产权制度当代危机的成因：实用主义的背离

在知识产权政治中伪善是普遍的。
——［美］苏珊·K. 塞尔：《私权、公法：知识产权的全球化》

近年来，知识产权的地位发生了微妙变化。一方面，知识信息的财产性得到了各界的公认和追捧，知识产权的新型财产权法律地位相应地得到了巩固；另一方面，受技术发展、全球市场融合等许多因素、特别是利益集团的影响，知识产权保护明显扩张。在此过程中，以往知识产权保护实践及权利形成过程中体现的实用主义则越来越多地被人们有意或无意地淡忘。知识产权本身在某种程度上已经趋于自然权利化，其实施和保护也呈现出了绝对化的倾向。与此同时，人们对知识产权制度的质疑和担忧也明显增多。

第一节　专利扩张与创新抑制

相比较版权的扩张而言，专利权扩张的显著程度要逊色许多，国内的针对性研究也相对较少。即便如此，专利权的扩张已是客观事实，也引起了一些担忧。美国学者丹·L. 伯克、马克·A. 莱姆利直言"专利制度危机重重"，主张应当根据不同产业的创新规律，在个案基础上适用有区别的专利规则。[①] 冯晓青教授指出，专利的单方面扩张，可能会造成竞争者和公众利益受损。[②] 毫无疑问，这些洞见是深刻的。专利权的扩张，最紧

---

① 参见［美］丹·L. 伯克、马克·A. 莱姆利《专利危机与应对之道》，马宁、余俊译，中国政法大学出版社2013年版，第2—4页。
② 参见冯晓青《专利权的扩张及其缘由探析》，《湖南大学学报》（社会科学版）2006年第5期。

要的表现在于，专利权授权数量的剧增、可专利性主题的扩展以及专利权保护力度的不断强化方面。这些方面综合起来，基本勾勒出了专利权保护的绝对化倾向。如今专利制度展示给人们的面貌，更趋静态化，近代至今绝大多数国家立法上明确表达的促进创新的动态功能，则在立法文本之外很大程度上被虚置了。正如有观点所指出的，严格的在知识产权法似乎在鼓励真正的创新和企业家精神方面并无多少贡献。事实上，大量研究表明日益强大的专利已经阻碍而不是培育了创新。①

一 专利授权数量剧增

乍看起来，将专利权数量剧增作为专利扩张的现象，似乎会存在一些异议。因为在规则或标准既定的情形下，专利授权与技术进步具有正相关关系。随着人类社会文明程度的不断提高，新技术也会随之增加。如今，我们不但早已习惯了将"日新月异"与科学技术一一对应起来，而且，或许也习惯了认为在不远的将来——一定是有生之年，我们注定会成为今天科幻作品场景的主角。因而，专利授权数量的增长也应当是必然的。以我国为例，2016年的三种专利授权量（1753763件）超过了1985—2006年授权的总和（1736778件），2016年的授权量相比2006年的授权量增长了719.5%。②

然而，问题在于，专利授权数量真的是越多越好吗？许多证据表明，该疑问并非空穴来风。国外有媒体曾对我国专利授权数量与质量等问题颇有微词。③ 反观国内，大到国家、地方和行业，小到市场主体，主流舆论从来都不吝啬对专利权数量或保有量的增长送上溢美之词：我国已是世界上头号专利大国，某某公司凭借着知识产权（实际上主要指的是专利权）方面的优势，成功在相关领域的竞争中取得了优势，如此等等。殊不知，在这些赞誉的背后，却掩盖了专利数量剧增背后所潜藏的普遍性问题。

首先，专利授权量的增长很可能会带来专利纠纷的增加，如此反而会在一定程度上干扰到市场主体的正常生产经营。尽管未能查询到我国

---

① Eduardo Porter, "patent 'Trolls' Recede as Threat to Innovation. Will Justices Change That?" *The New York Times*, Nov. 21, 2017, https://www.nytimes.com/2017/11/21/business/economy/patents-trolls-supreme-court.html.

② 国家知识产权局网站：http://www.sipo.gov.cn/tjxx/index.htm。

③ 参见孔祥俊《知识产权法律适用的基本问题》，中国法制出版社2013年版，第248页。

的官方统计,但有外国的统计已经表明,专利授权量与专利诉讼案件量的增长几乎保持了同步。美国自 1991 年后的 10 年间,专利授权量以 4.5%的复合年度增长率增长,而同一时期专利诉讼案件的复合年度增长率也达到了 6.4%。① 专利权为私权,立法明确规定了各种侵害救济措施。因而,若就单件专利而言,运用法律手段保全权利,不但不应感到担忧,反而应该是一种值得鼓励的行为。但是,若放眼某一行业或国家,专利纠纷案件量的持续增长则很难说是一件幸事。正如无论国家的刑事立法如何完备,但"家家扶得罪人归"显然不是一个令人期待或满意的社会场景,数百年的专利制度史表明,专利制度是实现产业发展的共同选择,立法者和民众绝不愿意看到市场主体的正常生产经营时时处于专利诉讼的威胁之下。

其次,从专利技术方案作为生产要素的角度来看,涉及产品生产中的生产要素种类越多、权属越分散,组织生产的难度就越大、成本就越高。理论上说,相关行业中专利授权量的增长,就会意味着相关产品生产中所使用专利技术权属分散程度的增加。若此推断成立,则不免得出专利授权量越多,则相同或同品质产品的生产者越是集中的结论,因为后来的竞争者组织生产的难度相对先入者会更大。这样,无论对于社会公众,还是对于行业的持续发展,均有所不利。同时,大量专利的存在还会放大专利本身所具有的抑制竞争的效应。② 授予大量专利权创造的现实危险是:单件产品和服务将可能侵犯多件专利权;加之专利持有人能够寻求禁令或停止侵害救济,如此,意味着每一件专利持有人都拥有了关停整个涉嫌侵权产品生产线的权力和能力。③ 简言之,通过使得大量权利所有人能够向新产品、方法收取许可费,专利制度存在向创新强加不必要拖拽的危险。单一产品上可能包含数十项或更多专利技术方案,且对每一项专利来说,都可能与其他人持有的相关专利存在技术交叉或冲突。如果对每一项专利都提起专利侵权诉讼,无疑将会带来相关行业的停滞。④ 在此意义上,专利是

---

① 参见卢章平、黄晋《美国涉诉专利分析及启示》,《科技管理研究》2014 年第 6 期。
② See Mark A. Lemley, "Property, Intellectual Property, and Free Riding", *Tex. L. Rev.*, 83, 2005, pp. 1031, 1058-1059.
③ See Carl Shapiro, "Navigating the Patent Thicket: Cross Licenses, Patent Pools, and Standard Setting", *Innovation Policy and the Economy*, 1, 2000, p. 121.
④ 参见[美]亚当·杰夫、乔希·勒纳《创新及其不满:专利体系对创新与进步的危害及对策》,罗建平、兰花译,中国人民大学出版社 2007 年版,第 55 页。

否实现了其促进创新的立法目的,就不无疑问了。专利激励的经济合理性至少部分源于解决"公地悲剧"问题,但大量专利权的存在,将可能导致出现所谓的"反公地悲剧"问题,① 即当使用特定资源必须同时取得多人的许可时,将会导致资源的利用不足。② 也就是说,在专利制度中,大量专利的存在将可能导致新产品无法制造,反过来抑制创新。此外,单件产品中使用专利数量的加大会导致专利产品定价更为显著地超过竞争水平,从而损害消费者利益。③

专利授权量的增长在我国更加值得探讨。多年来,一些行业、领域,甚至是地方政府主管部门所实施的政策似乎在很大程度上抛弃了专利之实,其所谓专利只具其名。例如:许多高等院校长期以来均把提交申请或获得专利授权的件数作为教师科研工作评价的一个主要指标,并与薪资、职称评聘等挂钩。本书明确反对这种做法,当然不是感情化的或盲目的。须知此种情形下的专利申请和授权,已从根本上违背了专利制度的市场结构、违背了专利制度意旨,还对企业的生产经营带来了潜在威胁,所谓"损人不利己"!我们曾通过国家知识产权局的专利检索系统查询了公开日在2000—2005年国内某普通高校作为专利申请人的数据,采用倒序排列,查询法律状态,在前100件发明专利中,只有2件仍然保持有效,其中1件进行了实施许可,其余98件均在自授权3年内终止。限于时间和精力,我们未能采集全国高等院校的数据,但假如有一半高校申请的专利状态是如此,就已经十分令人担忧了。如此专利,还有其促进和实现创新之"实"吗?!自申请日起算的维持情况来看,我国维持到20年的专利仅有1/4,美国的这一数据超过了50%;以一半专利维持标准来看,中、美、日三国的时间分别为14年、19年、18年。④

---

① See Carl Shapiro, "Navigating the Patent Thicket: Cross Licenses, Patent Pools, and Standard Setting", *Innovation Policy and the Economy*, 1, 2000, p. 124.

② See Michael A. Heller, "The Tragedy of the Anticommons: Property in the Transition from Marx to Markets", *Harv. L. Rev.*, 111, 1998, p. 621.

③ See William M. Landes, Richard A. Posner, *The Economic Structure of Intellectual Property Law*, 2003, p. 298.

④ 国家知识产权局规划发展司:《世界五大知识产权局统计报告(2016年)》,http://www.sipo.gov.cn/docs/2018-02/20180201144736790625.pdf。如果考虑到发明专利从申请到授权之间的时间差,这一数据相当于我国的发明专利有一半左右从授权之日起维持不到10年。

二 专利向阳光下人类发明的一切领域内延伸

不论是中世纪的王室开封许可证，还是近现代以来各国的专利立法，均将可专利性主题限定在了一定范围之内。虽然不同时期、不同国家的规定并不完全相同，但其共同点是并非所有发明创造均可被授予专利权。例如，各国专利实践中普遍对于科学发现、自然现象、自然规律等不授予专利权。之所以如此限定，显然与立法者对于专利制度功能的预设相对应。特别是近现代专利制度普遍确立以来，其主导思想都在于通过给予经济收益的诱惑以激励技术进步。立法者相信，这些东西是科学和技术工作的基本工具，基于专利制度的目的，应当确保其能为每一个人自由使用。

然而，20世纪80年代至今，这一传统和惯例已经发生了明显变化。随着信息技术和生物技术的发展，一些国家司法实践将可专利性主题的范围一再扩大，成为专利权扩张的另一条脉络。如今，商业方法、遗传资源均已经成为可专利性主题。不可否认，在这一扩张的背后，有着助力新兴产业发展的考虑，但同时也反映出了在规则制定者的心目中，对专利权和专利制度的认识已经发生了重要变化：对象的可专利性在其本身，而非在其外；专利权正在向阳光下一切人类发明领域延伸。

以生物技术专利为例，即便在首先将专利授权延伸到生物技术领域的美国，生物技术也并不总是具有可专利性的。事实上，美国专利商标局曾经以"活的有机生物"（live organisms）和"自然之物"（products of nature）例外为依据裁定生物技术不具有可专利性。[1] 1980年，美国联邦最高法院在戴蒙德诉查克雷巴蒂（Diamond v. Chakrabarty）案中打破了专利权不及于生命形式的长期禁止。[2] 该案所涉及的发明是基因工程食油细菌。在审查此发明专利申请时，美国专利商标局认为，尽管美国《专利法》第101条并未明确将活的有机体排除在发明之外，但是美国国会并不打算将新物种纳入可专利性主题，否则，从逻辑上看，这将导致所有的生命形式、包括人类种群都会成为可专利性主题。[3] 但美国联邦最高法院

---

[1] See In re Bergy, 596 F. 2d 952, 971 (Cust. & Pat. App. 1979); Thomas A. Magnani, "The Patentability of Human-Animal Chimeras", *Berkeley Tech. L. J.*, 14, 1999, p. 447.

[2] See Diamond v. Chakrabarty, 447 U. S. 303 (1980).

[3] See In re Bergy, 596 F. 2d 952, 971 (Cust. & Pat. App. 1979).

认为,《专利法》中的措辞反映了国会意欲使专利法在适用范围上足够宽泛。① 在考察了立法历史之后,美国联邦最高法院认为,制定法上的可专利性主题应当"包括阳光下任何人类发明",② 并据此裁定该案菌类是可专利性的。此后,美国专利商标局向大量生物技术发明授予了专利。③ 时至今日,人类干细胞也已经被授予了专利。④ 与此同时,专利制度的另一个传统区分——基础研究与应用研究——之间的界限越来越模糊。而伴随这一过程的是,处在科研生态链上游的基础性研究成果的财产化现象不断发展,这在一定程度上抑制了下游产品的开发。与生物技术专利化进程相似的例子还有商业方法专利。自 1998 年美国道富银行诉斯格纳彻金融集团公司(State Street Bank & Trust Co. v. Signature Financial Group, Inc.)一案拉开商业方法专利授权的帷幕以来,⑤ 商业方法专利在各国的申请、授权以及由此而来的相关诉讼风起云涌。但在商业方法可专利性问题上,各国的具体做法并不一致,即便在相同国家,商业方法专利的标准也还处在演变之中。⑥ 而且,学者研究表明,商业方法专利保护并未对相关行业发展带来明显益处。⑦

若沿着这一扩张进路,我们很难想象:专利权的对象将会止于何处?但可以确定的是:当可专利性的对象在各方面因素推动下趋于无限时,专利保护并未继续坚守其作为实现创新目的的手段身份,而是演变为保护就是保护,无关其他。专利保护与公共健康的冲突也就在所难免,因为在为保护而保护的思路中,专利保护至少和公共健康问题的解决同样重要。当

---

① See Diamond v. Chakrabarty, 447 U. S. 303, 308 (1980).
② Ibid. .
③ See Andrew Chin, "Research in the Shadow of DNA Patents", J. Pat. & Trademark Off. Socy. , 87, 2005, pp. 868-869.
④ James A. Thomson, U. S. Pat. : 6, 200, 806, Primate Embryonic Stem Cells, http: // patft. uspto. gov/netacgi/nph-Parser? Sect1 = PTO1&Sect2 = HITOFF&d = PALL&p = 1&u = %2Fnetahtml%CC2FPTO%2Fsrchnum. htm&r = 1&f = G&l = 50&s1 = 6200806. PN. &OS = PN/6200806&RS = PN/6200806 (Mar. 13, 2001).
⑤ See State Street Bank & Trust Co. v. Signature Financial Group, Inc. , 149 F. 3d 1368 (Fed. Cir. 1998).
⑥ 参见刘银良《美国商业方法专利的十年扩张与轮回:从道富案到 Bilski 案的历史考察》,《知识产权》2010 年第 6 期;李晓秋《In re Bilski:商业方法专利的再生抑或死亡》,《科研管理》2011 年第 3 期。
⑦ 参见刘银良《美国商业方法专利的十年扩张与轮回:从道富案到 Bilski 案的历史考察》,《知识产权》2010 年第 6 期。

专利保护失去其实用主义理论根基时，因专利保护而带来种种困惑或者新的经济、社会、伦理问题，或许都是一种必然。

三 "纸面专利"大量存在

所谓"纸面专利"，又称"睡眠专利"，是对专利不实施（使用）现象的一种描述。专利不实施是指专利权人自己未使用专利技术，也没有将专利技术许可给他人使用的情形。尽管专利不实施的问题在早期曾受到了立法和司法的干预，但在过去百余年的专利实践中，除法律明确规定的少数情形（如强制许可）外，专利是否实施完全是权利人自主决定的事。时至今日，随着有效专利数量的急剧增加以及专利权向所有技术领域内的不断延伸，大量专利不实施的问题再次引起了人们的关注。国外调查表明，大约40%—90%的专利没有实施。[①] 我国的情况相对比较复杂一点，有专家表示，我国专利产业化率仅占5%左右；[②] 而官方调查显示，2005—2014年10年间我国专利实施率均维持在57%—75%之间。[③] 与此同时，国家创新能力与我国的世界第一专利大国地位仍然不够十分匹配，尽管过去5年来已经取得了较大进步。世界知识产权组织、康奈尔大学和英士国际商学院联合发布的全球创新指数报告表明，我国的创新指数自2016年首次进入全球25强后，在2017年位列第22，较之2012年提升了12位。[④] 而在克拉瑞沃特数据分析公司发布的2017年度全球创新企业百强榜单中，中国大陆地区只有华为公司上榜，而来自日本、美国的企业占据了73席。[⑤]事实上，专利权与传统意义上的私权并非完全等同，获得专利本身也不会直接促进创新和产业发展。相反，大量专利得不到实施，

[①] Kurt M. Saunders, "Patent Nonuse and the Role of Public Interest as a Deterrent to Technology Suppression", *Harv. J. L. Tech.*, 15, 2002, p. 391.

[②] 参见杜黎明《关于促进专利产业化的提案》，《中国科技产业》2012年第3期；刘彬《别让专利成果留在纸上》，《光明日报》2013年3月15日第7版。

[③] 国家知识产权局规划发展司、国家知识产权局知识产权发展研究中心：《2015年中国专利调查数据报告》，http：//www.sipo.gov.cn/docs/pub/old/tjxx/yjcg/201607/P020160701584633098492.pdf。

[④] See Cornell University, INSEAD, WIPO, *The Global Innovation Index* 2017: *Innovation Feeding the World*, Ithaca, Fontainebleau, and Geneva, https：//www.globalinnovationindex.org/.

[⑤] 该榜单最初由汤森路透发布，2016年随科学引文索引（SCI）一起转至新成立的克拉瑞沃特数据分析公司（Clarivate Analytics）名下。该榜单主要评价指标为专利总量、申请成功率、专利组合的国际化程度、专利文献的应用次数等。

还会放大专利保护导致的社会净损失或无谓损失。

(一) 专利不实施对专利保护影响的历史回溯

历史地看,在专利的早期形态和经由国家立法确立之初,使用或实施专利都是维系专利权有效的基本要求。大约 13—15 世纪,专利保护实践来自封建城邦国家以吸引外国工匠及其技术为目的向行会以外的个人给予实施特定技艺的许可。不难推断,若非出于实施特定技艺的需要,则并无给予许可以"侵犯"行会垄断权利的需要,专利保护自然也就无从说起。此后,许多欧洲国家普遍采用了向外国工匠授予专利以促进其在当地实施技艺的做法。① 到 1623 年英国《垄断法》,其第 6 条在将向制造品的首先发明者所授予的专利证书或特权宣告为合法垄断的同时,将该特权限定在了新产品的制造和实施方面。文献表明,将所述发明投入实施同样是《垄断法》下维持专利有效的必要条件。② 美国国会曾在 1832 年批准给外国人授予专利时所附加的条件就是要在授权后 1 年内将发明在美国投入使用,否则将导致专利无效。虽然在其后达成的《保护工业产权巴黎公约》(以下简称《巴黎公约》)中,设计了专门的条款以终结当时被各国近乎滥用了的实施专利要求,但却并没有从根本上否认专利权人的此项义务。《巴黎公约》在明确专利产品的进口不应使专利权的丧失成为必要的同时规定"专利权人应有义务按照其所获专利地的国家法律规定使用其专利"③。

在专利制度随后近百年的演进中,使用或实施专利虽然未能继续影响专利的存续,但却在一定程度上影响了其所得到的保护力度。如依据《巴黎公约》1925 年文本的规定,对于在一定期限内不实施的专利,成员国可给予强制许可。而在美国早期判例中,实施专利是获得衡平法救济的条件。霍伊诉柯南普(Hoe v. Knap)案是这方面的一个先例。在该案中,布拉杰特法官(Blodgett)指出:专利权赋予专利权人以垄断权,他有义务要么自己实施专利,要么以合理和公平的条件允许他人使用专利。④ 但在 10 年后审理的一起案件中,第六巡回上诉法院推翻了霍伊诉

---

① 参见贾小龙《知识产权侵权与停止侵害》,知识产权出版社 2014 年版,第 21 页。
② See E. Wyndham Hulme, "On the History of Patent Law in the Seventeenth and Eighteenth Centuries", L. Q. R., 18, 1902, pp. 281-282.
③ 参见《巴黎公约》第 5 条。
④ See Hoe v. Knap, 27 Fed. 204, 212 (C. C. Ⅲ. 1886).

柯南普案所确立的规则，指出专利权是排他性的，有关私人财产权的宪法条款清楚地表明权利人既没有义务自己使用其发明，也没有许可他人使用的义务。① 1908年，美国联邦最高法院通过审理洲纸袋公司诉东部纸袋公司（Continental Paper Bag Co. v. Eastern Paper Bag Co., 以下简称"纸袋公司案"），对专利实施问题再次进行了明确。就专利权人是否应当实施专利的问题，美国联邦高院在回应因专利技术不实施而致竞争者被排除于运用新专利之外的问题时指出了其正当性：可以认为这种排除恰恰是所授予专利权的本质。因为对于任何财产权所有人来说，他都有使用或不使用的特权，且与动机无关。在考察了美国国会于1836年废除1832年专利法对外国人附加实施专利义务的规定后，美国联邦最高法院进一步指出，相比较一些授予发明者的专利权会受到不实施影响的外国而言，美国国会并未忽略专利不实施的问题，也并非无视专利实施的政策问题及其影响。相反，它选择了另外的政策，即通过较长的时间来实现其专利政策目标。② 实践已经证明了国会作出此种选择的智慧及其对技术和科学的有利影响。③

纸袋公司案后的将近一百年间，专利权人是否实施专利对于专利权的效力以及发生专利侵权时权利人所能获得的救济都没有影响。直到2006年，美国联邦最高法院审理亿贝公司诉墨客交换公司（eBay, Inc. v. MercExchange, L.L.C., 以下简称"亿贝案"）后，④ 是否实施了专利对于专利权人应否获得衡平法救济再次产生影响。一如有判决所言，法院给予永久禁令的典型情形是原告实施了其发明且是一个直接的市场竞争者。⑤ 学者指出，该模式已成为后亿贝案时期禁令适用的主导模式。⑥

可见，与当下人们的"共识"不同，在数百年的专利制度史上，是否实施专利绝非一直都是法律干预的灰色区域。20世纪之前，基于专利

---

① See Heaton‐Peninsular Button‐Fastener Co. v. Eureka Specialty Co., 77 Fed. 288, 295 (C. A. 6 1896).

② See Continental Paper Bag Co. v. Eastern Paper Bag Co., 210 U.S. 405, 429 (U.S. 1908).

③ Ibid..

④ 对于该案，国内学者已经给予了广泛研究，本书不再赘述。对于该案判决书，可见 eBay, Inc. v. MercExchange, L.L.C., 547 U.S. 388 (2006)。

⑤ See Robert Bosch, LLC v. Pylon Mfg. Corp., 748 F. Supp. 2d 383, 407 (D. Del., 2010).

⑥ See Stacy Streur, "The eBay Effect: Tougher Standards but Courts Return to the Prior Practice of Granting Injunctions for Patent Infringement", *Northwestern Journal of Technology and Intellectual Property*, 8, 2009, pp. 67‐71.

的鲜明政策工具性观念,将专利技术方案付诸实施是专利授权和保护的有机组成部分。此后一百年,在法院将专利权等同于传统财产权的逻辑中,专利权人享有了不实施专利的充分自主。21世纪初,随着一些专利权人行使专利权的方式由被动、消极保全权利向主动利用权利保护规则、以纯粹寻求许可费为目的而向可能的侵权者发难的转变,专利是否实施的事实再次对专利侵权救济产生了影响。更为重要的是,历史考察表明,专利不实施从来都不是一个具备天然正当性的问题。专利不实施是否会对专利授权和保护产生影响,受到不同时期立法者对专利保护的认知以及生产环境本身变化等多种因素的影响。

(二) 专利不实施的是与非

1. 专利的私权属性与专利不实施

在专利制度发展史上,专利权的属性经历了从王室特权向制定法权利的演变。在早期专利授予及保护实践中,专利直接来源于王室的授予,因而,是否向特定人授予专利以及所授予专利之条件如何,基本上取决于个案决定。18世纪末至19世纪中叶以前,在各主要资本主义国家专利立法的推动下,专利权享有了制定法权利地位。尽管此后至今,专利权是否有别于传统财产权的问题始终处在争论之中,但包括专利权在内的整个知识产权的私权属性得到了国际社会的普遍认可,《与贸易有关的知识产权协定》在其序言中就明确宣示知识产权为私权。

既然是私权,则专利权的行使和保护可以而且应当准用民法的基本原理。① 私权行使的核心理念是体现意思自治。详言之,从权利人角度看,只要不违背法律的强制性规定,是否利用权利之对象、以何种方式行使权利完全是权利人自主决定的事项;从义务人角度看,任何机关、团体、个人均负有尊重和容忍义务,除法律明确规定外,不得干预权利人就权利行使所作之任何决定。由此,可以得出如下推论,即专利不实施与实施专利一样,都是专利权的题中之义。

然而,专利制度发展史表明,专利权与所有权等传统民事权利并不具有完全相同的产生基础。人类对物的占有和控制具有先验性,而专利权却并非与法一样同时产生。相反,在实证上,授予和保护专利权在很大程度上首先是基于改善公共福祉的需要,专利权授予和保护的价值主要是工具

---

① 参见吴汉东《知识产权多维度解读》,北京大学出版社2008年版,第4页。

主义的。因而，如今之所谓专利权的私权性，更多地意蕴在于权利产生上的机会平等、权利关系中的主体地位平等以及权利保护上的私法依据等方面。换言之，正是由于这些方面的特征，专利权才是可以归为私权的类别之中，但反过来，若用私权的全部要素和要求来支配、左右专利权，不仅是一种逻辑上的颠倒，而且还会瓦解专利保护的基本正当性。

2. 专利不实施会造成资源浪费

尽管如学者所言，从企业专利战略的角度看，专利的价值不仅仅体现在实施转化上，[①] 但从宏观视角来看，专利不实施的确造成了资源浪费。首先，专利不实施带来了研发资源的浪费。经济学上认为，"技术上的大多数进展是有意将资源用于研究与开发的结果"[②]。专利技术的研发也不例外。在大多数情况下，专利技术的研发都具有明确的导向性——以获得专利授权为目的，而为了引导和激励市场主体投入时间和资源进行研发，专利制度排除了他人对专利技术的竞争性使用。综合这两个因素会发现，具体到没有实施的专利 B 而言，所有投入技术研发中的固定成本都没有带来期待的收益。而且，因为存在获得专利保护从而独占专利技术实施的激励，所以将资源投入相同或相近主题进行研发者往往都不是唯一的。换言之，多人（例如包含从 A^1 到 A^n 个研发者，n>1）就相同主题同时进行研究是常有的现象。而根据先申请原则，假设 A^1 获得授权，将排斥 A^n 对相同主题的商业实施，单从资源使用角度看，A^1 不实施专利所带来的浪费包含了全部 A^{n+1} 在专利授权之前的研发投入。其次，从专利技术本身作为生产要素的角度看，它被束之高阁，不能不说是对资源的浪费。专利的核心在于排除竞争，即在专利权有效期内，他人也不能使用该技术。这样，专利权所涵盖的特定部分技术生产要素并不能用于生产之中。再次，专利的申请和维持都需要耗费一定的成本。尽管由于一些不当资助政策的存在，专利权人可以借此弥补其在这方面的损失，但事实上，本来应当由生产活动的收益来抵消的技术产权化成本，却需要占用其他社会资源予以弥补，这对于社会资源的整体使用效益来说，不能不说是"雪上加霜"。最后，大量有效专利的存在，还是诱发专利侵权高发的事实基础。生产者

[①] 参见吴红《走出"专利实施率"的误区》，《科技管理研究》2008 年第 4 期。
[②] [美] 约瑟夫·E. 斯蒂格利茨：《经济学》（第三版），黄险峰等译，中国人民大学出版社 2005 年版，第 432 页。

和专利管理部门、人民法院也需要为应对专利侵权投入一定的资源。① 总之，具体到某一件专利的不实施，在不考虑专利权人其他策略性安排的情况下，会造成研发资源以及专利技术方案本身的浪费；而从总体上来看，大量专利得不到实施，还将在没有任何产出的条件下挤占社会资源的有效使用空间。

3. 专利不实施与专利制度目的相悖

对于专利制度的目的，历来众说纷纭，有激励发明、鼓励公开和激励创新等理论学说。抛开学理争论不说，单就我国专利制度的目的来看，《专利法》第1条的规定是阐释我国专利制度目的的基本法律依据。该条规定："为了保护专利权人的合法权益，鼓励发明创造，推动发明创造的应用，提高创新能力，促进科学技术进步和经济社会发展，制定本法。"不难看出，我国专利制度不仅有鼓励发明创造的目的，还包括了推动发明创造的应用，提高创新能力，促进科学技术进步和经济社会发展的旨趣。可见，专利不实施，至少从表面上看，首先与《专利法》"推动发明创造的应用"的目的直接相悖。其次，从获得专利与创新的关系上看，专利不实施，也与《专利法》"提高创新能力"的目的相悖。简言之，发明创造的繁荣并不等于创新能力也相应得到了提高。事实上，唯有将专利技术投入商业应用，方能认为构成了创新。虽然自百年前美籍奥地利经济学家约瑟夫·阿洛伊斯·熊彼特在《经济发展理论》一书中提出并阐述了创新理论以来，各界对于创新的界定并不一致。但从我国有学者对创新概念发展演变的梳理中不能发现，其共同点均是强调了创新的生产过程本质。② 熊彼特认为，创新就是建立一种新的生产函数，把一种从来没有过的生产要素和生产条件的新组合投入生产体系。威廉斯指出，创新既是一个技术过程，又是一个商业过程，它是将新技术应用于某一实际目的，或现有技术为某一实际目的的新应用。③ 从专利与创新的关系上看，获得专

---

① 例如安徽、石家庄以及上海浦东新区等地都已经出台政策，开始对专利维权的诉讼费用提供资助。这是地方政府在20世纪90年代开始陆续实施的各种专利资助政策的新内容。仅就此处所述内容来看，它们都意味着政府的资金投入。

② 参见胡哲一《技术创新的概念与定义》，《科学学与科学技术管理》1992年第5期；杨东奇《对技术创新概念的理解与研究》，《哈尔滨工业大学学报》（社会科学版）2000年第2期。

③ 参见［美］特雷弗·I. 威廉斯《技术史》（第六卷），姜震寰、赵毓琴译，上海科技教育出版社2004年版，第17页。

利只是对新技术这种新思想、新观点的肯定性法律评价;而创新的本质则在于技术发明的商业化,即创新是把新的技术发明引入实际生产活动的过程。因而,作出技术发明并获得专利只是创新的充分条件,只有将专利投入实施,才真正实现了创新。此外,科学技术的进步和经济社会的发展,不仅有赖于新知识的不断涌现,更在于将新知识投入应用。一如学者所言,"专利实施是把依法保护的技术转化为生产力的重要一环,是推动技术进步和社会经济发展的有力措施"①。因而,专利不实施,有悖于专利制度的目的。

四 专利权的行使:"防御"还是"进攻"

一般认为,专利权是排他性权利,旨在阻止他人制造、使用、销售专利发明,"它并未授予专利所有人任何实施专利发明的积极权利"②。这一点是美国立法对英国历史上专利保护实践的扬弃。学者指出,美国立法上所授予的专利权在性质上与英国早期的实践有所不同。在早期专利实践中,专利是一种制造、使用或投资发明的积极权利,而美国法上的专利权是排除他人制造、销售或使用发明的消极权利。③ 换言之,专利权在本质上具有鲜明的防御性,立法授予专利权的动机在于阻止搭便车,确保发明人能够获得必要的回报。因而专利权本不具有进攻性,专利权人更不应将专利权作为要挟他人就范的工具。然而,20世纪90年代以来"专利怪物"现象的出现,严重动摇了这一传统理念,引起了一些国家学者和立法、司法部门的高度重视,并尝试对此进行规制。本书将这一现象描述成专利权的行使由防御向进攻的转变。表面上看,这一转向源于市场主体的逐利本能,但更令人深思的是,在制定法上,并没有任何明显指引该转变发生的新规范出现。况且,近代以来,有关专利法立法宗旨的制定法表达基本上保持了不变。根本上说,这一现象是专利保护绝对化思维在实践上的反映。专利权的授予作为促进公共福祉改善的手段在这里已经所剩无几。对于这些权利人来说,似乎认为专利权便意味着全部自由、"为所欲为"。为此,下文通过简要分析专利怪物现象来揭示专利权行使由防御走

---

① 刘月娥:《促进专利实施的探讨》,《工业产权》1990年第2期。
② Bratislav Stankovic, "Patenting the Minotaur", *Rich. J. L. & Tech.*, 12, 2005, p.16.
③ See Ramon A. Klitzke, "Historical Background of the English Patent Law", *J. Pat. Off. Soc'y.*, 41, 1959, p.616.

向进攻的面貌。

(一) 专利怪物及其特点

专利怪物一词首次在贬义上的使用来自英特尔公司前法律顾问皮特·戴特肯（Peter Detkin）在 20 世纪 90 年代末的创造。当时，英特尔公司正面临来自另一家公司的专利侵权指控。而若将该公司称作专利勒索者，英特尔公司可能会难逃诽谤的指控，因而戴特肯杜撰了专利怪物一词，并解释道：专利怪物是指企图通过尚未实施、无实施意图以及多数情况下从来不会实施的专利谋取大量金钱收入者。此后 20 年中，专利怪物一词被广泛使用。同时，为弱化描述中的道德评价色彩，许多文献使用了更为中性的表达——不实施实体。应该说，若仅从不实施实体的字面来看，它与专利怪物的区别不仅体现在词性上，在具体所指上也不完全一致：不实施实体比专利怪物范围要更广，不实施实体并不涉及主体取得专利的目的。基于讨论主题所需，此处不比较两个术语的优劣，而是将讨论对象限定在专利怪物的最初所指，即以诉讼或威胁起诉为手段谋取高额专利许可费作为其基本收入来源的单位或个人。

2013 年美国总统办公室发布的《专利维护与美国创新》报告归纳了专利怪物的特征：(1) 它并不实施自己的专利，也就是说，它不研发任何与其专利有关的技术或产品；(2) 它并不协助"技术转化"，即不将纸面上的专利转化为有用的产品或方法；(3) 它通常会选择在产业参与者已经作出了不可逆的投资之后才主张其专利要求；(4) 它取得专利的唯一目的是从被控侵权者处勒索许可费；(5) 它的诉讼策略利用了自己的不实施主体地位，这使它能够在侵权诉讼中避开专利侵权反诉；(6) 它取得权利要求边界模糊的专利，然后向许多公司主张适度许可费，后者通常为避免高额成本和不确定的诉讼而选择和解；(7) 它会通过注册空壳公司来隐藏真实身份，并要求和解者签署保密协议，这使得被告难以使用惯常的防御策略。[1]

(二) 专利怪物何怪之有

专利怪物一经出现就引起了广泛关注。普遍认为，它对创新是有害的。主要表现在：提起大量没有必要事实依据的诉讼；通过向生产者主张

---

[1] See Executive Office of the President, *Patent Assertion and U. S. Innovation*, Jun. 6, 2013, The White House, Washington.

许可费增加了产品成本；加剧了专利丛林问题等。其中，最突出的是，它倾向于取得易受攻击的和模糊的专利，并利用这种专利在效力和保护范围上的不确定性，提起"无事实基础"的诉讼。① 美国学者的统计表明，如今专利怪物提起的诉讼占到了全部专利诉讼的一半以上。②《专利维护与美国创新》报告认为，专利怪物给发明人和公司造成了巨大损失，妨害了美国的创新能力。③ 我国也有学者作出了类似评论。④ 较近的一些研究已不再过于感性化，而是以经验研究为基础，对前期研究中人们所提出的专利怪物妨碍创新的主要表现进行了深入分析，也表达了较为保守的批评意见。⑤ 如有学者指出，专利怪物本身在法律上是无可厚非的，在经济上也未必一定有害。⑥

专利怪物之怪，根本上不是体现在其对创新的影响方面。因各种批评的切入点都是专利怪物对专利权保护和专利技术转化成本的影响，故欲评判专利怪物之"怪"，同样需要以此入手。至少从国外专利怪物的发展来看，学者们的前述批评尽管是合理的甚至是真实的，但却更多地局限于现象。从批评者们提出的几个问题来看，似乎并非专利怪物所独有。首先，即便是从事相关产品制造和实施的实体，自然也可以提起没有充分事实基础的专利侵权诉讼，加之从侵权诉讼的角度看，权利是否受到了侵害，在不同诉讼阶段判断主体并不相同：诉前的判断主体是拟发起诉讼的权利主体，最终的判断是由法院所作出的。同时，立法没有也无法要求权利主体和法院对是否存在专利侵权问题必须作出一致的判断。其次，专利权是排他性实施权，专利权人在法定期限内就专利技术的商业实施获得垄断收益是应有之义。在专利权人自己实施的情况下，垄断收益的实现体现在产品

---

① See Sannu K. Shrestha, "Trolls or Market-makers? An Emprical Analysis of Nonpracticing Entities", *Colum. L. Rev.*, 110, 2010, p.119.

② See Mark A. Lemley, A. Douglas Melamed, "Missing the Forest for the Trolls", *Colum. L. Rev.*, 113, 2013, p.2123.

③ See Executive Office of the President, *Patent Assertion and U. S. Innovation*, Jun. 6, 2013, The White House, Washington.

④ 参见张绳祖《美国专利法的修改及对我国的影响》，《法律适用》2012年第11期。

⑤ See Sannu K. Shrestha, "Trolls or Market-makers? An Emprical Analysis of Nonpracticing Entities", *Colum. L. Rev.*, 110, 2010; Mark A. Lemley, A. Douglas Melamed, "Missing the Forest for the Trolls", *Colum. L. Rev.*, 113, 2013.

⑥ 参见[日]竹中俊子《专利法律与理论：当代研究指南》，彭哲等译，知识产权出版社2013年版，第147页。

本身的定价上；而在许可他人实施的情况下，专利权人的垄断收益体现在许可定价上。因而，无论专利权人是否被定性为专利怪物，使用他人专利技术会导致最终产品成本的增加都是必然的和共同的。最后，关于专利怪物加剧了专利丛林问题。此批评缘于专利权向少数人手中的集中。前文已述，导致专利丛林问题发生的根本原因在于专利数量的剧增以及发明创新活动的繁荣。况且，专利集中也并非完全无益。至少从便利使用者获得许可的角度看，是有益的。

  专利怪物之怪，更在于其取得专利权的目的以及专利权行使方式的特殊性。在专利制度的基本假定中，可被授予专利权的主体是做出了符合规定条件的发明创造者。因而，从权利主体角度看，其获得专利权的目的自然是通过控制专利技术的实施，实现对该技术研发中投入的补偿。专利权人可以自己实施专利、也可以许可或转让给他人实施以获得回报。相应地，对于他人未经许可擅自实施专利技术的，专利权人有权制止。因而，在典型的专利制度模式中，专利诉讼是由从事发明或发明的市场销售者针对擅自实施其新技术的竞争者而提起的。[①] 但是，专利法并未要求原告提供被告研发新技术的证据以及原告需要从事产品生产的证据，也未规定只有发明者才能强迫他人尊重专利。基于专利权运营的关系，实践中提起专利诉讼者往往并非发明者本人或原始权利人。专利怪物正是利用了这一制度安排，以"正当的"形式谋求利益。专利怪物使用专利主要是为了获得许可费，而不是支持发展或技术转移，其获得许可费的目的尽管也存在补偿事前投资的成分，但该投资却不是做出发明创造的投入。简言之，专利怪物取得专利权并非旨在控制专利技术市场，而是以专利权为投机或投资的产品，谋取收入。在此目的和行为模式下，获得许可费通常意味着进攻性诉讼。[②] 这和专利权传统上的防御性具有本质不同。

（三）专利怪物生成的制度原因

  分析专利怪物何以能够"生成"和"繁衍"、其目的何以能够"得逞"，当是有效防止其继续作怪的正确出路。除了上文已经提到的专利权

---

① See Mark A. Lemley, A. Douglas Melamed, "Missing the Forest for the Trolls", *Colum. L. Rev.*, 113, 2013, p. 2121.

② See Executive Office of the President, *Patent Assertion and U. S. Innovation*, Jun. 6, 2013, The White House, Washington.

数量剧增、专利权授予向全部技术领域内大幅扩张外，导致专利怪物现象出现的另一个重要原因是专利权的强保护制度。专利权的强保护又是专利权绝对保护的重要体现和反向保障。换言之，在专利权绝对化的视野中，需要强保护制度，反之，强保护制度又保障和增进了专利权的绝对化，二者你中有我，相互促进。

专利权的强保护突出表现在专利侵权诉讼中停止侵害救济的自动适用方面：只要有对专利权的侵害存在，权利人均可主张停止侵害请求权。理论上，专利权具有排他效力，在受到侵害时，可以主张与物上请求权相类似的请求权。① 立法上看，大陆法系国家多为停止侵害请求权，② 英美法系国家则为禁令救济，③ 我国相关立法中，主要也是停止侵害请求权。④ 尽管近年来国内司法中已经出现了打破停止侵权救济自动适用的裁判，⑤ 但这些裁判不但尚且是个案，而且，从我国成文法传统来看，法院在司法中不适用停止侵害责任的做法仍然面临合法性拷问。而事实上，正是停止侵害救济的自动适用，为备受各界责难的专利怪物——在很大程度上是一种投机行为——提供了滋生土壤。从投机的发生规律来看，在投机成本与收益之间存在有利可图的明显差距时，投机才会发生或活跃。专利侵权中停止侵权救济的自动适用保障了足以使得专利投机行为活跃的成本收益差。对被控侵权的生产者来说，停止侵权救济具有"人质效应"。因为在专利技术转化为产品的过程中，尚需要其他生产要素的投入，一旦适用了停止侵权救济，生产者不得不重新组织生产或完全中止涉案产品的全部生产活动。因而，为避免停产或转产而带来的过度损害，被控侵权者通常会倾向于在不能肯定不侵权时选择满足原告提出的和解条件。如此，原告往往会取得较为理想的许可费。可以说，正是专利权的绝对化，为机会主义提供了良好的发展环境。

---

① 参见谢在全《民法物权论》（上册），中国政法大学出版社1999年版，第40页。
② 参见《德国专利法》（2009年7月31日修订）第139条、《日本专利法》第100条等。
③ 参见《美国专利法》第283条、《英国专利法》第61条、《加拿大专利法》第57条等。
④ 参见《民法通则》第118条、第134条；《侵权责任法》第2条、第15条。
⑤ 典型的有，广东省深圳市中级人民法院民事判决书（2004）深中法民三初字第587号、广东省广州市中级人民法院民事判决书（2004）穗中法民三知初字第581号、中华人民共和国最高人民法院民事判决书（2008）民三终字第8号案以及eBay, Inc. v. MercExchange, L. L. C., 547 U. S. 388（2006）等。

第二节　版权扩张与文化传播

实用主义主导下的版权与有体财产权存在明显不同，它仅仅是向版权人赋予了就其作品商业使用的有限市场垄断。版权人不能也不应享有完全控制作品表达和思想的绝对权利，以此在根本上确保版权保护与公共利益实现之间的手段和目的关系。近代以来，作为促进创作和传播知识的手段，版权的产生、内容和期限都直接来自制定法的规定。然而，当版权被以有体财产权的观念重新塑造——而这正是 20 世纪下半叶以来各国特别是发达国家版权产业群体和版权法律制定者所做的——时，版权被塞入有体财产法的制度框架中，越来越具有绝对性。其结果是，作品传播甚至是思想的交流遭到抑制，版权法旨在通过促进作品传播以促进公共学识等公共利益的目标逐渐被蚕食。[①]

一　内在扩张：手段具有了目的性

传统版权制度中体现和保障版权有限市场垄断的许多制度设计如今多已空具其表。在获得其近代形态时，版权的定义与艺术（art）一词不可分离。如今，尽管艺术一词照旧在定义中使用，但已不是在具体意义上的使用，而是作为了一个通称。这样，电子数据库、计算机软件等与艺术没有多少关联的功能性创作均成为版权保护的对象。与此紧密相关的是，版权人就图书等艺术作品享有的复制权，当然地变成了所有类型作品版权人的复制权。演绎、放映、出租、信息网络传播权等新的权项一再出现并被追溯适用于几乎所有版权作品。版权的期限一再延长后，版权基于保护的有期限而对公共利益所表达的终极关切事实上还会有多大意义，也不能不令人心生疑问。版权保护只是促进文化繁荣的手段，其运行机制在于引导智力资源向文化创作领域集中。不可否认，预期收益与智力投资存在正相关关系，但从创作本身来看，它与普通商品的生产并不相同，作品等智力成果的产出与人的思维能力关联紧密。因而，对于传统意义上的作品而言，并非保护期限越长产出就会必然越多。文化繁荣以及版权保护旨在促进的其他公共利益目的的实现，不仅取决于有多少作品被创作出来，更加

[①] 参见李雨峰《著作权的宪法之维》，法律出版社 2012 年版，第 4 页。

取决于公众特别是后来者能够有多少可以利用的作品。在版权权利内容和期限一再扩张的情形下，版权在很大程度上已与绝对权没有多少实际差别，版权人几乎可以将作品本身当作土地财产一样进行控制。然而，版权的真正目的是鼓励权利持有人为公众学习带来更多信息，这与土地控制者旨在控制土地的使用是不同的。我们不禁要问，这种全方位、多角度的版权扩张，到底在多大程度上服务了公共利益？立法者在创制那些扩张规则中，是否曾经衡量了版权法的目的、是否仍然秉承了实用主义？

当然，随着技术发展所带来的表达形式和传播途径的多样化，期待版权永远保持原样也是幼稚的和教条的，也不符合实用主义的要求。但是如果新的表达和版权法最初所保护的表达仍然具有同质性、作品纸质版的流通和数字形式的传播都是作者与公众之间的交流，那么有理由认为，传统版权法所公认的原理在今天仍然应当是适用的。换言之，无论技术发展、市场主体和资本的逐利本性共同导致版权从哪个角度进行扩张，版权保护与促进创作和知识传播之间的手段与目的关系都不应受到影响。但是，一再扩张的版权却在很大程度上给予了版权人限制他人以现有作品为基础传递思想和创造新表达的空前权利。

二　外在扩张：以反规避版权技术保护措施为中心

学者指出，技术与版权法之间存在天然的互动、互补关系。一方面，技术手段能够被用来弥补法律保护的不足；另一方面，无论多么先进的技术手段，都需要法律对其本身提供保护。① 20 世纪 80 年代开始，一些国家和地区的立法中就已经出现了反规避版权技术保护措施的规定，不过主要的立法都只是针对特定技术或问题，并不存在从版权保护角度系统地规制反规避版权技术保护措施的立法。② 在欧美发达国家主导下，世界知识产权组织于 1996 年通过了后人所称的两个"因特网版权公约"，要求缔约国采取有效措施，制止规避版权技术保护措施的行为。③ 此后，各主要国家陆续将反规避技术保护措施的规范纳入了版权法之中。其中，美国《千禧年数字版权法》的规定成为包括我国在内的许多国家或地区反规避

---

① 参见张耕《略论版权的技术保护措施》，《现代法学》2004 年第 2 期。
② 同上。
③ 参见《世界知识产权组织版权公约》第 11 条、《世界知识产权组织表演和录音制品条约》第 18 条。

版权技术保护措施立法的蓝本。为此，下文主要以《千禧年数字版权法》的规定为对象，分析反规避版权技术保护措施对传统版权法的结构所带来的影响。

（一）读者和竞争者事实上被同等对待

300多年来，版权保护从来都没有给予版权所有人控制其作品所有可能使用方式的权利。读者和竞争者从来都不是被同等对待的。不论是特权时期的图书出版保护，还是私法上所确立的版权，在对抗竞争者的同时无不体现了对读者和公众利益的关注。版权立法序言中对促进公共学识的一再声张，当然是对读者和普通公众的终极关怀。在具体规范设计方面，《安妮法》明确规定，公众可就图书价格过高问题向法院寻求救济。19世纪以来各主要版权立法虽无此规定，但后世形成的许多版权限制制度还是在读者与竞争者之间划界方面起到了不可替代的作用，使得版权控制只针对竞争者，而不对抗作品消费者。在版权文化方面，尽管各国的传统有别，但总体来说，一旦作品出现在书架上或者将雕刻作品置于公共场所，任何人都无须版权持有人许可便可欣赏该作品。类似地，音像磁盘的购买者对于其中所载内容的欣赏也是随心所欲的。阅读、欣赏、聆听甚至是不为法律所禁止的修改等，都没有落入版权持有人的控制之中。传统图书馆的十字转门从来也没有要求只有先付费才能进入。

然而，版权技术保护措施的运用，使得版权人一方面得以从作品使用的每一个环节收益；另一方面，也使得版权人享有的保护能够越过作为版权法有机组成部分的许多公共领域保留安全阀设置，将对作品商业使用的控制转变为对作品本身的全部控制。《千禧年数字版权法》的逻辑是：宁可错杀三千，也不可放过万一。在它看来，消费者和竞争者一样，都能够容易地访问电子数据库。就此而言，后《千禧年数字版权法》时期的版权保护只是遵从了利润的考虑而似乎不再考虑版权制度的目的，其直接的结果必然是，读者和竞争者被置于相同地位。由此，美国学者帕特森所言当下之版权乃超越版权的体制，不可谓过分夸大之辞。

（二）版权人事实上享有作品接触控制权

确保公众享有接触和利用版权作品的自由是版权制度的重要目的。[①]然而，版权法将反规避版权技术保护措施的规范纳入其中后，公众接触作

[①] 参见李雨峰《中国著作权法：原理与材料》，华中科技大学出版社2014年版，第26页。

品的自由受到了严重的和不当的限制。有学者甚至指出，正如版权在17世纪的英格兰被用作公共审查工具一样，反规避版权技术保护措施立法事实上相当于向版权人赋予了控制接触和使用其作品的一个私人审查工具。①

《千禧年数字版权法》对避开接触控制措施的禁止性规定，使得版权人不仅有能力而且有权利控制对其作品的接触。当版权人使用了加密等技术措施控制对作品的接触，例如通过将作品编入一个不输入密码就不能访问的在线数据库，或者除非安装包含有访问许可"钥匙"的装置则所传送单独作品复制件就不能阅读或演示等时，避开接触控制措施或向他人提供能够用来避开控制措施装置的行为都会违反《千禧年数字版权法》的规定。实际上，通过使用接触控制技术，版权人就享有了受到《千禧年数字版权法》支持的阻止、限制或者设置接触条件的能力。有了这个武装后，版权人就可以要求读者每一次打开电子书或欣赏在线文本时都须付费。可以说，《千禧年数字版权法》及类似立法的规定以弥补传统版权保护手段在数字环境下的能力不足为理由，事实上将版权本身扩张到了传统范围之外。尽管这可能并非其有意为之，但由此而对公众信息获取和表达自由构成的严重妨碍不能不令人担忧。加之这种立法都禁止生产和销售本身就是或主要是为避开复制或接触控制而销售或设计的任何装置，② 这样，绝大多数人都将难以得到避开技术保护措施以进行合理使用或其他非侵权复制所需要的工具。③ 一句话，版权技术保护措施的存在，等同于事实上存在作品接触控制权；版权法对于反规避技术保护措施的规定，实际上意味着版权法认可了版权人享有作品接触控制权。这样，便可能使传统版权限制和例外规定形同虚设。因而，尽管版权技术保护措施的存在自然不可能没有其起码的合理性，我们似乎也没有理由完全反对绕开版权技术保护措施，但我们的确有理由反对版权法对技术保护措施加以保护。至于可以如何改进，本书将在后文加以探讨。

---

① See L. Ray Patterson, "Copyright in the New Millennium: Resolving the Conflict between Property Rights and Political Rights", *Ohio St. L. J.*, 62, 2001, p.704.

② 参见我国《著作权法》第48条第（六）、（七）项，《信息网络传播权保护条例》第4条、第5条；《德国著作权法》第95条a；《美国版权法》第1201条。

③ 值得注意的是，《德国著作权法》在第95条b中专门规定了"限制规定的实施"，该规定在一定程度上缓和了反规避技术保护措施对合理使用等传统版权限制制度的侵蚀。

(三) 挤压公共领域，虚化版权作品的独创性要求

对作品接触的控制，严重挤压了公共领域，威胁到了版权法促进原创性表达创造和传播的目的。版权人对数字内容事实上所享有的控制接触能力，将版权从对抗竞争者的工具转化为了对抗包括消费者在内一切人的武器，严重妨碍了思想交流和作品的再创作自由。① 因为作品的创作是一个累积过程，它十分依赖公共领域和对已有作品的接触。正如有学者所言，全部创作都是建立在既有表达之上的，所有作者也都通过传统媒介或网络从已有艺术、文学、音乐和电影等作品中与他人共享着我们的思想和创造源泉。② 版权技术保护措施除了能够防止他人非法侵害版权外，还具有将正当使用作品以及使用非版权保护材料的行为一并排除在外的可能。如果版权法对后一种情形提供保护，则不但会破坏版权法的基本结构，而且还会为数字时代的"圈地运动"保驾护航，那显然是非正义的。可以说，《千禧年数字版权法》将反规避版权技术保护措施规定纳入其中，向今日之版权人归还了300年前出版商公会所享有的通过技术和法律的结合以控制作品印刷和传播的类似权利。所不同的是，出版商公会时期对技术的控制表现为对印刷机的控制，而如今则是对数字加密技术的控制。通过控制加密技术，版权法使得数字作品创作者可以针对公众对作品的接触设置条件。同样，基于加密技术手段及解密工具无法区分合理使用和侵权使用，因而，尽管立法允许非侵权的规避，但此立法允许事实上难以发挥作用。

《千禧年数字版权法》对版权保护的唯一要求是所保护的对象是以电子数据形式呈现，这样便有效地绕开了保护对象应当具有独创性的条件。当然，与有体财产世界中权利人不可以将篱笆竖立在自己的庄园之外一样，立法者并非没有考虑到在版权法上规定反规避版权技术保护措施可能对公共利益的妨碍，因而相关立法均将其所禁止规避的技术保护措施限定在了与版权应具有相关性的方面。然而，事与愿违者十有八九。通常情况下，反规避版权技术保护措施的规定仅适用于对版权作品的技术控制，但无论是巧合或是蓄意，处于公共领域内的数据材料提供者都可通过在公有材料上附加细微的受版权保护表达而轻易地规避这种限制。如出版商可能

---

① 参见姚鹤徽、王太平《著作权技术保护措施之批判、反思与正确定位》，《知识产权》2009年第6期。

② See Neil Weinstock Netanel, *Copyright's Paradox*, New York: Oxford University Press, Inc., 2008, p. 58.

会给公共领域内的小说加上一个新的说明或简短介绍，或者将版权材料与处在公共领域内的材料打包在同一个数据库中，并通过技术控制保护数据库入口。如此，在版权人私力构筑的封闭空间里，合理使用制度、思想/表达二分法、版权保护时间的有限性等规则在平衡私益与公益方面的功能，将难以继续发挥；主导近现代版权制度形成和发展的实用主义思想，也因失去了正当目的而走向了手段的单极主导。

三 何种垄断：作品抑或市场

综上所述，伴随着新的版权主题增加、保护期限的延长、新权项的不断创设以及反规避版权技术保护措施规则的建立，如今之版权呈现出了明显的异化现象，版权人对作品的控制已经在事实上非常接近所有权人对物的控制。相应地，也形成了版权扩张的恶性循环。随着版权排他性范围的持续扩大，版权与绝对财产权观念的一致性得到增强，版权人应当有权控制和收获每一种经由使用版权作品所生价值的观念也相应增强，这一观念又为版权的更进一步扩张铺平了道路。[①] 特别是反规避版权技术保护措施，使得版权人的控制能力远远超出了传统版权的范围。版权人事实上享有了作品接触权，作品的地位从与有体物类似逐渐走向了与有体物等同。版权人实际上取得了对作品本身而不仅仅是其商业使用的完全垄断。有学者就此直言，我们现在面对的是一个雏形的超越版权体制。[②] 在此情形下，版权法定、合理使用等制度实质上难以继续发挥正常作用，甚至会成为未来的古怪历史遗迹。然而，版权毕竟不同于所有权垄断。版权法律发展史告诉我们，它是一个首先惠益公众利益的制度，作者利益仅处于次要位置。促进作品再创作和传播是实用主义版权立法思想的重要体现和支撑。版权保护并非静态和只关注既往；相反，它始终面向未来。不论是对已完成创作的回报还是促进更大范围的公共利益，都依赖于作品传播。

由上所见，21 世纪初有学者所言的"版权已死"并非完全危言耸听。[③] 当然，我们不应局限于字面去理解版权的死亡。其真正所指是，如

[①] See Neil Weinstock Netanel, *Copyright's Paradox*, New York: Oxford University Press, Inc., 2008, p. 55.

[②] Ibid., p. 66.

[③] See Glynn S. Lunney, Jr., "The Death of Copyright: Digital Technology, Private Copyright, and the Digital Millennium Copyright Act", *Va. L. Rev.*, 87, 2001, p. 814.

今之版权内涵和制度功能已与其本来面貌全然不同。《安妮法》后 300 多年来，版权立法对于公共利益的聚焦一直延续了下来。版权法定、思想/表达二分法以及合理使用原则，都发挥了限制版权保护范围的作用。这些制度有助于确保版权制度在保护作者的同时，限制过度保护所导致的消极后果，为未来创作留下空间，并由此确保版权保护旨在服务的公共利益。然而，在近几十年来版权法在应对数字技术挑战的过程中，版权保护得到了极大扩张，严重削弱了传统版权限制制度对公共利益的维护，多年以来贯穿版权制度始终的实用主义思想已经让位于私利的当然化保护范式。换言之，今日之"版权"在很大程度上超越了保护创造性作品防止未经许可复制的制度范畴，版权保护本身所具有的抑制信息传播的消极作用被放大。在此意义上，言及版权已经死亡并不为过。

第三节　标识的财产化与公平自由竞争

前文对商标法律保护历史的梳理表明，只有市场主体已经将特定标识使用在商品或服务贸易中，并且这种使用发挥了区别商品或服务来源的功能时，司法才逐步认可了使用人就该标识在特定商业中使用的排他性权利。然而，与专利和版权一样，20 世纪后半叶以降，商标保护在许多方面都经历了持续扩张。学界和实务界不但认为商标权是财产权利，而且开始越来越多地认为商标本身——而不仅仅是其所承载的商誉——便是有价值的东西。特别是过去几十年来在发达国家商标法律实践中形成的商标自由转让规则和商标反淡化保护，① 使得标识本身具有了明显的财产属性。市场主体所享有的商标权，对于竞争者来说，也更加具有攻击性。如今，商标使用人能够得到的法律保护，在很大程度上已经比较类似于民法法系国家对于精神权利所给予的保护。② 而当商标权被扩张至类似于精神权利时，最初支持商标保护正当化的理论基础也发生了改变。也就是说，转向了为了保护而保护，这一点不但不是商标保护的最初旨趣，而且数百年来立法和司法在保护商标与涵育竞争之间构建的微妙平衡也受到了挑战。

---

① 即除了需要满足登记、备案等程序要件外，对商标转让不加其他限制条件。
② See Kenneth L. Port, "The Expansion Trajectory: Trademark Jurisprudence in the Modern Age", *J. Pat. & Trademark Off. Soc'y*, 92, 2010, p. 476.

一 商标的自由转让与防止欺诈消费者

标识财产化的表现之一是商标标识本身可以离开特定商业或商誉而单独转让。《巴黎公约》和《与贸易有关的知识产权协定》对此均未作出强制规定，而是允许成员国在须连同营业或商誉一起转让（以下简称连同转让）和自由转让之间进行自主决定。① 而与版权、专利权拥有与不动产一样的可转让性不同，在西方国家传统立法中，商标是不能自由转让的。如有学者指出，专利权人和版权人的权利是可分的、可自由转让的和排他的。相反，商标权人不享有其他财产形式所享有的"权利束"中的任何一个。商标持有人仅仅拥有排除他人将特定商标使用在相同或类似商品上的权利，除此无他。商标持有人就标识本身不享有财产权，商标在离开商誉或它所使用的产品之外便不存在了。②

商标不能自由转让的规则源自近代以来商标保护的正当性，或者说，近代以来法律保护商标的原因与商标不能自由转让的原因是一致的，即如果商标不能离开其代表的商誉而存在，那么商标便不能自由转让。同时，商标必须连同转让的规则还是避免欺诈消费者的具体体现。历史地看，商标转让规则曾经是有关商标保护范围的争论焦点。连同转让规则正是19世纪法院为了确定商标保护的恰当范围而形成的。③ 确立连同转让规则的合理性，不仅在于长期以来一再处于商标法律制度争论中心的消费者保护问题，还在于商标保护的社会成本考虑，即商标保护显然会在理论上无限期地排除第三方使用特定符号识别相同或类似产品。因而，为阻止商标所有人对特定符号的垄断，商标法通常只是在与商誉相联系以及在向消费者传递商品来源和品质信息的意义上保护商标。

然而，20世纪30年代以来，基于商业实践需要，商标所有人和一些学者纷纷主张商标得自由转让。认为商标转让与消费者是否会受到欺诈没

---

① 1934年巴黎联盟在伦敦修订《巴黎公约》时，首次将商标转让效力问题纳入了该公约调整范围，但因缔约各国难以达成一致，最终没有作出强制性规定，而是授权缔约各国自主决定转让规则，参见《巴黎公约》第6条之四。TRIPS 协定在措辞上与《巴黎公约》有所不同，前者限制更少，规定成员国不要求商标所有人连同其商业一起转让，参见 TRIPS 第21条。

② See Kenneth L. Port, "The Illegitimacy of Trademark Incontestability", *Ind. L. Rev.*, 26, 1993, p. 553.

③ See Irene Calboli, "Trademark Assignment 'With Goodwill': A Concept Whose Time Has Gone", *Fla. L. Rev.*, 57, 2005, p. 773.

有关系，后者仅仅与受让人对商标的使用有关。① 从商标法律实践来看，如今各国商标法均已经明显转向了自由转让的方向。许多国家或地区通过修法明确规定了商标自由转让规则。如根据英国1938年《商标法》第22条规定：注册商标在制定法层面既可以连同转让，也可以单独转让。我国台湾地区1972年"商标法"中曾明确要求商标专用权的转移应当与其营业一起，但现行"商标法"关于商标转让的规定只是明确了登记对抗主义，并未提及应当连同转让。"在当代，德、法等国商标法乃至欧盟商标条例无不奉行自由转让原则。"② 虽然美国自1905年通过联邦制定法将起源于普通法的连同转让规则法定化以来，③ 它在制定法上一直坚持连同转让规则，④ 但随着法院将商标视为商品的指示器或表明市场主体之间存在诸如赞助或依附关系一样的联系——而不再仅仅是物理来源，加上商誉概念的扩张，许多法院对连同转让规则采取了更为灵活的适用方式，允许商标自由转让。⑤ 我国1982年《商标法》规定了有条件的自由转让规则，并未直接涉及转让人是否需要连同营业一起转让的问题。根据规定，商标转让需要经过商标局核准并公告，同时，受让人有责任保证使用注册商标商品的质量。⑥ 值得注意到是，现行《商标法》第42条新增两款对商标自由转让进行了限制。⑦ 同时还在商标权的许可中增设了被许可人负有表明其名称和商品产地的义务。⑧ 不难发现，《商标法》对商标使用权转移新增的限制实际上是为了避免因商标使用权转移而导致混淆，从而损害消费者利益，给商标管理带来不便。而且，尽管学者认为，品质保证义务并

---

① See Irene Calboli, "Trademark Assignment 'With Goodwill': A Concept Whose Time Has Gone", *Fla. L. Rev.*, 57, 2005, p. 774.

② 彭学龙：《商标转让的理论构建与制度设计》，《法律科学》（西北政法大学学报）2011年第3期。

③ 事实上，《美国兰哈姆法》的早期版本曾经规定，商标既可以自由转让可以连同转让，但在最终通过对立法中，反对自由转让者胜出了。See J. Thomas McCarthy, *McCarthy on Trademarks and Unfair Competition*, New York: Clark Boardman Callaghan, 2008, pp. 18, 22-23.

④ 参见《美国兰哈姆法》第1060条。

⑤ J. Thomas McCarthy, *McCarthy on Trademarks and Unfair Competition*, New York: Clark Boardman Callaghan, 2008, pp. 18, 23.

⑥ 参见《商标法》（1982年）第25条。

⑦ 参见《商标法》（2013年）第42条第2款、第3款，该新增规定实际上来源于原《商标法实施条例》第25条的规定。

⑧ 参见《商标法》第43条第2款。

非"由商标法规定的法定义务"①,"我国大陆地区遵循的是商标自由转让模式"②,但不可否认的是,自1982年《商标法》至今,我国的商标权转让均应当得到商标局的核准,继受取得商标使用权者,均有义务保证使用注册商标商品的质量。这种制度设计是和近代以来保护商标旨在阻止欺诈的理论相一致的。

商标转让由连同转让向自由转让的转变,反映了现行法所保护的商誉观念的扩张。商誉不再依附于一个特定生产者的商业,而是可以黏附于标识之上并且随标识一起进入其他市场。更为重要的是,几乎一边倒的商标自由转让规则反映了商标本身的财产化观念的盛行。尽管许多国家商标立法都为继受取得商标使用权人设定了商品或服务品质保证义务,但除非有关商品或服务的低劣品质违反了《商标法》之外的其他强制性规范,此品质保证义务更多的意义都在于宣示,而非限制。在自由转让规则下,标识的先占者获得了竞争优势,并可以仅仅依赖对标识的先占——而非形成一定商誉——而获得经济收益。本质上,保护商标以促进诚实经营,加大对产品和服务品质的投资从而惠益公众的传统设定转变成为保护对标识本身的先占,无论这种先占对竞争、对消费者是否有益。这不得不令人深思。允许商标权人将其商标转让给并不从事相关产品生产和销售的人会在多大程度上符合商标保护的双重目的——旨在鼓励投资提高产品品质和避免消费者混淆,显然是存在疑问的。

许多学者对自由转让提出了质疑。例如,自由转让只增加了,而不是降低了消费者的混淆可能。③ 商标自由转让规则的盛行反映了对支撑商标法的理论的曲解。④ 按照传统商标法理论,商标本身不是财产,商标持有人只应当其在特定商品或服务的排他性使用意义上享有受保护的利益。立法之所以认可持有人对商标的排他性使用,在于此认可会通过向消费者准确传递信息而创造价值。⑤ 如果对商标转让不设定条件,则意味着商标作

---

① 彭学龙:《商标转让的理论构建与制度设计》,《法律科学》(西北政法大学学报)2011年第3期。
② 同上。
③ See Mark A. Lemley, "The Modern Lanham Act and the Death of Common Sense", *Yale L. J.*, 108, 1999, p.1709.
④ See Stephen L. Carter, "The Trouble with Trademark", *Yale L. J.*, 99, 1990, p.786.
⑤ See William P. Kratzke, "Normative Economic Analysis of Trademark Law", *Memphis St. U. L. Rev.*, 21, 1991, pp.247-249.

为信息传递者的价值将会失去真实性或缺乏保障。此外，允许商标自由转让，还可能会以损害消费者利益为代价而使受让人得到经济利益或竞争优势方面不应有的好处，特别是当受让人的产品相比较出让人的产品品质更为低劣时。

二 商标反淡化保护与竞争

标识财产化的另一个重要表现是商标反淡化保护。一如学者所言，商标反淡化保护，实际上相当于向标识的在先使用人赋予了绝对财产权。① 在这方面，美国的学说和立法可谓功不可没。

1927 年，谢克特（Frank I. Schechter）撰文指出保护商标的唯一合理性在于维护商标（标识本身）的独特性。② 谢克特认为，进入 20 世纪以来，商标不是像过去一样指明了商品的特定来源，而是仅仅表明特定商品与过去使用相同商标的商品具有相同来源，或者表明使用相同商标的特定商品与过去让消费者满意的其他商品具有相同的品质。③ 在谢克特看来，现代商标的价值在于其销售力。此销售力依赖于商标对公众心理上的影响，不仅仅是它所使用的商品品质，也依赖于商标本身的独特性和唯一性。在相关或不相关商品上使用时，商标的独特性和唯一性都会受到损害，商标保护的程度取决于商标所有人的努力与独创性商标实际上所具有的唯一性。④ 为此，不能把商标保护限制在相同产品之上，而是应对不同类型的商标给予不同程度的保护。当一个标识能够向公众标示稳定和一致的满意来源时，其所有人应当被允许有一个最广的使用范围。⑤ 为了证明这种扩张的合理性，谢克特论证了即便不存在转移商业、经济责任或损害名声，在完全不相同的商品上使用商标也会具体地损害商标所有人，这种损害便是削弱和分散商标的独特性及其在公众心目中影响。商标越是独特和唯一，其在公众意识中的影响就越深，防止隔断商标与曾经使用的特定

---

① See Robert N. Klieger, "Trademark Dilution: The Whittling Away of the Rational Basis for Trademark Protection", *U. Pitt. L. Rev.*, 58, 1997, p. 851.

② See Frank I. Schechter, "The Rational Basis of Trademark Protection", *Harv. L. Rev.*, 40, 1927, p. 831.

③ Ibid., p. 816.

④ Ibid., p. 831.

⑤ Ibid., p. 823.

产品之间联系或使得这种联系无效的必要性就越大。① 不难看出,谢克特的主张赋予了标识本身的独特地位,强调标识本身在整个市场上的唯一性和独特性,成为商标反淡化保护的重要理论支持。为了维护标识的唯一性和独特性,商标的保护自然可以离开其所使用的商品,因而等同于赋予了商标所有人就标识本身享有了权利。

立法方面,1947—1996 年,美国有 28 个州颁布了商标反淡化保护立法。② 1996 年时任美国总统克林顿签署通过了《联邦商标反淡化法》,在该法中,淡化被界定为减弱知名商标本身的显著性。反淡化保护使得知名商标所有人能够禁止他人将相同或近似商标使用在完全不相关的商品或服务上。这样,对于知名商标所有人而言,传统商标侵权中的混淆可能性标准不再需要,原告只需要证明相同或相似品牌名称的使用会"淡化知名商标的显著性"即可。③《联邦商标反淡化法》颁布后,学界褒贬不一。有学者指出,反淡化保护使商标具有了财产所有权属性。④ 反淡化保护理论忽视了专利法、版权法与商标法之间的不同,向特定商标的在先使用者授予了一个与专利权和版权一样的权利。⑤ 当然,也有学者认为这是商标知名度提高之后阻止搭便车所必要的,它能够使公司继续在商标之上进行投资。尽管如此,没有人认为反淡化保护是普通法商标起源的一部分,所有人都同意这是美国商标权的一种扩张。⑥

尽管美国反淡化保护的商标仅限于知名商标,但反淡化保护还是被认为是对传统商标保护理论的严重背离。⑦ 传统上,商标持有人就标识本身并不享有财产权,而是仅仅有权阻止他人以损害消费者的方式使用商标。

---

① See Frank I. Schechter, "The Rational Basis of Trademark Protection", *Harv. L. Rev.*, 40, 1927, p. 825.

② See Daniel H. Lee, "Remedying Past and Future Harm: Reconciling Conflicting Circuit Court Decisions under the Federal Trademark Dilution Act", *Pepp. L. Rev.*, 29, 2002, p. 700.

③ 参见《美国兰哈姆法》第 1125 条 (c)(1)。

④ See Lynda J. Oswald, "'Tarnishment' and 'Blurring' Under the Federal Trademark Dilution Act of 1995", *Am. Bus. L. J.*, 36, 1999, p. 262.

⑤ See Robert N. Klieger, "Trademark Dilution: The Whittling Away of the Rational Basis for Trademark Protection", *U. Pitt. L. Rev.*, 58, 1997, p. 866.

⑥ See Kenneth L. Port, "The Expansion Trajectory: Trademark Jurisprudence in the Modern Age", *J. Pat. & Trademark Off. Soc'y*, 92, 2010, p. 483.

⑦ Mark A. Lemley, "The Modern Lanham Act and the Death of Common Sense", *Yale L. J.*, 108, 1999, p. 1698.

反淡化保护的理论基础在于，商标权的性质不应当由公众的心理状态所决定。相反，为了最好地实现商标的广告价值、表彰公司在发展其商标方面的投资，商标权应当是绝对的。[①] 一如杜颖博士所言，商标反淡化提出的基础是"保护商标的广告宣传功能"[②]。反淡化保护理论意味着向商标持有人赋予了对所有可能导致标识识别能力减弱的使用方式进行禁止的权利，它允许标识所有人阻止第三方使用相同标识，即便这种使用不会导致任何种类的潜在混淆，也不存在第三方将转移标识所有人顾客的任何风险。按照反淡化保护理论，在鞋子上使用汽车上使用的"BUICK"商标将损害在先使用者，不是因为寻求购买一辆新车的人会向鞋子制造者购买汽车，而是因为"BUICK"标识将不再在消费者心目中占据突出位置。"BUICK"汽车的制造商因此将会失去潜在购买者。鞋子制造商使用"BUICK"标识在理论上的获益来自它利用了该标识的销售力或商业吸引力以销售自己的货物。同样，将"柯达"标识使用在钢琴之上便被认为淡化了"柯达"标识，因为在钢琴上使用"柯达"标识降低了在相机上已经使用了的知名"柯达"商标本身的识别能力，尽管两个"柯达"所使用的产品之间不存在竞争，也不存在任何令人信服的混淆可能性。

  不难看出，商标反淡化保护打破了公平与自由竞争之间的历史平衡，显著增强了商标保护的反竞争效果。当然，在传统的混淆标准下，自由竞争也会受到一定妨碍，但仅是限于在相同或类似商品之上使用相同或近似商标的方面，因而，其妨碍程度是轻微的，也是有限的。而反淡化保护，实际上针对的是商标的"人格"，即其本体、显著性和独立性，这与商标传统上作为产品和服务来源的识别者相去甚远，因而会导致严重的反竞争效果。如果说在传统商标保护模式下，对竞争的妨碍是其不可避免的消极方面，那么，商标的反淡化保护，却在很大程度上更像专门为"妨碍"竞争而设计的规则。反淡化保护不但会鼓励在培育商标形象方面的过度投资，而且为市场主体在不相关市场上展开新的竞争设置了障碍。其结果是，生产更加集中，消费者的市场选择机会减少，相关产品定价也会超出竞争水平，最终损害消费者利益。

---

  ① See Robert N. Klieger, "Trademark Dilution: The Whittling away of the Rational Basis for Trademark Proteciton", *U. Pitt. L. Rev.*, 58, 1997, p. 851.
  ② 杜颖：《社会进步与商标观念：商标法律制度的过去、现在和未来》，北京大学出版社2012年版，第171页。

此外，反淡化保护有违公正原则。如果说标识的选择是无限的、标识本身在心理学上也是中立的，则至少对后来者而言，会存在得到相当保护的平等机会。然而，事实恰恰相反，不仅可以用作商标的标识是有限的，而且现有商标越是知名，保护范围就会越广。这样，后来者选择不侵权的标识不会十分便利。更何况谢克特本人也认识到了标识本身具有"创造"购买力的性质，也就是说，标识在心理学上远非中立的。因而赋予商标所有人就标识本身享有排他性使用权便有违公正原则。再有，反淡化保护使得商标法和保护其他商业标识的法律之间难以很好地衔接。而必要的衔接恰恰是整个商业标识在功能上、价值上同一性的体现。隔开这种衔接不但割裂了商标法的深厚历史，更重要的是，会造成法律制度内部的不和谐。如知名商品的特有名称、包装、装潢的保护，都以竞争者的相关产品为限，在国内外立法或法律实践中，多少年来莫不如此。在这些名称、包装、装潢尚未获得注册的情况下，其保护离不开特定产品；而若其获得了注册，则按照反淡化保护的规则，其所享有的保护将不限于其所使用的特定产品。该对比中的明显不同反映了商标反淡化保护的这一重要局限。

由上述细节不难窥见，如今之商标保护已经在某种程度上与其维护自由公平竞争的使命渐行渐远。一些知名商标的持有人几乎取得了对标识本身的垄断。尽管这种做法不但"渊远"而且定然会更加"流长"，而且无疑表达了对公平竞争的关切，但是，商标持有人对标识本身的垄断，难免会导致妨碍自由竞争的消极后果。在现代商业模式和传媒背景下，商标几乎是所有通过广告将产品推向市场者必须通过的一条独木桥，它甚至能够在相当程度上决定新产品的最终成功和失败。产品极大丰富时，"酒香不怕巷子深"已非今日商业之道。因而，似乎是商贩之间的私人纠纷，实际上不可避免地关联着公共福祉。因此，我们应当反思，扩张之后的商标保护，是否同时促进了公共的和私人的目标。[1] 肯定的是，商标保护的扩张的确促进了持有人的利益和某种意义上的竞争公平。因为如果模仿者能够通过欺骗公众穿越生产者和消费者，从而占领"桥梁"，它就能获得大量"通行费"。同样，若后来者能通过在直接竞争的产品或服务上使用在先者的商标而得到好处，那显然是与公平竞争相违背的。但是，在商标保

---

[1] See Mark A. Lemley, "The Modern Lanham Act and the Death of Common Sense", *Yale L. J.*, 108, 1999, p. 1687.

护扩张到等同于垄断了标识本身的商业使用时，会增加不必要的交易成本，从而抑制自由竞争。此外，标识的财产化还将导致商标注册中大量的机会主义行为，对此，学说上已有诸多论述，本书不再赘言。

第四节 实用主义知识产权观错位的思维工具

一 知识信息财产与传统财产在观念上的等同

知识信息财产这一术语本身就暗含了导致知识产权地位发生变化的驱动。在使用了知识信息财产这一术语后，知识信息财产获得了与传统财产法的法律和学术联系。如今，法院和学者们已经习惯了从不动产法的法律和经济文献中去证明知识产权法律规则的正当性，或者去修改它。在学术界，越来越多的学者明确表示，知识信息在传统意义上就是财产。旧的将知识产权等同于垄断的辞藻似乎已经消失，而是被这样一种认识所替代，即原则上知识信息之上的排他权与有体财产权并无不同。① 这一认识内在地影响了人们对待知识产权的方式。以美国为例，国会、法院和学者渐渐地不再将知识产权看成市场竞争原则的有限例外，而认为其本身就是好的。主张除非创造者被合法赋予获得其发明全部社会价值的权利，创造者就不会有从事发明的充分激励。进而认为，绝对保护可能是不能实现的，但它是知识产权制度的目标。② 知识产权似乎不再是一种用来解决共享性物品供给问题的独特法律形式。学者们以不动产的经济理论为依托，对那些假冒者或与知识财产所有人进行竞争的"搭便车者"进行非难。其结果是，知识产权的法律王国逐渐被视为是和不动产法一样的规则体系，或者是以后者为蓝本进行的理想化构建。不论是功利主义者还是自由主义者，都主张知识信息财产和有体财产一样，都是人的劳动果实。因而，和人们需要政府对有体财产提供保护防止被掠夺一样，人们同样需要政府对

---

① See Frank H. Easterbrook, "Intellectual Property is Still Property", 13 *Harv. J. L. & Pub. Pol'y*, 13, 1990, p. 112; Henry E. Smith, "Intellectual Property as Property: Delineating Entitlements in Information", *Yale L. J.*, 116, 2007, p. 1822.

② Mark A. Lemley, "Property, Intellectual Property, and Free Riding", 83 *Tex. L. Rev.*, 83, 2005, p. 1031.

知识信息财产提供类似的保护以阻止其思想被他人使用到产品的制造之中。① 如在美国联邦最高法院审理亿贝案过程中，包括理查德·埃布斯坦（Richard Epstein）教授在内的许多法律和经济学者都主张，墨客交换公司的专利理应得到和不动产一样的保护。通过将侵犯专利权类比于侵害财产，学者们主张侵害专利应当获得禁令救济。②

然而，"知识产权属于财产权"这一归类更多的只是形式上的和观念上的，而非真实的和全面的。最根本的原因是这种一般性的归类并没有解决专利权、商标权及版权保护的边界。尽管早期司法和立法在涉及版权作品时已经惯性地使用"财产权"一词，但那时版权作品保护所涉及的财产观念，通常受到"文学的""艺术的"以及"知识的"等词的限定。③"财产权"标签对知识产权来说，主要表明它是可以所有权化的以及可以转让的。而且，财产权本身并不是一个内涵恒定的概念，在不同类型的资源之上，它得到了相当不同的对待。因而，关键的问题不在于"财产权"这个术语是否适用于知识产权，而在于这个传统上与不动产及其他有形资产相对应的概念是否适用于知识产权。包括埃布斯坦教授在内的许多财产权运动的倡导者主张，与不动产有关的规则应当适用于规范知识产权。他们将知识产权硬塞进了一个理想化的布莱克斯通式的财产权概念之中。但事实上，这两个领域具有不同的哲学基础、包含不同的规则和制度。知识产权制度的演进表明，它并非首先效法不动产规则和制度而创设。相反，它是与促进科学艺术进步相吻合的一种可延展性的权利束。知识产权的保护模式与布莱克斯通的绝对权利模式——永续的、排他的以及不可侵犯的——具有很大的不同。知识产权的最典型形式——专利和版权——只对保护对象提供有期限的保护。而且，排他性在知识产权领域相比较在传统财产权领域要弱许多。专利法上的实验使用抗辩以及先用权规则等其他例外限制了专利权的排他性。版权法上的合理使用、非自愿许可以及其他侵权豁免严格限定了版权的排他性。商标的显著性要求、侵权判定标准以及指示性使用抗辩同样限制了商标权的排他性。历史已经清楚地

---

① See Frank H. Easterbrook, "Intellectual Property is Still Property", 13 *Harv. J. L. & Pub. Pol′y*, 13, 1990, p. 113.

② See Peter S. Menell, "Intellectual Property and the Property Rights Movement", *Regulation*, 30, 2007, p. 36.

③ Ibid., p. 37.

表明，知识产权法具有明显的政策杠杆作用，立法和司法会随着技术和生产环境的不断变化而对其进行符合目的的调整和解释，以促进创新和保护市场诚信。① 因而，知识产权的绝对财产化倾向不但是对其根基的明显背离，使得权利经由概念而走向了本体的异化，而且还基于知识创新的继承性——所谓站在巨人的肩上——而使得绝对化的知识产权最终成为目的本身，从而根本上妨害创新、破坏竞争的市场机构。正如杜颖教授所言："知识产权保护的强化和不断扩张在一定程度上阻碍了技术的进步和文化的传播。"②

二 财产/责任规则分析工具的"误用"

20世纪70年代，美国学者卡拉布瑞斯（Calabresi）和墨兰门德（Melamed）以交易成本为核心，提出了权利保护的财产规则、责任规则和不可让渡规则。③ 财产规则，也可称为绝对许可规则，是指财产未经所有权人的许可不得使用。责任规则允许他人在未经所有人许可的情况下使用财产，条件是事后给予权利人充分补偿，可简单描述成"先使用，后付款"。采用财产规则，系通过威胁使用警察权力以保证财产权利分配不受侵权妨碍，而采用责任规则，则仅通过要求违法者向受害人赔偿所受之损害以阻碍侵权。④ 卡拉布瑞斯和墨兰门德指出，通常被称作私有财产权的多数权利都能够被看作通过财产规则保护的权利。即除非权利人以其主观确定的财产价值自愿出售财产，没有人可以从权利人处取得私有财产。当然，基于经济效率考虑，财产权也会通过责任规则来获得保护，即采用来自外部的、客观的价值标准来便利财产权从权利人转移给妨害者。⑤ 例如，尽管财产权的转移将使所有各方均受益，但在通过谈判确定初始权利

---

① See Peter S. Menell, "Intellectual Property and the Property Rights Movement", *Regulation*, 30, 2007, p. 38.
② 杜颖：《社会进步与商标观念：商标法律制度的过去、现在和未来》，北京大学出版社2012年版，第230页。
③ See Guido Calabresi, A. Douglas Melamed, "Property Rules, Liability Rules, and Inalienability: One View of the Cathedral", *Harv. L. Rev.*, 85, 1972, p. 1089. 鉴于本书研究内容所限，对财产保护的不可让渡规则不做叙述。
④ See Louis Kaplow, Steven Shavell, "Property Rules versus Liability Rules: An Economic Analysis", *Harv. L. Rev.*, 109, 1996, p. 715.
⑤ See Guido Calabresi, A. Douglas Melamed, "Property Rules, Liability Rules, and Inalienability: One View of the Cathedral", *Harv. L. Rev.*, 85, 1972, pp. 1105-1106.

价值的成本高到阻碍这样的转移发生时,就需要通过诸如集体决定价格的机制,便利这样的转移发生。① 责任规则还有利于将效率和分配结果结合起来,比如在环境污染的情形下若采用财产规则,则再分配的发生只能通过牺牲效率来实现,而责任规则所包含的集体决定价值机制能够比较快捷地促进分配目标的实现。②

此后,财产/责任规则成为法律学科中最为重要的分析工具之一。人们普遍认为,财产规则在低交易成本时是有效率的,而责任规则在交易成本较高的情况下更有效率,特别是在因当事人众多会导致具有拒绝同意(holdouts)的可能性时。③ 在知识产权领域,财产/责任规则框架也引发了众多学者就应当给予知识信息以何种法律保护才更为适当的争论。总体来看,尽管存在例外,④ 但学者们仍然将知识产权看成通过财产规则来保护的权利的范例。⑤ 墨杰斯曾以专利为例,分析了知识产权适合财产规则保护的原因:交易中只有双方当事人;当事人之间其他方面的交易成本也比较低;更为重要的是,基于知识信息的特殊性以及其使用所涉及的复杂商业环境,法院难以便利地确定交换条件。⑥ 知识产权所涵盖的特定财产在某种程度上都是独一无二的——这一特征保证了特定对象能够符合知识产权立法保护的要求。而正是基于同样的原因,法院在侵权案件中往往难以准确评估权利人的损失。因此,交易的进行应当由当事人自己决定。相比较法院来说,在知识产权估价方面,当事人因为直接从事了相关知识信息的生产,因而比法院更为适当。同样,保罗·戈斯汀(Paul Goldstein)

---

① See Guido Calabresi, A. Douglas Melamed, "Property Rules, Liability Rules, and Inalienability: One View of the Cathedral", *Harv. L. Rev.*, 85, 1972, p. 1106.

② Ibid., p. 1110.

③ Ibid., pp. 1106–1110, 1118.

④ See R. D. Blair and T. F. Cotter, "An Economic Analysis of Damages Rules in Intellectual Property Law", *William and Mary Law Review*, 39, 1998, p. 1585; D. L. Burk, "The Trouble with Trespass", *Journal of Small and Emerging Business Law*, 4, 2000, p. 53; A. Kozinski, C. Newman, "What's So Fair About Fair Use?" *Journal of the Copyright Society of the USA*, 46, 1999, pp. 525–527; Robert P. Merges, "Of Property Rules, Coase, and Intellectual Property", *Colum. L. Rev.*, 94, 1994, p. 2655; Robert P. Merges, "Contracting into Liability Rules: Intellectual Property Rights and Collective Rights Organizations", *Cal. L. Rev.*, 84, 1996, pp. 1302–1303.

⑤ See Roger D. Blair, Thomas F. Cotter, *Intellectual Property: Economics and Legal Dimensions of Rights and Remedies*, Cambridge: Cambridge University Press, 2005, p. 39.

⑥ See Robert P. Merges, "Of Property Rules, Coase, and Intellectual Property", *Colum. L. Rev.*, 94, 1994, p. 2664.

等人在到版权保护时指出,版权拥有通过强财产规则保护的类似合理性。尽管存在诸如强制许可、合理使用制度等法定例外,但财产规则长期以来还是支配着版权法。偏好财产规则使得法院在确信存在版权侵权时将颁发禁令救济几乎看作自然而然的事情。①

然而,在卡拉布瑞斯和墨兰门德的逻辑选择中,包含着一个重要假设——财产权的边界是清晰的。② 否则,财产所有人与潜在资源使用者在知晓有关权利范围的准确信息之前不易达成合作。而这恰恰是在知识产权保护中准用财产规则时被忽略的重要方面。通常认为,不动产的权利边界是清晰的,因而人们也能够比较容易地判定行为之末。但在知识产权法上,没有哪项权利的边界是清晰的,因而某人确定其是否"侵入"了他人的知识产权客观上存在一定困难。特别是近些年来,技术发展和权利保护扩张使得知识信息的使用者在决定其使用行为是否构成侵权以及到底侵犯了谁的权利等问题时更为困难。

不仅权利范围不易确定,对于特定的知识产权而言,有关法律原理往往也存在很大的不确定性。以版权法为例,决定私人权利之末和公众自由之始的许多版权法律规则都具有固有的模糊性。这意味着那些想使用版权作品的人难以事前准确判断其是否需要向权利持有人取得许可。③ 例如,在权利产生方面,各国立法均要求作品需具备某种程度的"独创性"。而事实上,即便在司法实践中,专业人员有时候都难以准确判断作品独创性的有无或高低,要令社会公众去判定其拟使用的作品是否享有著作权保护以及该权利的边界在何处,更是难上加难。而且,即便被控侵权者的确已经使用了权利人之表达,也还存在合理使用等可能会阻却特定使用行为非法性的法定抗辩事由。这些因素的结果是,使用者或许会知道特定作品是受版权保护的,但该明知对于确定其使用行为是合法还是非法可能并没有

---

① See Paul Goldstein, P. Bernt Hugenholtz, *International Copyright*: *Principles*, *Law and Practice*, Oxford: Oxford University Press, 2012, pp. 332-333; Roger D. Blair, Thomas F. Cotter, *Intellectual Property*: *Economics and Legal Dimensions of Rights and Remedies*, Cambridge: Cambridge University Press, 2005, pp. 30-31.

② See Mark A. Lemley, Philip J. Weiser, "Should Property or Liability Rules Govern Information?" *Tex. L. Rev.*, 85, 2007, p. 793.

③ See James Gibson, "Risk Aversion and Rights Accretion in Intellectual Property Law", *Yale L. J.*, 116, 2007, p. 884.

多少帮助。① 再从权利实施层面来看，作为著作权侵权判定核心的"实质相似性"标准在实践中也具有很大的不确定性。因为新著作的创作几乎总是会借鉴现有作品。因此，言著作权的权利边界具有很大的不确定性，实不为过。

同样，尽管发明专利权只有在符合法定实体条件、经过规定程序的审查后方可产生，但在专利权的保护过程中，确定权利边界和效力至少与版权来得一样复杂。授予专利权的前提是研发出了符合专利授权条件的发明创造，然而研发本身是一种抽象的思想和思维活动，发明创造需要借助有形的载体体现出来。从实体上说，授予专利权需要发明创造具备新颖性、创造性和实用性条件。其中，新颖性和创造性条件的考察都需要与现有技术进行对比。而囿于信息、检索技术等限制，作为参照的现有技术一定是有限的，因此难免存在瑕疵授权；而且新颖性和创造性的判断又具有一定的主观性，特别是创造性条件的判断，这种主观性更加明显。虽然专利法通过拟制现有技术领域的普通技术人员解决这个问题，但是仍然难以保证判断上不存在失误。就权利边界的判定而言，一件专利和一宗土地明显不同。确定和调查一块土地是相对容易的，而确定一件专利的边界是相当费劲的。原因在于专利权的边界是通过专利申请文件来限定的。专利权的范围以权利要求书为准，但在将技术方案转化为文字以表达和"固着"过程中，专利申请文件的撰写水平、一些语言文字本身含义的模糊性等都决定了专利权具有内在的不确定性。此外，专利权边界的确定是通过不同阶段、由不同的决定者来完成的。当专利权人指控他人侵权时，他需要证明被控侵权的行为落入了其权利范围，就此而言，专利权边界最初由原告确定，尽管该确定需要受到专利主管部门核准文件的限制。而如果提起专利侵权诉讼，则权利边界的确定需要由法院来完成。显然，专利权人、专利主管部门、法院于不同阶段对于专利权边界的确定可能并不一致。确定专利权的边界本身又是一个困难的过程，它是一个涉及说明事实和解释法律的复杂问题。由于专利权的边界还取决于其与现有技术的区别，因而，庞大的专利数量也会增加确定专利权边界的难度。此外，由于专利授权周期较长，往往在一件专利获得授权前后，权利人又会提出许多后续和相关申

---

① See Mark A. Lemley, "What's Different About Intellectual Property?" *Tex. L. Rev.*, 83, 2005, p. 1101.

请,这会增加潜在使用者通过专利公开文件确定专利权的存在及其保护范围的难度。其结果是,通过专利检索可能也无法揭示专利的全貌。即便是进行过专利检索之后使用专利者,也可能成为侵权者。总之,专利法同样给潜在的专利技术使用者带来了很大的不确定性,而且适用禁令或停止侵害救济的可能随时都使得潜在使用者面临着承担较高移除成本的威胁。一旦一件产品或方法组合了专利发明,财产规则保护可能会迫使利用者重新开发整件产品;而且,在专利发明只是组合产品的一小部分时,围绕该专利发明的重新设计如果耗资巨大,还可能会迫使使用者支付巨大的额外成本以取得不同的一套专利许可方案。

而就商标权来看,从注册商标专用权的产生过程来看,同样会因为比对文件无法做到穷尽式检索等因素而导致商标权的效力存在一定的不确定性。同时,由于在商标权的保护中,立法将在类似商品或服务上使用相同或近似商标作为侵权行为,而何为类似商品和服务、何为近似商标,则在判断上均会因为个案特别是消费者的混淆或误认程度不同而存在一定差别。加之驰名商标跨类保护制度的存在,驰名商标的认定又具有被动性、个案性,因而,商标权的保护范围存在更大的不确定性。换言之,商标权在效力方面存在弹力性。[①] 可以说,对于商标权而言,不但事先确定其权利范围是不容易的,而且即便法院曾经在特定时空下对此进行过确定,消费者信赖的变动性仍会导致商标权的保护范围发生变化。

综上,与不动产具有清晰的权利边界相比,知识产权的权利边界具有一定的不确定性。作品和发明创造、商标标识及其所使用的商品和服务自身的特殊性决定了无法从权利创设及权利执行层面清晰地界定知识产权的边界。同时,知识信息的非物质性决定了知识产权的交易成本往往并非处在一个较低的水平,这对于知识产权的保护方式具有重要影响。这样,若根据适用于不动产保护的财产规则来保护知识产权,并配置相应的救济措施,便存在一定的负面效应。然而,与在性质上将知识信息财产等同于有体财产一样,当前各国知识产权立法已经普遍确立了以财产规则来保护知识产权的制度。

[①] 孔祥俊:《商标与反不正当竞争法》,法律出版社2009年版,第61页。

第六章　实用主义与我国知识产权制度的改造

> 为了知道法律是什么，我们必须知道它过去是什么，以及未来会变成什么。
>
> ——霍姆斯：《普通法》

近年来，知识产权保护制度在国际、国内、行业以及个体层面已经备受诘难。尽管历史地看，这种诘难不但不是首次出现，反而应当说是与知识产权保护制度长期并存的一种现象，只不过在不同技术、市场环境下，程度有别而已。因而，我们不必对"重新"关注到诘难而为制度本身的前景感到过分悲观，当然，也不能因为它将伴随着事物发展始终而对其故意漠视，不加关注。相反，人类基于理性构造了包括知识产权制度在内的许多制度，因而，有义务、有必要对其发展进行理性审视，不断扬长避短，以更好地服务于人类社会的发展。换言之，要随着制度发展进行持续的反思性审视。反思性审视的发生当然地暗含了一个前提，即人类对制度功能和创设初衷设定的回归。知识产权不是天然的、固有的权利，实现创新等制度目标也不是授予更多知识产权的一个当然推论。相反，知识产权的创设只是手段，本身并非目的，因而，权利运行的全过程，都应当受到目的的制约。知识产权制度只是促进创新和维护竞争的众多手段之一，远非全部。它也只是给市场主体提供了一种选择，并没有排斥和替代其他手段的任何企图。这是正确认识知识产权制度的重要前提，也正是在这种意义上，才能彻底剥离后人为知识产权制度"强加"的道义优越感，才能看到知识产权制度本身所具有的谦抑。通过知识产权制度，给原本自由的知识信息制造了强制性稀缺，而且，它是不是激励人类创新的最有效办法，本身也存有疑问。① 因而，要对知识产权制度进行理性看待，注重其相对性，避免将其功能泛化。人类对创新和诚信竞争的永恒追求显然不是对知识产权本身的永恒追求。这是对知识产权制度功能先天有限性的承认。认可了这种有限性，知识产权制度才能回归应有的理性，也能从根本上化解许多争议和危机。

第一节　正确对待知识产权保护的国际化

一　实用主义是知识产权保护国际化演进的唯一动机

在法理学的语境中，知识产权保护的国际化意味着知识产权法律的全球化，是指全球范围内知识产权领域以及与知识产权有关的法律交融发展、一体化的趋势。② 客观地说，法律的全球化起因于经济的全球化，就此而言，它具有一定的必然性。同时，经济的全球化带来了更大范围的全球化。政治、文化等各领域的交融影响不可避免，法律的全球化从协调与国际交往有关的利益需要延伸到了国家和社会治理等更为广泛的领域。与经济的全球化一样，法律的全球化从来都不是中立的，除去直观和普遍的"趋利避害"愿望外，利用全球化推行霸权之目的是一些国家自始至今的追求。"在知识产权法律全球化过程中，知识产权发达国家也一样会利用他们的优势达到法律霸权之目的。"③

结合法律全球化的一般界定和知识产权法律发达史不难看出，19 世纪之前欧洲国家知识产权保护制度普遍形成的过程，也是知识产权法律全球化的一种表现。以早期欧洲专利保护实践为例，15 世纪以后意大利城市国家的专利特权实践之所以普遍地被欧洲国家所借鉴和推广，原因恰恰在于英法等国需要以类似的成功政策改进国内之产业发展。此时甚至直至 19 世纪，一些国家在借鉴他国做法建立国内制度的过程中不保护外国人知识产权的做法，明确地反映了这一时期知识产权保护的国家间趋同并非出于对技术文明和制度文明的共同追求，而是改善国内产业、获得或维护

---

① 参见 [英] F. A. 哈耶克《致命的自负》，冯克利、胡晋华等译，中国社会科学出版社 2000 年版，第 37 页。
② 参见胡神松《知识产权法律全球化的政治经济学分析》，《知识产权》2015 年第 2 期。
③ 同上。

国家的国际竞争地位的需要。至19世纪后半叶,知识产权的国际保护开始形成,《巴黎公约》和《保护文学艺术作品伯尔尼公约》的缔结协调了这一时期国际经济交往的客观需要。1893年"保护知识产权联盟国际局"的建立,使得知识产权保护的国际协调机制进一步加强。[①] 如果说这一时期的知识产权国际保护主要在于协调国际贸易中的不便,那么20世纪60年代至今知识产权国际保护的发展,则更为清晰地体现了发达国家维护国家利益的需要。换言之,形成于19世纪的知识产权国际保护制度,主旨在于国家间的协调,而发达于20世纪的知识产权国际保护,主旋律则是服务于发达国家维护经济及技术优势的需要。其中的典型便是《与贸易有关的知识产权协定》,对此,学说已有广泛研究和一致定论。

与法律的全球化不同,知识产权保护的国际化还有其额外的特殊含义,即知识产权保护的普遍性与知识产权保护水平的趋同性。这一特殊含义能够更为清楚地表明,知识产权国际保护的主导者在更大的市场范围内实现其国家利益的诉求。为了理解强的国际知识产权体制的出现,我们必须把注意力从人类社会的整体转向单个的国家。知识产权保护国际化的一个不可避免的后果是,以市场主体为单元,构筑国际贸易壁垒,从而形成更大范围内市场垄断。从这一点来看,尽管世界贸易组织旨在促进自由贸易,但《与贸易有关的知识产权协定》加剧了知识信息国际贸易中的垄断,背离了世界贸易组织的总体趋势。事实上,知识产权这个术语本身就是一个政治建构,并非如人们所认为的价值中立。它是扬弃其前身"知识垄断特权"一语所具有的消极含义而进行的更好平衡和策略性协调的结果。这一成功的建构使得知识产权的倡导者在权利的语境下强调了它的纯粹道义内容,在财产的语境之中强调了他们的经济诉求。[②]

知识产权国际保护体制的发展或不断走强,不是来自各国的共识和自愿。从理论上看,强的知识产权保护体制只能是发达国家的意愿。从知识产权国际保护的效果来看,它给成员国与知识信息有关的产品贸易带来了两个重要影响。一是它创造了一个垄断的贸易环境,使得任何一个知识产权的所有人都能够成为其产品在其他成员国的唯一提供者。由此,知识产

---

① 参见郑万青《知识产权法律全球化的演进》,《知识产权》2005年第5期。

② Meir Perez Pugatch, *The International Political Economy of Intellectual Property Rights*, Massachusetts: Edward Elgar Publishing, Inc., 2004, p. 4.

权的创造能力越强,就越能够通过知识产权的国际保护体制增加净利润。也就是说,知识产权强国将通过确立或加入知识产权国际保护体制而实现贸易增长和收入增加。二是基于其所创造的知识信息产品贸易垄断,它能够有效地使得知识产权所有人进行垄断定价。同样,知识产权强国由于其国民能够在产品出口中进行高额定价而实现国家收入的增长。从这两个效果来看,知识产权弱国的最佳选择似乎是根本不参加知识产权国际保护体制。至少从理论上说,这样做有利于国内企业通过模仿和自行研发,成长为国际知识产权市场的潜在竞争者。即便是考虑到缺乏有效的知识产权保护制度会导致一些"技术移民"以及来自他国的贸易报复等不利因素,知识产权弱国加入知识产权国际保护体制的动力仍然会远低于知识产权强国。

从实践来看,强的知识产权体制又是知识产权弱国不得已的选择。在知识产权国际保护体制中,贸易报复是国家支持强的知识产权国际保护体制形成的重要因素,特别是对于那些与具有较强知识产权保护需求的经济体之间存在贸易关系的国家。面临遭受贸易报复威胁的国家不得不去衡量维持弱知识产权保护的社会净收益是否会高于贸易报复带来的社会成本。以瑞士19世纪末引入专利制度为例,学者认为,导致瑞士最终在1888年采纳专利制度的主要原因是来自其他国家的压力,特别是德国。同时,由于瑞士在其最初的专利法中并不保护方法发明,这被认为十分有害于德国的化学工业。在1904年德国和瑞士谈判中,双方同意若瑞士于1907年前不能修改专利法以保护方法发明,德国将对进口自瑞士的不纯染料提高关税,此举直接导致了瑞士于1907年6月修改其专利法。[①] 而在关贸总协定乌拉圭回合谈判中,威胁进行贸易报复使得广大发展中国家不得不同意修改其国内知识产权立法。在该回合谈判中,美国一马当先,并且实现了预期。主要原因也在于它能够使用两个方面的政策工具。一个是拒绝给予来自美国的最惠国待遇,另一个是使用1974年美国贸易法301条款和1930年关税法337条款。20世纪80年代,韩国之所以顶住国内反对修改其知识产权立法,根源就在于美国的压力。这次修法之前,韩国专利法只保护方法而不涉及化学和医药产品,版权侵权也时有发生。在美韩谈判无

[①] Meir Perez Pugatch, *The International Political Economy of Intellectual Property Rights*, Massachusetts: Edward Elgar Publishing, Inc., 2004, pp. 65-66.

果的情况下，里根政府启动了 301 条款调查，并最终促使韩国于 1986 年开始全面修订知识产权立法。同样，这一时期，美国对巴西进行了实际的贸易报复。直至巴西政府承诺按照美国要求修改专利法，争端才得以解决。《与贸易有关的知识产权协定》开创了知识产权保护国际化的新篇章。"而该场戏的主角是一个更小的集团——由 12 个美国成员组成的特别的知识产权委员会。"① 塞尔对该协定的评价鲜明地道出了知识产权国际保护体制演进中的实用主义："事实上，TRIPs 下知识产权保护范围的急剧扩大，通过有效地阻止未来新兴工业化国家不再走以前工业化国家走过的老路来限制其将来的选择。……以前工业化国家的经济优势是建立在对别国知识产权的使用上的，但是在 TRIPs 下，以后想实现工业化的国家则再不能这样做了。"② 而到学者们所称的后 TRIPs 时代，由于世界贸易组织的多边谈判框架不再能够满足美国等发达国家继续加强知识产权国际保护的愿望，美国在很大程度上又开始抛弃自己亲手缔造的多边框架，新的双边、"小多边"谈判模式再次走到知识产权强保护机制形成的前台。一些国家"关门"起草《反假冒贸易协定》、有的国家主导达成《跨太平洋伙伴关系协定》后又不顾其他伙伴反对而自行退出。如此等等，均不难看出，在如今的知识产权国际保护体制中，维护国家利益而非构建改善全球或全人类公共福祉，才是主导者的唯一关切。一如学者所言，现行全球知识产权制度与其说是一种法律改良的技术问题，不如说是其旨在服务于十分具体的利益诉求。③

面对被政治和国内经济"绑架"的知识产权国际保护体制，我们一方面应该看到，我国知识产权法治建设还存在诸多需要完善的地方，另一方面，也不必因为我国知识产权保护与发达国家存在差距而底气不足。知识产权保护与其他许多公共政策工具一样，都在很大程度上首先服务于国家经济社会发展。特别是保护水平的高低，与国家科技与经济发展程度密切相关。这正是实用主义知识产权观的内在要求。以专利保护为例，世界知识产权组织的统计表明，在我国《国家知识产权战略纲要》实施之前，

---

① [美] 苏珊·K. 塞尔：《私权、公法——知识产权的全球化》，董刚、周超译，中国人民大学出版社 2008 年版，第 1 页。

② 同上书，第 9 页。

③ Christopher May, *The Global political economy of Intellectual Property rights: the new enclosures*, New york: Routledge, 2010, p. 11.

通过《专利合作条约》体制申请的外国发明专利中，美、日、德、韩等高收入国家的申请占到了96%以上；而过去10年的发展，使得我国已经成为利用该体制申请外国专利的第二大国，仅次于美国。而国家知识产权专利统计年报数据表明，过去10年，我国的发明专利的构成也发生了一些相应的变化。2008年12月之前，有效发明专利中，国内专利只占13.8%，到2016年12月，这一比例为21%；在这两个时间点上，国内发明专利的受理量分别为22.6%、30.6%。从年度授权数据来看，2016年国内发明专利授权已经占到了年度授权总量的90.02%，2008年这一比例为67.13%。仅从数据的变化来看，我国今天的专利保护水平，应当高于10年之前。同时，我国专利法治建设的基本导向，应当更加注重促进专利的实施或运用。例如，在目前已经实施的促进科技转化的系列制度的基础上，还应当考虑利用地方知识产权局和网络平台，向全社会提供专利转化培训。只有广大市场主体真正明白了专利的市场属性，掌握了专利运营的基本方法和规律，形成了一大批接受相同或相似训练的专利运营人才，我国科技成果的转化才能走上主动、长效、良性的轨道。否则，大量基于投机的转化会在很大程度上抵消现有制度的预期成效。同样，我国电子商务的发展水平已经处于世界领先地位，对于这一变化，在电子商务领域的商标保护和版权保护方面，我国理应加大制度创新力度，确保网络交易平台的健康发展。事实上，这些都是极为浅显的道理。

我国知识产权法治完善的导向，应当向精细化方向发展，知识产权保护，不仅仅是简单的强或弱的问题，权利创设、行使、侵权救济等各环节规则的设计及其衔接配合，才是制度完善中的核心问题；也应当更加注重提供公共服务，引导和帮助国内主体的技术创新。例如，在目前已经实施的国家重大科技专项知识产权评议机制的基础上，在相对落后的技术领域，可以考虑由科技部和国家知识产权局牵头，定期向社会公开发布专利布局分析情报信息。大量技术人员和市场主体真正了解了自身研发和生产所处的技术环境，科技创新才能够走向长效、良性和稳定的轨道。此外，或许也是更为重要的，我国要切实采取措施提升全社会的知识产权文化，彻底改变全社会都知道如今知识产权十分重要，但绝大多数人的知晓程度又仅限于"十分重要"的状况！可以毫不夸张地说，如今，几乎每一个人都知道知识产权这个术语，但真正知晓知识产权究竟为何物的人还是有限的少数，而真正了解如何运用以及合理保护知识产权的人则更在少数！

典型的例子是，如今我国知识产权的保护力度仍然备受国内外责难，所谓维权成本高、周期长、举证难、赔偿低。我们不能否认这些问题的现实性，但除了制度规范的不足外，有没有其他原因？究竟什么才是导致这一问题的更为重要的原因，值得人们冷静思考！事实上，只有人们真正懂得了知识产权，这些难题的解决才能更为容易。同样，只有人们真正了解了知识产权的面目，我们才能在不断走强的知识产权国际保护体制中理直气壮地获得更大的利益。

二　充分重视知识产权条约和协定中的弹性条款

知识产权保护在历史上不是中立的，今天仍然如此；知识产权国际保护体制的形成与发展也不是基于理想构造的法律框架结构。相反，知识产权的历史是一部政治经济史，它是各国的经济利益、哲学传统和政治竞争的战场。具体法律框架演变的背后，是不同国家、利益团体的角逐。因而，在知识产权保护高度国际化的今天，我国应当对国际知识产权条约和协定进行合理解释。

知识产权国际条约或协定，属于国际法中的造法性条约。因此，无论在国际法上，学者们如何争论国际法与国内法之间的关系，均不能否认知识产权条约和协定属于国内法的一部分这个实在法规则。因而，为履行条约义务，国家应当采取适当方式实施所缔结的国际条约和协定。然而，从条约履行的角度看，国际条约和协定与国内立法一样，都离不开对其文本的解释。在此过程中，所采用的不同解释立场和方法，能够深刻影响国家所承担的条约义务，相应地，也会深刻影响国内知识产权保护的自由度。从知识产权保护的实践向度来看，这一自由度是至关重要的。一如学者所言：知识产权与其他许多制度一样，都是旨在促进社会福利的一种社会建构。包括知识产权在内的所有制度，都需要根据每个国家的历史、发展目标、所处的环境进行调整。[①] 客观地说，《与贸易有关的知识产权协定》根本上改变了主权国家实施知识产权国际条约的方式。与此前许多重要知识产权多边条约相比，它极大地压缩了国家履行条约义务的选择空间。因此，需要更加重视这些知识产权条约和协定中所包含的弹性条款，更加重

[①] Mario Cimoli, etc., *Intellectual Property Rights: Legal and Economic Challenges for Development*, Oxford: Oxford University Press, 2014, p.5.

视目的解释和体系解释方法的运用,从而为我国知识产权法治建设争取更大空间。正如学者所言:"尽管在严格的国际知识产权保护背景下很难根本改变既定的规则,但是,我国知识产权政策的制定与调整应当基于一个发展中国家的定位,着眼于知识产权的适度合理保护,即利用国际知识产权保护规则中存在的弹性与空间,以发展现状和政策环境为基础,以维护国家现实利益为导向,以国内法和相关政策的调整为工具,采用积极的回应性政策。"① 也就是说,充分利用多边条约和协定的弹性规定,是知识产权条约和协定国内实施中应当坚持的基本立场。以下以《与贸易有关的知识产权协定》及此后我国参加的主要知识产权国际条约为例进行简要说明。

在《与贸易有关的知识产权协定》中,第 7 条关于协定"目的"的规定与第 8 条关于"原则"的规定对于我国改进国内知识产权立法意义鲜明。这两个规定至少明确了在知识产权保护中应当注重各方利益的平衡,明确了知识产权保护中公共利益的优先性。我国可在各主要知识产权立法中将利益平衡原则规定为知识产权保护的基本原则,从而为在知识产权的授予、权利行使规则、侵权救济措施的设定和适用中提供必要的依据。反观我国现行主要知识产权立法,例外规定或弹性规定不足的状况应当引起重视。在知识产权侵权救济措施的设定中,停止侵害救济的适用少了必要灵活性。在知识产权限制制度的规定中,普遍缺乏基于公共利益考虑的原则性例外规定,一些立法中的限制性规范,还存在类型较少等不足。我国现行著作权法关于合理使用制度的规范设计以及《植物新品种保护条例》中的品种权限制制度设计即为著例。② 事实上,《与贸易有关的知识产权协定》第 1 条第 1 款还对成员国实施条约义务方式方面所具有的灵活性作出了明确。但这些规定在我国的知识产权法治建设中,仍然没有给予足够的重视。

第二节 坚守知识产权的"特殊权利"理念

长期以来——尽管不易精确确定具体的时间点,知识产权已被普遍称

---

① 刘华、周莹:《TRIPS 协议弹性下发展中国家的知识产权政策选择》,《知识产权》2009 年第 3 期。

② 详见贾小龙《植物新品种权限制制度比较研究》,《电子知识产权》2009 年第 1 期。

为权利，并在立法上得到了同样普遍的体现。然而，知识产权与此前已经存在或经由立法确认的其他权利在性质上究竟是否一致，尚有一定的探讨空间。详言之，尽管霍菲尔德早就睿智地指出了"权利"这一术语的所指在不同语境和场合中并不完全一致，即其被不加区别地用以涵盖特权、权力、豁免以及"最严格的意义上之权利"，①但多年以来，少有文献详细审视知识产权——这种新型权利的真正所指。而同样如霍氏所言："但凡对观念和语言的相互作用有过认真观察与思考者必能意识到语词能够反作用于观念甚至阻碍、支配后者。"② 人们总会不可抗拒地推想到同一术语表达的是相同的含义。如此，在权利的语境中，除了对象之外，知识产权与传统民事权利在性质、行使规则等方面几乎完全等同。然而，知识产权毕竟有其不同于传统民事权利的特殊起源和理念，对它们的明确和坚持，是在规范层面完善知识产权制度的基本前提。以本书前一章所述诸问题为例，实际上均可简约为私权与公益之间的紧张关系，对此，只有从根本上明了并坚守知识产权保护的基本理念，方能从根本上加以缓解或协调。

一 知识产权源于法

权利一词是最基本的法律概念之一，也是长期困扰法理学的基本难题之一。③ 以权利的定义为例：康德认为，法学家界定权利犹如逻辑学家定义真理一样使他们感到为难；④ 庞德则指出："在法律和法学文献中没有一个词比权利更加含糊不清。"⑤ 或许正因为如此，对权利本身的研究几乎是所有法律理论家都期待准确回答的问题。其中，延续多个世纪的自然权利与法定权利之争无疑是权利来源语境中的一个迷人问题。大体来说，按照自然权利论，有些权利是人之为人所不可缺少的，如生命、自由、尊严等。它们的存在与制度或世俗规则无关，具有内在固有性。在霍布斯、洛克和卢梭之后，自然权利理论的成果成为18世纪末西方资本主义革命

---

① ［美］霍菲尔德：《基本法律概念》，张书友译，中国法制出版社2009年版，第28页。
② 同上书，第89页。
③ 参见夏勇《权利哲学的基本问题》，《法学研究》2004年第3期。
④ 参见［德］康德《法的形而上学原理》，沈叔平译，商务印书馆2001年版，第39页。
⑤ ［美］罗斯科·庞德：《法理学》（第四卷），王保民译，法律出版社2007年版，第43页。

的重要政治武器。而在法定权利论者看来，无法律则无权利。如边沁曾视自然权利为没有父亲的孩子，① 并对其进行了彻底清算。此后至第二次世界大战之前，法定权利论居于支配地位。其后，自然权利论得到了一定程度的复兴。回看知识产权，尽管它的产生明显晚于有体财产权，但作为权利的一种类型，迄今为止它都没有完全摆脱"权源"问题的争论。② 进而，它是否具有现代人权性质也同样处于争论之中。在此背景下，有学者提出，知识产权是基于自然权利的法定权利。③ 吴汉东教授索性区别了权利来源和权利依据，指出知识产权源自自然权利，而依据在于法律规定。④

本书第一章在知识产权保护的本质中已经谈到，知识产权源于法律的构造。这一主张也得到了财产法学者的认可。罗格·史密斯指出，知识产权中的许多权利，通常是作为立法的结果而被认可的。例如版权法保护表达而不保护思想；专利是向社会公开的，但立法却为获得专利的发明规定了为期20年的垄断。⑤ 此处所以"重复"知识产权源于法这一定性，目的在于要从立法和司法论证上弱化甚至是彻底抛弃知识产权保护的伦理性，还原过去300年来其作为法定权利的"人为性""内容独立性"和"协调性"。⑥ 由本书第四章历史回顾部分可知，此种主张不仅有深厚的知识产权立法史料依据，而且是实用主义支配下的知识产权制度的必然要求。知识产权的近代起源表明，其种类、内容、受保护的条件等问题都可因统治阶级的决定而被创立、修改和废除，因而知识产权具有人为性的特征。知识产权的存在几乎不受个体行为控制，但却受到公共政策的左右。在知识产权保护的不同历史阶段，知识产权的内容变化很大；在同一时期的不同司法体系之间，权利的内容也不尽相同。过去一个世纪中，两大法系在版权精神权利保护方面的不同即为著例。知识产权及其内容设定与一

---

① 参见武贤芳《自然权利与法定权利的争锋》，《理论界》2011年第8期。
② 参见易继明《知识产权的观念：类型化及法律适用》，《法学研究》2005年第3期；李扬《知识产权法定主义及其适用》，《法学研究》2006年第2期；崔国斌《知识产权法官造法批判》，《中国法学》2006年第1期；王远胜《质疑"知识产权法定主义"》，《安徽大学法律评论》2012年第1辑。
③ 参见彭学龙《知识产权：自然权利抑或法定之权》，《电子知识产权》2007年第8期。
④ 参见吴汉东《知识产权多维度解读》，北京大学出版社2008年版，第22页。
⑤ Roger J. Smith, *Property Law*, London: Pearson Education Limited, 2014, p. 9.
⑥ 参见［加］L. W. 萨姆纳《权利的道德基础》，李茂森译，中国人民大学出版社2011年版，第62—64页。

定社会实践、传统关联紧密。经济社会发展阶段不同，知识产权保护状况自然可以不同，美国、日本等国过去一个多世纪的知识产权保护历史足以佐证这一论断。

在权利理念上还原知识产权源于法，就是要坚持：保护什么、怎样保护的问题是一国的公共政策选择，尽管在立法或司法中，所考虑的公共政策应是广义的。换言之，决定知识产权保护状况的公共政策本身不仅要考虑知识信息生产与传播，还会受到国际政治经济规则的影响。在此公共政策确立过程中，不同国家有权独立判断与知识产权保护有关的公共利益的类型及其维护的规则。

二 知识产权是限制他人行为自由的法定权利

作为私权，知识产权当然具有权利的一般属性：它是人与人之间关系的反映。但知识产权是如物权一样的权利吗？显然不是，知识产权法不是设计来向个人或单位就其发明、作品和识别性标识给予无期限的和绝对权力的制度。相反，知识产权在历史上就被刻画为"竞争之海中的保护之岛"。[①] 专利、版权和商标法均通过在竞争性利益之间找到平衡以促进公共利益。专利法和版权法协调了发明和表达的产出激励与高效传播之间的紧张关系，商标法则在公平竞争与自由竞争之间进行了平衡。所谓知识产权，只不过是可通过法律对他人的行为自由进行制约的一种特殊权利。因此某人获得知识产权，就意味着会广泛制约他人的自由。特权对应着他人的"无权利"。[②] 有体物的物理属性本身天然地限定了对其支配的可能性及形式，某人（含特定多数人）之支配事实必然排斥他人之支配可能。与此不同，就作为知识产权对象的知识信息而言，其在物理属性上恰恰具有支配上的无限性，无法天然地被某人为排他性支配。因而，若无后天干预（含国家强制力或个人强权），任何人得享有充分的使用自由。知识产权制度的产生——国家强制力的干预，后天地改变了这种人人自由的状态，形成了"一人有权、他人无权"的局面。知识产权不同于传统上的民事权利，它是一种旨在限制他人自由的特殊权利。因此，在强调知识产

[①] J. H. Reichman, "Charting the Collapse of the Patent-Copyright Dichotomy: Premises for a Restructured International Intellectual Property System", *Cardozo Arts & Entertainment Law Journal*, 13, 1993, p. 517.

[②] ［美］霍菲尔德：《基本法律概念》，张书友译，中国法制出版社2009年版，第33页。

权保护的同时，不能忽视对作为其有机组成部分的权利限制制度的强调，从而尽可能减小对竞争秩序的危害以及对公众自由的妨碍。

三 知识产权是附义务的法定权利

既然知识产权是排他性特权，应当被认为仅仅受制于制定法。[①] 知识产权的创设，在很大程度上是基于实用主义的要求。它人为改变了知识产权保护对象的自然属性，从而在为权利人设定权利的同时限制了其他人获取和使用信息的自由。这是从知识产权的对外属性而言的。事实上，对知识产权内在性质的探讨是揭示该权利全貌的重要方面。知识产权的创设，在于服务于某种既定的目的。因而，不但权利存在本身就是实现目的的手段，而且，权利拥有者同时负有不以违背该权利被授予目的的方式行使权利的义务。[②] 知识产权拥有者的义务与权利本身的产生具有相同基础，权利人所负之义务同样来自权利创设中的实用主义诉求，因而与权利本身具有共同的目的指向。知识产权拥有者的义务和与普遍权利一一对应的普遍义务性质不同，前者与创设知识产权的目标相对应，却并非与知识产权本身相对，本质上是对知识产权的限制。

需要特别强调的是，此处所谓知识产权特殊权利之"特"，不再是权利来源方面的特殊性，如早期形态下来自王权的特别授予，而在于其在权利行使和享有条件上相比较一般民事权利来说，具有特别要求。质言之，尽管今日之知识产权在形式上已经取得了与其他传统民事权利一样的身份，具有私权性质，但基于知识产权创设的实用主义诉求，权利人在享有知识产权的同时，承担着包括积极使用知识信息在内的、以符合权利创设目的的方式实施知识产权的义务。在这一点上，知识产权的特殊权利性质与洛克笔下的"特权"具有一定的相似性。洛克的特权来自组建共同体（建立社会契约）的目的以及立法权的局限性。其推理逻辑是，人们让渡一部分权利以建立社会契约的目的是最大限度地保护财产等自然权利。而根据社会契约执掌立法权的立法者"并不能预见并以法律规定一切有利于社会的事情"。因而，"拥有执行权的法律执行者""在国内法没有做出

[①] See Neil MacCormick, "On the Very Idea of Intellectual Property: An Essay According to the Institutionalist Theory of Law", *I. P. Q.*, 3, 2002, p.237.

[②] 参见［澳］彼得·德霍斯《知识财产法哲学》，周林译，商务印书馆2008年版，第227页。

规定的许多场合"便可"根据一般的自然法享有利用自然法为社会谋福利的权利"。据此，洛克认为："这种并无法律规定、有时甚至违反法律而依照自由裁处来为公众谋福利的行动的权力，就被称为特权。"① 洛克指出，由于"真正的特权"是为社会的福利而运用，因而，"绝对不会受到质难"②。同时，洛克意义上的特权是人民可以以明文法来加以限定或剥夺的，条件是法律执行者非为公共福利而行使；是可以与法律的明文相抵触的，条件是"为公众谋福利"或者"人民之默认"③。尽管洛克笔下的特权，实为执法者的自由裁量权，与知识产权之特别权利，存在质的区别，但在其应当受制于其存在的目的、应当受制于制定法等方面，均与知识产权有相当的近似性。

四 知识产权的行使非以改变他人状态为目的

法学理论上已从不同的标准出发，对权利进行了分类研究：有公权、私权和社会权之分，有政治权利和经济、社会、文化权利之分，还有物权、债权、人身权、知识产权之别，也有从权利实现与国家行为关系的角度分为积极权利和消极权利之说，等等。在以上分类中，知识产权是私权的观念已经得到了普遍认可，就此而言，知识产权与其他私权一样，权利人可以通过对对象的利用获得利益，知识产权的保护和侵权救济也当以私法手段为主。同时，知识产权显然与人权意义上的选举权等公民政治权利以及受教育权等经济、社会、文化权利有别，因而，在实现方面与政府之积极作为或消极不干预亦无多少实质关联。

此外，也是此处从权利理念上侧重强调的，我们还可以从权利的行使与他人的关系方面来揭示知识产权的属性。有的权利的行使以直接对抗他人行为或旨在引起他人特定行为或状态的变化为指向或目的，如抗辩权、债权、刑罚权、诉权、选举权等。而有的权利，其首要职能在于确定不同主体之间的自由边界，如所有权、人身权等。从知识产权的演进历史来看，尽管早期王室特权具有对抗行会垄断的意旨，但从行使角度看，在资本主义生产方式影响下所形成的近现代知识产权显然无法归于前一类，相

---

① ［英］洛克：《政府论》（下篇），叶启芳、瞿菊农译，商务印书馆1997年版，第99页。
② 同上书，第100页。
③ 同上书，第101页。

反,与所有权一样,它在行使上具有防御性和非对抗性。从古至今,知识产权的产生和行使尽管不可避免地会引起他人地位或状态的变化,但导致这种效果发生的根本原因是特定知识信息的人造稀缺,而非该权利的行使目的所在。相反,对于选举权等权利而言,引起他人地位或状态的变化,却是其直接所指,而与外在于人的资源稀缺并不直接相关。譬如,做出适格发明者被授予的专利权,其内容或指向是确保发明人独占专利发明的商业实施。当然,由于授权本身导致了作为生产要素的专利技术具有了稀缺性,他人在相同市场上的地位自然会发生一定变化。这一点对于著作权、商标权同样适用。然而,一如前文所谈到的,近年来,一些情形下的知识产权行使方式,已经从实质上背离了该权利在行使方面的防御性,转而以对抗为目的;权利行使的动机和目的不再是维护己方之权利,而是妨碍他人之自由,甚至是滥用权利之力,引发他人的不利益。因而,在理念上重申知识产权行使上的防御性,是必要的。一如学者所言:"专利权是一个消极的权利。专利权人可以限制他(人——笔者加)实施落在其权利范围内的发明,但专利并不赋予专利权人任何积极意义上的权利。"[1]

第三节 明确知识产权设定、行使的目的导向

"如果根本不知道道路会导向何方,我们就不可能智慧地选择路径。"[2] 目的决定着法的生长方向,在知识产权制度的变革中,不能为保护而保护,或者将保护当作目的本身。

一 突出专利保护的创新导向

保护专利的使命在于促进创新。但随着过去 30 余年来专利保护的不断扩张,许多学者对现代专利体系促进创新的作用提出了明确质疑。例如,更强的专利保护是否意味着更大的创新激励?[3] 客观地说,尽管主要的质疑都以发达国家当代专利体系为研究对象,但其指出的主要问题仍然

---

[1] [日]竹中俊子:《专利法律与理论:当代研究指南》,彭哲等译,知识产权出版社 2013 年版,第 132 页。
[2] [美]本杰明·卡多佐:《司法过程的性质》,苏力译,商务印书馆 2010 年版,第 63 页。
[3] [美]亚当·杰夫、乔希·勒纳:《创新及其不满:专利体系对创新与进步的危害及对策》,罗建平、兰花译,中国人民大学出版社 2007 年版,第 17 页。

具有相当的普遍性。在知识产权立法全球趋同的大背景下，除了因法制传统、普通民众和市场主体对知识产权保护认知不同所导致的差异外，主要的规则和制度设计已相差无几。特别是随着我国整体科技水平的不断跃升，如何更好地发挥专利保护对创新的促进作用，就显得尤为重要。况且，至少一些问题在我国已经出现，有的可能更为严重，典型的如大量无价值专利问题。当前来说，应当坚决抵制一切发明均应当且必须授予专利的主张，在立法宗旨和关键制度设计方面坚持实用主义，突出专利保护的创新目的导向。

(一) 科学设定立法宗旨

"立法是一种目的导向的专门活动，立法目的是立法的起点和归宿。"[①] 逻辑上，立法的具体规范设计特别是制度运行及其效果都应当以立法目的为准据和评价依据。表述明确、科学的立法目的在立法科学化中居于首要地位。相应地，专利保护的创新目的导向，自然首先应当体现在立法目的方面，而且，应当得到准确、科学的表述。自1984年以来，《专利法》立法目的已经历了两次修改。2000年《专利法》虽然只是将原表述中"促进科学技术的发展"修改为"促进科学技术进步和创新"，但却使"促进创新"首次成为《专利法》的立法目的之一。2008年《专利法》几乎重写了立法目的，不但修改了原来的不当表述，更为重要的是，首次明确了"推动发明创造的应用"和"提高创新能力"。一如有学者所说，在创新性国家建设过程中，此次修改既是"顺理成章"的，又具有"非同一般"之意义。[②]

尽管如此，但现行《专利法》之立法目的也还存在一些值得探讨的问题。首先，层次不清，平行表述过多。就条文用语来看，似乎可以认为"保护""鼓励""推动""提高""促进"之间的关系是平行的、同步的。如此，则无法体现出保护专利与促进创新之间的手段与目的联系。换言之，假使在具体案件中上述任意两个目的之间发生冲突，则何者应当居于优位？事实上，在"保护"和"推动""提高"之间，似乎并非总是内在协调的。此外，《专利法》在第1条中直接规定保护专利权人合法权

[①] 贾小龙：《商标法中消费者利益保护的立法审视》，《商业时代》2013年第10期。
[②] 详见冯晓青《〈专利法〉第三次修改的特点：以提升创新能力与加强专利权保护为视角》，《电子知识产权》2009年第3期。

益,并将之与其他立法目的置于文义上的平行地位,容易给人以这样的错觉,即专利权不是来自专利法,专利法仅仅是保护专利权的制度规范。若此,则与专利保护的实用主义向度难以吻合。其次,2008年《专利法》将原来的"促进创新"修改为"提高创新能力",体现和贯彻了建设创新型国家的需要。但需要反思的是,创新与创新能力之间的区别何在?哪一种表述事实上更加契合专利制度的理性?创新能力是对主体所具有的素质的评价,如通过科学教育,使人具有较强的创新能力。在当前的主流话语中,创新能力被细分到了国家、区域、企业和个人等各个层面去表达和分析。总体来看,创新能力意味着提出新观点、解决新问题的可能性大小。相应地,如果A比B能够提出更多的新方法,或者A能够比B更好或更快地解决同样的困难或问题,则意味着A拥有更强的创新能力。由前文叙述可知,与创新能力侧重于静态的评价不同,创新一词更多地出现在经济学的研究视野中,侧重于对组织生产或管理的动态评价,即是否运用不同于以往的方式组织生产或管理。这其中,既包括了运用新的生产要素,也包括新的生产流程和管理方法。可见,专利保护对于创新和创新能力而言,都具有促进作用。因而,将二者任何之一作为专利法之重要立法目的,均无不可。但从专利制度的运行机理来看,促进创新——而非提高创新能力——事实上更加契合专利制度的理性。历史地看,专利保护最初更多的只是吸引外国人发明的一种机制。近代以来,虽然保护专利以激励创新的观点受到了许多赞扬,但照此逻辑,我们不能合理地得出答案以回答为什么专利制度只向权利人授予了实施权利。无论保护力度多强,都无法令人确信专利保护本身会提高人的创新能力。[①]换言之,专利权人期待利益的实现,离不开专利技术方案的运用,而后者直接针对创新本身,而非创新能力。相反,创新能力的高低与能否提出新的方法、观点等直接相关;是否授予专利,对创新能力似乎都无法产生直接影响。

综上,为突出专利保护的创新导向,应当在《专利法》立法目的表述中体现出保护专利与促进创新之间的手段目的关系,从而从根本上遏制保护的绝对化,或为保护而保护。在此方面,可以参考《日本专利法》的做法。该法第1条规定:"本法的目的是通过推动保护和利用发明以鼓

---

① 参见[日]竹中俊子《专利法律与理论:当代研究指南》,彭哲等译,知识产权出版社2013年版,第135—136页。

励发明从而促进产业的发展。"①

（二）还原专利制度的市场结构，促进专利实施

1. 使用专利发明是专利制度的缺省要求②

尽管现代专利法既未明确规定专利权人的不使用权，也未明确规定专利权人的使用义务，但从专利法的许多规范设计来看，将专利付诸实施是专利制度的缺省要求。③ 换言之，使用专利应是专利法上的常态，而专利的不使用则是例外情形，或者说是专利不使用是使用专利的一种特殊情形。

首先，专利法立法宗旨明确了将专利付诸实施的意蕴。与许多国家专利法并未直接载明立法目的不同，中国、韩国和日本专利法规定了明确的立法目的。《日本专利法》第 1 条规定："本法的目的是通过推动保护和利用发明以鼓励发明从而促进产业的发展。"④《韩国专利法》第 1 条规定："本法旨在鼓励、保护和利用发明，从而改进和发展技术，并促进产业发展。"⑤ 我国《专利法》第 1 条规定："为了保护专利权人的合法权益，鼓励发明创造，推动发明创造的应用，提高创新能力，促进科学技术进步和经济社会发展，制定本法。"不难看出，尽管表述不同，但"利用"和"应用"发明，并以此促进产业发展是这些立法的共同要求。此外，从我国《专利法》对提高创新能力目的的规定看，将专利付诸实施是专利法的当然要求。一如前文所言，发明创造的繁荣并不等于创新能力也相应得到了提高，唯有将专利技术投入商业应用，方能认为实现了创新。

其次，专利授权条件表明，将专利付诸实施是专利制度的缺省状态。在各主要国家专利法上，可专利性的发明需要具备新颖性、创造性（非

---

① 《十二国专利法》翻译组：《十二国专利法》，清华大学出版社 2013 年版，第 229 页。
② 贾小龙：《理性看待专利不使用：自由抑或权利?》，《重庆理工大学学报》（社会科学版）2015 年第 11 期。
③ 缺省，是计算机科学领域中的专有名词，最初译自英文"default"，后来人们更多地使用"默认"一词，主要指系统的默认状态。本书之所以使用缺省而不是默认，只是为了避免默认在法律上可能会有默许之解，反增混乱。
④ 《十二国专利法》翻译组：《十二国专利法》，清华大学出版社 2013 年版，第 229 页。
⑤ 同上书，第 397 页。

显而易见性)、实用性三个条件。① 对于实用性,各国界定也是大同小异,共同的核心要求都是发明本身能够制造和(或)使用。② 尽管能够在产业中制造或使用并不当然表明发明在被授予专利权后必然会按照申请文件中所载明的方式实施;而且,由于专利授权中的新颖性条件限定,许多发明事实上在不具备充分的实施条件之前就已经成功获得了专利授权,但这些都不能否认,将受专利保护的发明付诸实施是制度设计的缺省要求。

再次,从专利权的内容设置、专利权限制制度以及专利费用制度来看,同样表明了使用专利是专利制度设计的缺省状态,而不是相反。专利权产生的依据在于法律的规定,因而专利权的具体权能、效力和侵权救济途径的确定,同样只能诉诸法律的规定。在我国,《专利法》有多个条文规定了专利权的内容,主要涉及《专利法》第 10 条第 1 款、第 11 条、第 12 条、第 17 条。其中,除第 17 条外,基本上都没有直接规定权利人享有哪些权利。尽管如此,学界还是严格根据前述规定,对专利权的权能或内容作出了解读。齐爱民教授认为专利权的积极权能包括四项:控制权能(《专利法》第 12 条)、复制权能(《专利法》第 12 条)、收益权能(《专利法》第 13 条)和处分权能(《专利法》第 10 条第 1 款);《专利法》第 11 条的规定只是复制权能的具体体现。③ 王迁教授指出,专利权是禁止权,"享有专利权,仅意味着专利权人有权阻止他人未经许可实施专利"④。各种专利权的具体内容因专利类型的不同而有所不同,且学者表述不一,但从最广泛意义上来看,涉及制造权、使用权、销售权、许诺销售权、进口权、转让权、许可权、标记权、署名权等。⑤ 可见,不论哪种解读,都没有为专利权人享有不使用权提供规范解释依据。换言之,专利权人的不使用权缺乏明确的法律依据。

---

① 参见《法国知识产权法》第 L611—10 条之 1;《德国专利法》第 1 条之 (1);《日本专利法》第 29 条;《英国专利法》第 1 条;《中华人民共和国专利法》第 22 条。
② 参见《法国知识产权法》第 L611—15 条;《德国专利法》第 5 条;《日本专利法》第 29 条之 (1);《英国专利法》第 4 条之 (1);《中华人民共和国专利法》第 22 条第 4 款。
③ 参见齐爱民《知识产权法总论》,北京大学出版社 2010 年版,第 406—407 页。
④ 王迁:《知识产权法教程》(第四版),中国人民大学出版社 2014 年版,第 333 页。
⑤ 如在王迁教授的著作中,只涉及此处所列之前 5 项权利,而在吴汉东教授主编的教材中,则包括了此处所列全部类型。参见王迁《知识产权法教程》(第四版),中国人民大学出版社 2014 年版,第 334—339 页;吴汉东《知识产权法》(第六版),中国政法大学出版社 2012 年版,第 200—205 页。

与我国《专利法》的措辞方式不同，知识产权国际公约和其他各主要国家专利法中对专利权内容的规定更为直接。在具体内容上，传统大陆法国家和英美法中的规定有所不同。根据《与贸易有关的知识产权协定》第 28 条规定，专利所有人享有两种权利：阻止他人未经授权的使用以及转让专利的权利。《法国知识产权法》第 L611—1 条、第 L613—8 条规定了专利权人的独占使用权、权利的移转和许可。① 《德国专利法》第 9 条从授权和禁止两个角度规定了专利权人"在适用的法律内利用有专利的发明"的独占权利，② 第 15 条规定了专利权的转移和授予许可。③《日本专利法》第 68 条规定了专利权的效力，即"专利权人专有以营业实施专利发明的权利"④，第 77 条、第 78 条授权专利权人可以就专利权授予独占许可和非独占许可。⑤ 与此不同，英美法不但明确了专利权的移转和许可权能，而且更为宽泛地明确了专利权的财产属性。如《英国专利法》第 30 条的规定明确了专利权的"性质及交易"，指出任何专利都是个人财产，"都应以任何其他个人财产相同的方式通过法律运作"，任何权利之中或之下的权利都可以依法"被移转、设立和授予"。⑥《美国专利法》第 261 条规定："专利权具有动产的属性。"专利权或任何其中的权益得依法转让。⑦ 可见，尽管英美专利法中将专利权等同于其他个人财产，但上文叙述表明，这种等同同样无法为专利不使用权提供规范依据。可以说，在各主要国家专利立法中，所谓专利权人的不使用权，均无明确规范依据。

从专利权限制制度来看，20 世纪以来，各国专利法和主要知识产权国际公约都规定了强制许可制度，其中，明确规定了因专利不充分实施而颁发强制许可的情形。如我国《专利法》第 48 条第 1 项规定的强制许可情形便是，专利权人自专利权被授予之日起满三年，且自提出专利申请之日起满四年，无正当理由未实施或者未充分实施其专利的。从专利费用制

---

① 《十二国专利法》翻译组：《十二国专利法》，清华大学出版社 2013 年版，第 76，86—87 页。
② 同上书，第 128 页。
③ 同上书，第 130 页。
④ 同上书，第 253 页。
⑤ 同上书，第 255—256 页。
⑥ 同上书，第 548—549 页。
⑦ 同上书，第 711 页。

度设计来看，通常专利费用制度包括两部分：申请费用和专利年费，后者也称为维持费用。尽管学者对专利费用制度功能认识不一，但总体上都没有否认，前者具有使发明人在是否申请专利保护发明之间进行权衡的功能，后者是专利权人保有权利所应当支付的成本。从经济理性角度看，它具有促进专利权人实施专利的功能。

最后，使用专利发明是实现专利制度初衷的客观需要。促进科技进步和经济社会发展是一切鼓励发明和创新的政策措施的共同目的。作为鼓励发明和创新的手段之一，专利制度相比较其他制度或政策措施（如奖励、资助等）的优越性主要在于其充分利用了市场机制，从而不但避免了可能发生的寻租，而且克服了其他政策措施遴选有价值发明创造的难题，并通过明晰产权，为技术交易的发达提供了条件。专利制度这一优越性的发挥，则端赖于专利的实施。获得专利权只是取得了竞争优势，只有通过实施专利才能获得现实的回报，在专利权人取得回报的同时，发明创造得以推广应用。因而，实施专利是专利制度实现其鼓励发明创造和推动发明创造应用目的的基本方式。同时，从技术角度看，进行技术革新首先是人类的本能。但作为市场主体，促使其从事发明活动的动机在于维持竞争优势，通过不断向市场投放新的产品以维持垄断地位。因而，不论是否有专利制度，企业从事创新的行为本身并不会发生根本改变。但基于技术信息的共享性物品属性，在没有专利制度的情况下，企业的技术革新一旦转化为产品，就很容易被竞争者模仿。如此，一方面会导致对技术革新的投入不足；另一方面，企业将会更加倾向于用商业秘密来保护所取得的技术革新，这不利于人类对知识的获取和技术革新的进展。专利制度通过授予技术以使用排他权，改善了有关技术创新的资源分配方式和技术成果商业价值的实现方式，从而加快技术革新的进程，提高创新能力。因而，实施专利是专利制度的基本内涵。

2. 促进专利使用的基本对策

尽管专利不实施产生了现实的消极影响，应采取有效措施加以缓解，但从专利不实施的发生基础来看，要杜绝专利不实施的发生，又是不可能实现的。毋宁说，在某种意义上，专利不实施与专利实施具有同样的制度基础。因而，在制定应对专利不实施的对策时，应当坚持区别对待、引导与"惩罚"相结合的思路。详言之，规则的发力点应在于具有商业可行性的专利，对于商业上不可行的专利，则可"听之任之"。因为任何政策措施事实上都无法改变这一既定事实。同时，对于商业上可行的专利，要区别其未实施的原因，采取不同的应对策略：对于因外部环境问题和专利权人的懈怠造成的不实施，应当注重进行政策引导；而对于专利权人基于经营策略上的安排而发生的不实施，则制定的规则应体现出"惩罚"的思想，提高专利不实施的成本，促进权利人进行内部权衡，从而改善专利的实施状况。

（1）废除和严格限制地方政府对专利的各种资助政策，还原专利制度的市场结构。21世纪初以来，我国各地先后制定和实施了资助专利申请、资助专利转化的政策。尽管这些政策具有促进专利申请和转化的短期正效应，但长期来看，也会破坏专利制度的市场结构，违背专利制度通过市场机制遴选专利技术的机制，是诱发专利不实施或不当实施的重要政策原因，造成社会资源的双重浪费。从专利申请资助政策来看，一方面，大量非理性专利申请，[①]加大了专利审查和管理成本；另一方面，政府为专利申请"埋单"，不但加大了财政负担，而且会使专利申请费用制度所具有的促使理性申请专利的功能失灵。就专利实施资助政策来看，尽管的确能够解决一些有重要价值的专利技术因为受到资金限制而无法实施的问题，但却破坏了专利维持费用制度的功能，导致了一些商业价值不大或本可以在届满前进入公共领域的专利为取得资助而"故意"实施或维持，造成新的资源浪费和不公平竞争。因而，为维护专利制度的市场结构，促进专利实施，应当废除地方政府的专利申请资助政策，严格限制专利实施或转化资助政策，采取诸如发展风险投资基金、无形资产担保等机制来加以替代。

（2）改革专利维持费用缴纳方式，促进专利尽早实施。作为专利制度的有机组成部分，专利维持费用制度通过经济杠杆作用，能够促使一些不具有市场价值的专利早日进入公共领域，从而降低专利对于后续研发和生产的技术压制。维持费用是专利权人保有权利所应当支付的成本，设计合理的专利费用制度能够促使专利权人通过各种方式实施专利。当前来看，各主要国家或地区都规定了较高的专利维持费用，缴纳方式也不尽相同。在《莱希—史密斯美国发明法》通过后，美国专利商标局已先后三

---

① 所谓非理性的专利申请，主要是指基于获得政府政策资助等与生产经营无关的目的而申请专利。

次提高了专利维持费用标准（分别是 2011 年 9 月 26 日、2012 年 10 月 5 日和 2013 年 3 月 19 日），最后一次调整后，专利维持 3.5 年、7.5 年和 11.5 年的费用将分别上涨 39%、24% 和 54%，一项专利的维持费总计 12600 美元（人民币 77876.82 元）。① 欧盟从申请日第 4 年开始按照年度缴纳，从第 10 年开始每年的年费维持常数不再增加。目前，一项专利的维持费用总计高达 22415 欧元（折合人民币 181583.915 元）。日本的专利维持费用制度相对更为复杂，自申请日起分 1—3 年、4—6 年、7—9 年、10—25 年四个阶段，确立了不同的年费幅度，权利人每年除了缴纳专利所处阶段应缴纳的固定部分外，还要对每项权利要求分阶段缴纳不同数额的附加费。我国的专利维持费用分 6 个阶段确立了不同的年费幅度，前三个区间的划分和日本一样，后三个分别是 10—12 年、13—15 年、16—20 年，一项专利 20 年的维持费用总额是人民币 66300 元。②

考虑到专利的平均维持年限以及相关技术进步的影响，初期专利维持费用的政策杠杆效应更为明显和重要。日本、欧盟的专利维持费用幅度设置状况也能反映这个事实，即自专利申请日起第 10 年开始，专利维持年费均保持了常数。相反，我国专利维持费用的缴纳和计算方式不利于更好地发挥专利费用制度的政策杠杆效应。详言之，我国越是临近专利权的有效期，专利年费的递增幅度越大。同时，"作为衡量专利运用与市场化水平关键指标的专利维持时间明显偏短……"③ 来自五大知识产权局的统计数据表明，美国和日本 50% 以上的授权专利维持年限都超过了 17 年，我国的是 7 年，因而在我国专利维持年费总额中占据较大比例的部分对于大多数专利的维持而言是没有意义的。由此，可在维持总额不变或适当提高的前提下，提高专利授权早期维持费用标准，并采用分阶段一次性缴纳几个年度费用的办法，更好发挥专利费用制度的杠杆作用，促进专利技术尽早实施。

---

① 本书所使用的折算标准均为中国外汇交易中心 2013 年 6 月 24 日公布的银行间外汇市场人民币汇率中间价，即：1 美元对人民币 6.1807 元，1 欧元对人民币 8.1010 元，100 日元对人民币 6.2741 元。

② 资料来源：美国专利与商标局网站（http：//www.sipo.gov.cn/）、欧洲专利局网站（http：//www.epo.org/）、中华人民共和国知识产权局网站（http：//www.sipo.gov.cn/），2013 年 5 月 20 日。

③ 孔祥俊：《当前我国知识产权司法保护几个问题的探讨——关于知识产权司法政策及其走向的再思考》，《知识产权》2015 年第 1 期。

(3) 改造强制许可程序，放权给地方知识产权局。强制许可制度作为平衡专利权人利益和社会公众利益的重要制度工具，对于实现专利制度的目的具有十分重要的意义。充分利用强制许可制度，能够在一定程度上改善基于专利权人的故意而导致的专利不实施问题。然而，自1984年《专利法》确立强制许可制度至今，我国没有发生过一起强制许可。导致这一现象的原因很多，其中包括了强制许可程序设置上的不便利。我国专利强制许可的审批机关为国家知识产权局。鉴于我国地域广阔，为充分发挥强制许可制度在遏制专利权人有意不实施专利方面的应有作用，可以考虑将强制许可的初审权限部分地下放到省级知识产权局。对于省级知识产权局的决定，赋予当事人向国家知识产权局提起复议或向人民法院提起诉讼的权利。如此，能够在一定程度上促进专利技术在本省范围内的实施，而且，也不违反TRIPs协定的规定。在该协定第31条的规定中，只是要求强制许可的决定须有法律依据，同时当事人对有关决定应有机会向上一级机关复审或提请司法审查。因而，在《专利法》赋予省级知识产权局有权审查处理专利权人在本地域范围内的强制许可事项，是可行的。

(4) 鼓励专利经营公司的发展，促进形成专利运营的新模式。所谓专利经营公司，主要是指从事专利中转服务的实体。换言之，它们往往并不直接从事专利产品的生产和销售，而是以转让或许可专利为主要收入来源。其所经营的专利，少部分是通过自己独立研发所得，但主要是通过接受其他专利权人的出让而成为新的专利权人，或者是接受其他专利权人的委托而取得对外许可专利的资格。专利经营公司对于专利，类似于银行之于资金，它们都具有中介的职能。银行的存在，能够弥补资金的供方和需方之间的信息不对称以及因供方专业知识欠缺无法审查需方资产状况而对资金流动所带来的不利影响。专利经营公司也是一样，一方面能够将他人手中有商业可行性的专利汇聚起来，弥补个人特别是不从事生产经营的专利权人（如高等学校、科研单位、机关团体）在专利运营方面的不足；另一方面，能够便利生产者集中取得专利或专利许可，降低其取得生产所需技术过程中的交易成本。可以设想，专利经营公司的充分发展，对于解决由于专利权人的懈怠所导致的专利不实施问题，是大有益处的。

在我国，有关部门已经明确了发展专利经营公司的政策导向。如在《全国专利战略事业发展战略（2011—2020年）》以及《2012年国家知识产权战略实施推进计划》中，都指出了通过建立专利经营公司或类似实体,以丰富专利转移模式的要求。然而,总体来看,我国专利经营公司的发展还十分滞后。应当采取切实可行的措施,在专利集中的行业和高新技术行业中,率先、主动形成一批专业性强、资金实力雄厚的专利经营公司。如此,既能在防范域外专利挑战方面取得主动,也能够促进关键行业专利的实施。

(5) 完善科技创新体制,确立专利技术研发的市场导向。专利的实施,是将专利技术运用于产品生产的活动,它反映了技术这种生产要素的组织和流动状况。而在生产中,影响生产要素流动的主要因素是交易成本的大小。因而,通过完善科技创新体制,降低将技术纳入生产活动过程中的交易成本,是提高具有商业可行性的专利实施率的重要措施。

一般来说,在市场运行中,生产要素的流动可通过价格机制来实现,但因存在发现相对价格、谈判和签约的费用等成本,价格机制并不总能导致资源的高效分配。① 这一点对于专利技术而言,情况通常会更糟。原因是,相比土地、厂房等生产要素市场,技术市场存在更为严重的信息不对称,且对于高科技产品的生产来说,所用到的专利技术众多且其所有权状况更加分散。以智能手机为例,截至 2011 年 6 月 30 日,与智能手机相关的全球发明专利申请共计 1.5873 万件。② 可以想象,制约价格机制有效发挥作用的各种交易成本往往会处于一个更高的水平。因而,充分利用价格机制的替代机制,就成为促进专利技术实施的必要选择。在此方面,制度经济学的研究为我们提供了必要的借鉴。科斯指出,为了节约市场运行成本,企业作为价格机制的替代物得以形成并成为有效组织生产的手段。③ 企业组织的存在,在一定程度上改善了用于生产的各种生产要素的所有权分散状况,减少了发现生产要素相对价格的成本和签约数量,因而,交易成本得以降低。按照这一思路,通过企业组织改善专利技术所有权的分散状况就成为完善科技创新体制的主要手段。质言之,应当突出企业在科技创新中的主体地位。而从国家知识产权局的统计数据来看,企业

---

① 参见 [美] 罗纳德·哈里·科斯《企业、市场与法律》,盛洪、陈郁译,上海三联书店 1990 年版,第 5—8 页。

② 参见池芳等《中国智能手机期待更多专利突破》,《中国知识产权报》2012 年 6 月 6 日第 11 版。

③ 参见 [美] 罗纳德·哈里·科斯《企业、市场与法律》,盛洪、陈郁译,上海三联书店 1990 年版,第 7 页。

在我国技术创新中的主体作用还没有真正形成。统计数据表明，随着科研单位和大专院校发明专利授权量的增加，21世纪头10年，来自企业的发明专利授权比例相比较过去有了一定程度的下降。

尽管企业发明专利授权比例的下降不是很明显，但如果考虑到专利授权基数的增加，则非由企业单位持有的发明专利绝对数量的增大就较为明显。2011年，非企业单位发明专利授权量为84585件，比2005年国内发明专利授权总数还多出了13000件。也应该看到，21世纪第二个10年中，职务发明中企业获得授权的数量增长明显，2018年国内职务发明阶造申请专利授权中，企业授权量占比达到86.5%，比2008年提高4.6个百分点；企业职务发明授权数量10年内净增长1516520件，增长近11倍之多。但不论与发达国家职务发明授权量占相比（美、日等国职务发明占比在95%左右），还是从便利专利实施的角度看，我国企业职务发明授权量占比都还有很大提升空间。因而，各地应采取切实可行的措施，贯彻落实中办、国办《关于深化体制改革加快实施创新驱动发展战略的若干意见》等文件要求，促进企业真正成为技术创新决策、研发投入、科研组织和成果转化的主体，让创新真正落实到创造新的增长点上，把创新成果变成实实在在的产业活动。

二 倡导实用主义版权观

（一）为什么倡导实用主义版权观

就权利设定而言，相比较专利和商标，倡导实用主义版权观具有更加重要的意义。放眼专利制度历史，无论是欧陆传统还是英美传统，均视授予专利权为促进创新的手段，大致来说没有多少实质异议。同样，尽管现代商标功能已与历史上有了许多不同，商标的反淡化保护在某种程度上相当于对标识本身的保护，但绝大多数立法和司法都仍然坚守着商标保护的理由实际上来自标识之外或"之下"。版权却绝非如此！一方面，就学说而言，虽然将知识财产保护的人格理论视为是对版权正当性问题而"量身定做"会多少有些武断，但人格理论之所以能与劳动财产理论、激励论并驾齐驱，则基本上是因为其对版权制度的适应性。另一方面，从规范层面来说，在现代各国立法上，精神权利内容均已成为版权的有机组成。对后世产生了很大影响的美国宪法知识产权条款，也对作者和发明人保护采用了不同的措辞，映射了该二者权利来源的不同。总体来看，关于版权保护的价值取向，至今尚不存在明显占据主导地位的学说。换言之，版权保护的伦理色彩更浓，也更容易走向保护的绝对化。因而，倡导实用主义版权观是构造理性的版权制度的首要问题。

(二) 实用主义版权观的基本要求

所谓实用主义版权观，其要义在于版权保护与专利权一样，都是服务于促进知识生产和流通的目的。由此，版权制度的发展，特别是衡量随着新传播技术运用而延展版权保护的必要性，应以促进新表达的产生和流通为根本标准。只有延展或扩大保护有利于促进知识的生产和传播，才能认可其必要性。反之，如果版权保护的扩张会阻碍或已经妨碍了该目的的实现，就应当及时停止或加以修正。

坚持实用主义版权观，要从制度层面上弱化甚至割断版权保护的道德或伦理背景，从而使得其保护走向结果主导论。如果版权法的基本目标在于为个人提供产出创造性表达的激励，版权的授予及其权能都必须严格限制在这个目标之中。① 换言之，要通过从观念上明确保护版权并非与保护人的尊严一样是国家必须为之的行为，使得版权法真正回归其作为公共政策工具的本质，即版权是促进学识和规范信息贸易市场的工具。由此，在制度设计和司法实务中，当作为手段的版权授予和保护与其欲达到的目的相冲突时，就必须调整手段，确保目的优先。

需要指出的是，倡导实用主义版权观，并非我们的突然发现，或者完全另辟蹊径。整个版权制度学说史和版权保护史，都在不同程度上为坚持实用主义版权观提供了鲜明的制度支持和坚定的思想基础。有学者指出，20世纪之前，人们对版权制度种种怀疑的实质都蕴含着公共利益和公共教育的前提。无论是否认可版权制度，作者都不是论者所关注的核心与目的，而是作品的持续生产、公众对作品的获得以及公共学识的促进。因而，尽管学说的具体主张并不完全一致，但学者正确地为版权保护贴上了统一的实用主义标签。② 简言之，版权的创造本身就是功利主义的考虑。③ 版权法和实践应坚持工具主义原则。④ 美国学者帕特森面对版权的一再扩

---

① Neil Weinstock Netanel, "Copyright and a Democratic Civil Society", *Yale L. J.*, 106, 1996, p. 285.
② 参见李雨峰《著作权的宪法之维》，法律出版社2012年版，第12—13页。
③ 同上书，第25页。
④ 参见宋慧献《版权保护与表达自由》，知识产权出版社2011年版，第459页。

张以及由此带来的版权与表达自由、信息获取等公共利益方面不断尖锐的冲突时，提出有必要在理念上"重新定位"和在规则上"修正"版权制度，主张应当回归版权。[①] 帕氏主张的依据在于，在近现代版权观念形成过程中，立法者不止一次地遭遇了如何回答版权保护的基础问题。不论是英国国会对《安妮法》的解释，还是法国大革命时期著作权立法定型中的一波三折，抑或是美国联邦最高法院审理的威顿案，都在版权自然权利观与实用主义版权观之间作出了相同的选择，即版权只是制定法上的授予，其目的在于促进作品传播和公共学识。这样，版权保护与公共利益之间的冲突得到了缓和并实现了协调。然而，在几百年后的今天，由于版权观念的变化，这种冲突再次显现。因而，应将现代版权观念拉回到其近现代形态形成之时，以解决这一旧冲突的新形式。早期版权与公共利益的冲突源自英格兰将印刷业与宗教争端的结合，而通过将出版商的永久版权转变为作者的有限制定法版权，这一冲突得到了部分解决。帕氏认为，如今的计算机——作为16世纪印刷业的现代类似物，再现了这种冲突。最初的出版版权已经被传输版权（transmission copyright）所代替，传输版权给予了版权持有人对其版权作品接触的完全控制，甚至在该作品进入商业流通中仍然如此；作为规制垄断而创设的制定法版权，已经变成了所有权垄断（proprietary monopoly）。[②] 由此，帕氏之回归版权，实质上是要从如今版权的所有权垄断回归到作为工具的版权垄断。

三 回归商标保护维护公平与自由竞争的旨趣

（一）商标维护竞争导向的再推演

尽管直到19世纪下半叶商标法才成为一个独特的法律领域，[③] 但早在工业革命的整个阶段，就已经持续地存在着寻求国家权力保护商标的"需要"，并且已经得以实现。[④] 工业革命的发生，使得商标成为市场经济运行中所不可缺少的要素。

[①] L. Ray Patterson, "Copyright in the New Millennium: Resolving the Conflict between Property Rights and Political Rights", *Ohio St. L. J.*, 62, 2001, p. 703.

[②] Ibid..

[③] 参见［澳］布拉德·谢尔曼、［英］莱昂内尔·本特利《现代知识产权法的演进》，金海军译，北京大学出版社2006年版，第198页。

[④] See William Cornish, David Llewelyn, *Intellectual Property: Patent, Copyright, Trade Marks and Allied Rights* (5th), London Sweet & Maxwell, 2003, p. 15.

在工业革命之前，生产者和消费者之间通常是直接谈判的。在大规模生产和铁路的发展带来产品长途运输成为可能之前，多数产品都由当地的一家或几家制造者提供，消费者更愿意通过与当地生产者面对面的谈判来购买特定产品。此种商业模式下，商标对于商业运营来说必要性不是很大。① 工业革命带来了运输的发达和城市的建立，使得消费者不再能够与生产者直接进行交易，他们的选择也不再局限于一个或几个当地生产者的产品。对于特定生产者来说，为了再现和继续其因产品优良品质而在外地市场上获得的声誉，它需要借助和使用商标以将自己的产品和他人的进行区别。正是随着产品选择余地的扩大以及零售商成为市场交易的中间人，生产者和消费者都开始将商标作为识别产品和传递产品信息的工具。至此，商标作为能够跨越零售商的肩膀和穿过其柜台而直接到达消费者的沉默"销售商"，开始在竞争中发挥重要作用。② 一句话，商业模式的复杂化使商标成为必要。有学者指出："没有它（指商标保护——作者注），自由贸易很难存在。除非某人能够确保其商业识别手段神圣不可侵犯并借此收获其劳动果实，自由经营及其带来的有益竞争将缺乏激励。"③ 而在商标的早期保护中，"侧重的都是对市场竞争秩序的维护"④。"限制模仿与竞争，乃是商人推动商标保护的动力。"⑤ 可以说，商标保护的基础是不正当竞争的侵权理论，其正当性在于商业中公平竞争的观念，即竞争者不能将自己的产品假冒为他人的加以出售。一如学者所言，商标法来自不正当竞争，不正当竞争则来自欺诈侵权。⑥

尽管19世纪后半叶，在形式主义财产观影响下，专门商标的财产地位得到了认可，但与此同时，非专门商标侵权诉讼中仍然要求证明存在欺诈，体现了对自由竞争的维护。况且，专门商标财产地位的认可本身亦不能说不是对公平竞争的维护。因为，在法律形式主义的逻辑中，专门商标

---

① See Benjamin G. Paster, "Trademarks: Their Early History", *Trademark Rep.*, 59, 1969, p. 552.

② See Robert N. Klieger, "Trademark Dilution: The Whittling away of the Rational Basis for Trademark Proteciton", *U. Pitt. L. Rev.*, 58, 1997, p. 854.

③ See Beverly W. Pattishall, "Two Hundred Years of American Trademark Law", *Trademark Rep.*, 68, 1978, p. 121.

④ 余俊：《商标法律进化论》，华中科技大学出版社2011年版，第84页。

⑤ 黄海峰：《知识产权的话语与现实》，华中科技大学出版社2011年版，第255页。

⑥ Kenneth L. Port, "The 'Unnatural' Expansion of Trademark Rights: Is a Federal Dilution Statute Necessary?" *Seton Hall Legis. J.*, 18, 1994, p. 465.

本身系由私人所创造，对它的专有不会有碍于自由竞争，但对它的假冒却无疑是与公平竞争相悖的。20 世纪以降，商誉概念的普遍认可瓦解了专门商标与非专门商标进行区别保护的制度框架，也在很大程度上导致了标识本身财产地位的消失。商标获得保护的状况，全然取决于其在市场当中的使用，而与使用的标识具体是什么无关。如此，商标保护再一次与维护公平和自由的市场竞争秩序全面结合了起来。随着公众对特定产品实际来源关注的降低，商标作为产品匿名来源和品质的指示器便利了市场竞争。与此同时，商标还能够对生产者提高产品品质产生激励。通过维护商标与商品之间的稳定联系，不但消费者能够便捷、准确地找到期待的产品，而且，生产者也会努力通过不断提高产品品质以扩大营业和收入。这样，产品的品质将会在总体上维持在一个稳定或较高的水平之上。由此，保护商标能够使得产品提供者之间更加高效地开展竞争，这是与竞争的要求相一致的，也是竞争所必要的。一句话，保护商标以及其他商誉的象征是现代市场竞争的必要组成部分。

市场经济是竞争经济，要最大限度地逼近完全竞争，其基本的前提之一就是信息充分而且透明。而在众多市场信息传递途径中，商标是有关产品和服务的信息的速记器，它在传递产品或服务信息方面具有商品名称、商品包装等其他标识无法替代的功能。立法保护商标就是保护这种商业标识在传递市场信息方面的独特价值。通过保护，提高了市场信息的真实性。获知真实信息的消费者所作出的购买决定将增加整体福利，迫使生产者开发更好的产品。在此意义上，商标法通过增进市场信息的质量来促进更具竞争性的市场。也正是在这个意义上，商标表现出了与其他知识产权的不同，它们为了鼓励在发明和创作之上的投资而违背了竞争的规则。[①]和反垄断法、广告法以及其他消费者保护法的立法一样，商标法既是来自也是加强了这样的观念：在通常情况下，竞争的市场将确保有效率的资源配置，给消费者带来价廉物美的商品。[②] 同时，信息充分且透明条件下的市场竞争能够产生出降低消费者搜索成本和鼓励生产者在商誉方面进行的投资等效果。因而，毋宁说为学者们所钟爱的这两个商标保护的合理基础

---

① See Mark A. Lemley, "The Economics of Improvement in Intellectual Property Law", *Tex. L. Rev.*, 75, 1997, p. 989.

② See Mark A. Lemley, "Property, Intellectual Property, and Free Riding", 83 *Tex. L. Rev.*, 83, 2005, p. 1031.

都是事后的，是完全竞争的必然结果。正如孔祥俊先生所言："商业标识类知识产权保护的是标识的区别性，是以禁止模仿和维护公平竞争为核心和立足点的，既为了保护商业标识所承载的商誉（广告价值），又为了防止公众受误导。"① 洛夫·布朗（Ralph Brown）也指出，商标法的目标与商标的信息功能紧密相关。商标是向消费者传递信息的简洁而有效的手段。通过给予商标所有者以商标权，能够实现鼓励投资提高产品品质和避免消费者受到欺诈的双重目的。② 在布朗看来，商标制度的好坏能够通过考察其是否坚持了这个目的来衡量。③

（二）回归商标维护竞争秩序的目的

既然保护商标的正当性在于诚信竞争秩序的维护，则全部商标法律规范的设计、适用均应以维护诚信竞争为指导。特别是商标法的立法宗旨以及与商标权保护直接相关的规范设计，有必要直接体现维护诚信竞争的要求。可喜的是，在 2013 年《商标法》修改中，诚实信用原则首次写入《商标法》，成为商标权取得和行使的基本原则。当然，这绝非表明，我国商标立法全面贯彻了商标法律制度旨在维护公平竞争的基本使命，至少从现行立法条文来看，还有改进的必要。典型的如，从《商标法》的立法宗旨来看，尽管不能说该法不关注公平竞争，但似乎也不能说该法直接将焦点集中在维护公平竞争的市场秩序上。相反，在其多重立法目的中，似乎也不易看清楚保护商标专用权的目的与其他立法目的之间应当具有的手段与目的的关系。

旨在维护公平竞争的政策考虑还要求在司法实践中，应当给予具体商标以不同强弱程度的保护，即顾及商标权效力的"弹力性"。④ 当然，事物总是有两面性的。"弹力性"亦须有边界，因为过强的商标保护也会妨碍竞争而不是鼓励。特别是，应当避免赋予商标权人对其标识使用的绝对控制，从而避免为后来者描述自己的产品设置过大障碍。而此边界的划定，自然也应当以公平和自由竞争为标准。一如张玉敏教授所言："商标

---

① 孔祥俊：《商标与反不正当竞争法》，法律出版社 2009 年版，第 61 页。
② See Ralph S. Brown, Jr., "Advertising and the Public Interest: Legal Protection of Trade Symbols", *Yale L. J.*, 57, 1948, pp. 1185–1187.
③ Ibid., pp. 1199–1205.
④ 孔祥俊：《商标与反不正当竞争法》，法律出版社 2009 年版，第 61 页。

权的保护，以符合公平竞争的要求为边界……"①

诚然，商标在使得竞争更为有效的同时，也的确会给后进入市场者带来障碍，原因在于消费者往往会将商标作为产品品质的指示器。尽管如此，但现代广告的发达及其说服力、消费者存在尝试的可能都会在一定程度上减小这种不利影响。况且，相比较没有商标保护的环境来说，保护商标对竞争的负面效果是值得容忍的，因为，在前者的情况下，市场将根本不可能存在有效的竞争。同时，作为商标侵权判定标准的消费者混淆可能性还能够较好地减弱商标保护的反竞争效应。只要不构成混淆性近似，后来者可以在商业中使用与在先者商标相似的商标。可以说，消费者混淆可能性标准的确立，使商标法很好地平衡了公平与自由竞争之间的关系。正所谓，"商标法通过保护商标作为产品来源和品质识别者这一核心功能，在不妨碍现有竞争者或未来进入市场者商业竞争自由的情况下，努力平衡自由和公平竞争"②。

第四节 平衡私权与公益：倡导知识产权保护的谦抑性

一 知识产权保护不应被新技术"劫持"

作为促进创新的基本法律形式，知识产权制度与技术革新保持了较高的同步性，特别是在数字技术和生物技术领域，表现得尤为明显。版权制度因此还被学者们称为传播技术之子。比较典型的如，1996年世界知识产权组织通过了涉及版权的两个"因特网公约"以应对数字环境下作品的传播与保护问题，此外还有计算机软件的版权保护、涉及计算机程序的发明的专利保护、基因序列的专利保护、商业方法的专利保护等。如今，3D打印的知识产权问题、区块链与知识产权、新的商业模式的法律保护等问题正在受到学说和实践的高度关注。然而，需要明确的是，知识产权法与其他民事权利立法一样，根本上都是对类型化利益的法律保护，它并

---

① 张玉敏：《维护公平竞争是商标法的根本宗旨》，《法学论坛》2008年第2期。
② Robert N. Klieger, "Trademark Dilution: The Whittling Away of the Rational Basis for Trademark Protection", *U. Pitt. L. Rev.*, 58, 1997, p. 852.

不直接涉及技术革新问题。换言之，在创新并未带来新的利益分配需要时，知识产权立法理应保持克制。与此同时，立法的滞后性虽然常被各界责难，但正是这一滞后性，才使得立法能够保持应有的稳定性，也才能够使得立法能够在需要调配的利益关系充分明确之后确定适当的分配规则。这也是立法和政策的重要区别。作为近年来变革最快的法律部门，知识产权立法还具有一个明显特色，那就是公共利益维护的优先性。因此，在新的知识产权规则创立之前，立法者需要就其给公共利益带来的潜在不利影响进行准确研判，防止走向为保护而保护。就此而言，近年来，在发达国家的主导下，知识产权在回应新技术、新业态时，在立法的导向方面出现了一些偏差，在某种意义上似乎被技术所"劫持"。其中，有的方面已经为发达国家所明确，例如美国在商业方法专利保护问题上的政策调整等。反观我国，既有一些已有规则值得反思，也有一些立法导向需要冷静思考。

（一）反规避版权技术保护措施的改造与知识产权创设的谦抑性

前文已述，版权的内在扩张以及版权法将反规避版权技术保护措施纳入其中，共同削弱了近代以来实用主义版权观的根基。而客观地说，在世界贸易组织多边协定框架下，我国欲单方彻底改变这种局面，已然没有可能。当然，这并非意味着我们完全无法作为，相反，在不违背所参加国际条约和协定的前提下，我国在版权内在扩张的道路上应该更趋理性，而不是盲目紧跟。例如，关于经济权利保护期限的设定、新权项的创设、传统限制制度的反限制等方面，均应当考虑版权保护的目的。另外，也是更应当且可能有所作为的，就是在涉及数字作品保护问题时，要对在版权法上规定反规避版权技术保护措施进行认真反思，广泛研究可能的替代途径，以尽可能地化解反规避版权技术保护措施的存在对公众接触作品、思想传播带来的消极影响。质言之，此处的探讨旨在表明，知识产权的创设，应当具有谦抑性，不应当被技术所"绑架"。

要化解反规避版权技术保护措施带来的超越版权问题，首先需要回到国际公约。WCT 第 11 条为缔约方设定的义务是，对作者为行使版权而采取的技术措施规定适当保护以及有效的补救办法。非常明显的是，保护技术措施的规定可以是"适当的"，而且，对此种法律保护和救济方法应当规定在何种立法中并没有强制要求。反观我国当前立法，《信息网络传播权保护条例》第 4 条第 1 款规定了"权利人""可以"为保护信息网络传播权而采取技术措施，同时，在第 4 条、第 12 条、第 19 条以及《刑法》第 285 条第 2、3 款规定了反规避行为及其限制。国务院法制办 2014 年 6 月 6 日发布的《中华人民共和国著作权法（修订草案送审稿）》扩大、细化了上述规定的内容。① 也就是说，不仅将可能继续延续在版权法上规定反规避技术保护措施的传统做法，而且还明确将"浏览、欣赏"作品的技术措施也纳入了禁止规避的范畴，② 同时规定了条件更为苛刻的例外制度。③

本书推测，我国的做法并非是从履行国际条约义务的角度来对待技术保护措施问题，更像是在缺少必要反思和冷静思考的基础上简单沿袭了他国惯例。保护版权技术保护措施与保护版权并不是同一个问题，但现行立法对此并未区分。而这正是反规避版权技术保护措施法定化所形成的超越版权问题的根源。我国版权立法甚至对权利人采取技术保护措施进行了"授权"。如果对照有体财产权制度，我们很难想象为什么要进行这样的授权。简单地说，作品对于作者，自然可以相当于衣物之于其拥有人。拥有者是要将衣服穿在身上或者放在带锁或不带锁的柜子中，即采取何种私力方法保护或保全对象，立法似乎并无授权之必要。同时，更为重要的是，这一简单的对比还表明，是否授予或认可某人就某对象享有权利是一回事，权利人采取何种私力方法保全权利或实现权利则是另一回事。对应在数字作品问题上，前者是典型的版权保护问题，而后者更加类似于个人隐私或秘密的保护问题。因而，应当对版权技术措施的保护采用不同于版权保护的立法思路，而不应当不加区分的为私力方法配套上国家强制力。本书初步认为，对待数字技术保护措施的基本思路可以借鉴商业秘密保护的规则，即原则上承认反向工程，同时，应接受版权法的评价。"解密"后的对象若仍然在版权保护期限内，同时他人的使用行为又为版权法所禁止，则当属于版权侵权行为；反之，若属于公共领域内的材料，或者他人的使用行为构成合理使用和法定许可，则自然不应当为版权法所禁止。

---

① 参见《中华人民共和国著作权法（修订草案送审稿）》（国务院法制办 2014 年 6 月 6 日发布）第 68 条、第 69 条、71 条、72 条、78 条。
② 参见《中华人民共和国著作权法（修订草案送审稿）》（国务院法制办 2014 年 6 月 6 日发布）第 68 条。
③ 参见《中华人民共和国著作权法（修订草案送审稿）》（国务院法制办 2014 年 6 月 6 日发布）第 71 条。

(二) 标准必要专利与知识产权行使、保护的谦抑性

所谓标准必要专利是指在实施标准时必然要被实施的专利,其实质是获得专利权的技术方案成为国家、行业或地方标准的有机组成部分,该专利技术方案对于标准的适用是必不可少的。尽管技术方案的技术特性并没有改变,但标准必要专利会因为搭上了标准的便车,而具有了不同的法律地位。根据我国《标准化法》第 2 条的规定,标准是指农业、工业、服务业以及社会事业等领域需要统一的技术要求。标准包括国家标准、行业标准、地方标准和团体标准、企业标准。不难看出,标准必要专利的身份对各方利益将会产生重要影响。小到个体或市场主体,大到行业、国家,概莫能外。以强制性国家标准中的必要专利为例,专利技术方案不再是可以选择适用的技术方案,专利权人因而可以期待通过在更大范围内实施其专利技术方案而获得回报;适用相应标准的其他生产者也将不得不使用他人的专利技术方案。可以说,标准必要专利是标准和专利结合的产物,是市场竞争的一种重要的战略资源,受到了各国和企业的高度重视。欧盟还就标准必要专利的制定和保护出台了专门办法,我国也在相关政策文件中明确了加强对标准必要专利保护规则研究和制定的要求。

基于标准必要专利的特殊法律地位,若对标准必要专利采用与其他专利相同的保护规则,将不可避免地放大专利保护的消极方面,对公共利益产生严重不利影响。过去 5 年来,学者们从竞争法、专利法角度已经对此有所研究。[1] 本书不拟进行过多重复阐述,仅愿以此为例,从知识产权保护不应被技术所"劫持"的角度指出知识产权的保护与创设一样,也应当具有谦抑性的一面。具体而言,应当立足专利保护与标准实施的目的,对于标准必要专利的保护规则作出必要调整,重新平衡各方利益。本书在多处已谈到,知识产权保护应当服务于公共利益。标准的实施更是如此,其目的在于"提升产品和服务质量,促进科学技术进步,保障人身健康

---

[1] 详见祝建军《标准必要专利适用禁令救济时过错的认定》,《知识产权》2018 年第 3 期;袁波《标准必要专利禁令救济立法之反思与完善》,《上海财经大学学报》2018 年第 3 期;樊延霞、温丽萍《我国标准必要专利默示许可制度探析——以〈专利法修订草案〉(送审稿)为视角》,《知识产权》2017 年第 12 期;罗娇《论标准必要专利诉讼的"公平、合理、无歧视"许可——内涵、费率与适用》,《法学家》2015 年第 3 期;朱理《标准必要专利的法律问题:专利法、合同法、竞争法的交错》,《竞争政策研究》2016 年 3 月号;王晓晔《标准必要专利反垄断诉讼问题研究》,《中国法学》2015 年第 6 期。

和生命财产安全，维护国家安全、生态环境安全，提高经济社会发展水平"。因而，相对于其他专利而言，标准必要专利的实施规则应当作出调整，核心是专利的保护不应该成为标准实施的阻碍。就此而言，对于强制性国家标准必要专利而言，专利权人不得不当阻碍他人对标准必要专利的实施。这就要求，在专利的许可规则、侵权救济措施方面作出调整。同时，由于一些标准的适用具有强制性，因而，标准必要专利的存在可能会深刻影响专利权人的市场地位。也就是说，标准必要专利具有了为专利权人赢得更大甚至是市场支配地位的功能，如果不加干预，将会对自由竞争的市场秩序带来严重妨碍。结合这两个方面来看，强制性国家标准中必要专利的许可，应当以非自愿许可规则为主；相应地，发生侵权纠纷时，应当对停止侵害救济的适用作出必要限制。当然，还要考虑到专利权人的利益。规则的制定不能产生惩罚创新者的效果。这就要求在许可费用的数额、侵权发生时的财产性救济方面一并作出规范。此外，由于强制性国家标准和推荐性标准实施方式的差异，其中的标准必要专利的法律地位也会有所不同。因而，在规则制定中，应当作出区别对待。

本书认为：强制性国家标准必要专利的实施，应当采用当然许可规则，并在立法上对许可原则、许可费用的数额作出原则性或指导性规定；同时，除非他人确无能力支付许可费用，发生专利侵权时，不能适用停止侵害救济。对于推荐性标准中的必要专利的实施，应当纳入强制许可的限制规则之中；同时，在适用停止侵害救济时，要充分考虑对公共利益的影响。

（三）关于"完善商业模式知识产权保护制度"等政策导向的简要评述

近年来，国务院在知识产权保护的规划和政策导向方面出台了许多重要的政策文件。其中，在《国务院关于新形势下加快知识产权强国建设的若干意见》以及《"十三五"国家知识产权保护和运用规划》中，明确提出要研究完善商业模式知识产权保护制度，要研究"互联网+"、电子商务、大数据等新业态、新领域知识产权保护规则。这些政策导向表明我国政府对知识产权保护制度与各领域创新繁荣之间的密切联系高度重视，旨在通过法制创新，进一步促进创新。然而，正如上文所谈到的，知识产权立法规则创立之前，既需要明确已经产生了稳定的利益形式，更需要在私利与公益之间进行很好的衡量。此外，还需要注意的是，新业态、新技术涉及利益的法律保护问题,并非在任何时候都只能或只适合运用知识产权立法加以保护。仅以上述政策文件所明确提到的建议为例,本书初步认为:关于大数据的问题,目前涉及的主要问题首先是个人隐私的保护和数据安全问题,知识产权问题尚在其次;而且,大数据在商业中的运用应当更加注重其共享性问题,而非其专有化的问题。与此类似,"互联网+"商业模式的重要方面也在于共享与便捷,至于其中的先进技术方案,很可能在现有制度框架中就能够得到合理保护。至于新商业模式的知识产权保护问题,要尤其注意吸取商业方法专利保护的经验教训,还要优先考虑竞争法的调整作用。切忌走向凡是"新"即为"创新",因而就应当首先考虑知识产权规则的做法。

二 适当限制预防性救济的适用

(一)现行侵权救济的设定及其适用中的问题

罗斯科·庞德指出:"在已经赋予或认可了权利、权力、自由和优先权的情况下,一个法律体系下一步必须为落实它们提供行之有效的措施。"[1] 常用的方法是惩罚和救济。在庞德看来,惩罚与刑法相对应;而救济则旨在使事物恢复到未受侵害时的原有状况,其形式可以是特定的、替代性的和预防性的。[2] 以民事权利为例,特定的救济形式常常与强制履行未适当履行的行为有关;替代性救济多表现为在难以恢复原状时采用金钱赔偿等方式进行补救或补偿;而预防性救济则以制止继续侵权以防止权利遭受现实或更大损害为目的,常常表现为停止侵害或禁令。在民法学上,民事权利救济措施的设定和解读,便主要取决于权利本身的性质和效果。换言之,权利之救济,包含在权利之内。如此,侵害绝对权之救济,通常会根据侵害形式的不同而可能涉及全部三种救济形式;而侵害相对权之救济,则多是特定的,如强制为当为而不为之行为。从我国立法实践来看,规定权利救济的侵权法律制度与设定、确认权利本身的财产权法律制度之间具有明显的独立性。在权利救济制度与权利设定制度二者的关系上,后者具有主导性,前者具有依附性。质言之,在这种思路中,权利之

---

[1] [美]罗斯科·庞德:《法理学》(第三卷),廖德宇译,法律出版社2007年版,第258页。

[2] 同上书,第258—264页。

救济几乎全然不关心权利设定之目的。

作为新的私权形式，立法在赋予或确认知识产权的同时，基于该权利与有体物财产权在排他性方面的相似性，几乎照搬了适用于有体物财产权侵权救济的全部形式，即将其当作有体财产权一样，当然地适用了预防性、替代性等救济措施，特别是预防性救济。这样，不可避免的结果是，知识产权的保护长期以来几乎全然脱离了权利创设中的实用主义。正如前文所述，近年来，这种不顾知识产权对象的特殊性、权利创设和保护目的的救济思路所具有的负面效果在实践中逐渐显现出来。

1. "进攻性"知识产权诉讼："真理"当真越辩越明？

一般认为，侵权救济程序的发动，须以权利遭受现实侵害或有侵害之虞为必要。在有体财产世界中，这一条件是否成就，以及不同判断主体在救济程序的不同阶段所作出的判断一般不会有太大出入。但在知识财产领域中，对象的非物质性造就了权利范围甚至是权利效力的不确定性。这样，不同判断主体在侵权救济程序的不同阶段就启动救济程序所必要的条件是否成就的判断结果可能大相径庭。被告是否侵犯了原告权利本身，而不是侵权认定后应当适用何种救济形式往往是争议的焦点。

客观地说，由于知识产权对象的非物质性，这种情形是无法避免的。甚至，从积极的方面来看，知识产权侵权救济程序的发动本身就具有确定权属以及在权利产生后进一步明晰权利边界的功能。因而，如果说发动侵权救济程序的目的本身仅限于此，则当属于知识产权保护之应有之义。然而，如果程序发动之目的首先不在于保护权利本身，而是利用知识产权的不确定性以及完全依附于权利本身的救济程序，变被动保护权利、落实权利为主动打击竞争对手，谋取不正当利益，则无论如何都是不正义的。事实上，从国外学者的研究可知，围绕知识产权保护而发生恶意诉讼或诉讼敲诈的情形并非全然属于空想。一些人提起诉讼的目的不在于保护己方的知识产权，而是为了妨碍他人的正常生产经营或对其营业声誉造成不良影响，或者是利用知识产权诉讼的高成本和停止侵害请求权，迫使对方支付高额许可费。此外，在此目的之下发动侵权救济程序，是否能够起到保护权利、明晰权利的积极效果自然存在很大疑问。典型的情形是，程序虽然已经以某种方式（如双方的和解等）而终止，但是否侵权、原告权利本身的合法性问题却仍然处于不确定状态。①

　　为减小这类诉讼行为对创新的影响，美国在 2011 年组建了专利审判与上诉委员会（The Patent Trial and Appeal Board）。该委员会为挑战效力存疑专利提供了一个快捷和相对便宜的途径。据估计，在该委员会组建的第一个五年内，就为公司节省了 20 亿美元的费用。目前，它对于阻止有害专利损害经济发展正在发挥着更大的作用。公司和消费者无须继续为诸如服用药剂的方法等专利支付费用。专家们认为，该委员会有助于促进专利法回到更加需要的方向，即缓解其对经济的阻碍效果。加州大学伯克利分校竞争政策专家卡尔·夏皮洛（Carl Shapiro）指出，过去 10 年来，美国在使得专利体制更为平衡方面取得了长足的进步。② 2017 年，美国联邦最高法院以全体一致的方式将专利诉讼案件的管辖权调整为被告所在地法院。③ 对于被告而言，此举意义重大。此案之前，因为不同法院的偏好，原告对管辖法院的自由选择对于赢得专利侵权诉讼意义重大。④

　　2. "滴水之恩"均须"涌泉相报"吗？

　　与前述"进攻性"诉讼相关，现行知识产权侵权救济制度在很大程度上相当于给予权利人以绝对保护。统计表明，在知识产权侵权诉讼中，预防性救济形式的适用居于主导地位，而且，替代性救济的适用使得权利人能够通过诉讼获得高额赔偿。加之知识产权法律制度在援用有体财产权保护制度时并不全面，其结果是，被告为侵权所要付出的成本往往会远远超出其未经许可使用他人享有专有权的知识信息所带来的收益。所谓滴水之恩，须当涌泉相报！

---

　　① 参见［美］亚当·杰夫、乔希·勒纳《创新及其不满：专利体系对创新与进步的危害及对策》，罗建平、兰花译，中国人民大学出版社 2007 年版，第 69—70 页。

　　② Eduardo Porter, "patent 'Trolls' Recede as Threat to Innovation. Will Justices Change That?" *The New York Times*, Nov. 21, 2017, https：//www.nytimes.com/2017/11/21/business/economy/patents-trolls-supreme-court.html.

　　③ TC Heartland LLC v. Kraft Foods Group Brands LLC. 137 S. Ct. 1514 (2017), https：//harvardlawreview.org/2017/11/tc-heartland-llc-v-kraft-foods-group-brands-llc/.

　　④ 例如，有研究表明，不同的州法院在支持不实施实体的诉请方面差异巨大：得克萨斯北部、佛罗里达中部、得克萨斯东部三家法院的支持比例超过或接近一半，而在得克萨斯南部法院，则支持率不到只有一成。See Brian Fung, "The Supreme Court's big ruling on 'patent trolls' will rock businesses everywhere", *The Washington Post*, May. 23, 2017, https：//www.washingtonpost.com/news/the-switch/wp/2017/05/23/the-supreme-court-just-undercut-patent-trolls-in-a-big-way/? noredirect=on&utm_term=.698db71146eb.

然而，即便在有体财产权制度中，认定侵权时也并非无一例外地适用所有可能的救济，特别是预防性救济。而且，替代性救济的适用也一般地受到填平损害、恢复原状功能的限制。如在物权制度中，尽管自罗马法以降，各主要立法均将添附规定为取得所有权的方式。①而添附制度事实上所具有的法律效果不仅在于明确添附物的归属，还在于在特殊情形下弱化物权的绝对保护。也就是说，通过强制性地规定一定情形下的添附物是一种"不可逆的存在物"，②否认了原物所有权人所享有的复归请求权。这样，原物所有权人只能通过替代性的损害赔偿或不当得利而获得救济。但在知识产权侵权中，法律不但并未规定预防性救济适用的例外情形，③而且在损害赔偿数额的规定上，明确了原告得以获得超出实际损害赔偿额的依据。我国现行知识产权立法所规定的损害赔偿数额的计算，明确包含了能够使得原告获得超额赔偿的内容。④《商标法》第63条对与情节严重的恶意侵权者，规定可在依照实际损害、侵权获益或依照许可费倍数合理确定的赔偿数额的3倍以下确定赔偿数额。本书无意否认这些规定对于打击知识产权侵权所具有的积极意义，但同时也应该看到，单从矫正正义的角度看，这些规定合并起来，的确具有激励原告发动诉讼，以打击竞争的效果。其中的逻辑是，只要提起诉讼，就可能会使对手"关停"，如果侵权成立，还可能获得超出实际损害的利益。而且，在知识信息财产权制度中，只有对"物权之诉"的借鉴，⑤却没有对限制物上请求制度的准用。

---

① 参见《法国民法典》第565—577条、《德国民法典》第946—952条、《瑞士民法典》第725—727条、《日本民法典》第242—248条。

② 此处所谓一定情形是指在恢复原状或请求分离已不可能或在经济上不合理时。参见王泽鉴《民法物权》（第1册）（通则、所有权），中国政法大学出版社2001年版，第296页；谢在全《民法物权论》（上），中国政法大学出版社1999年版，第253页；史尚宽《物权法论》，中国政法大学出版社2000年版，第140页。

③ 需要说明的是，这里主要是指纠纷两造均为私法主体，系争不牵涉公共利益的情形。而就牵涉公共利益是限制私权保护的问题，则不论在有体财产权制度中，还是在知识财产权制度中，长期以来都有直接或间接的法律依据。

④ 如果说2008年《专利法》第65条的规定是否意味着专利权人可在侵权诉讼中获得超出实际损害的赔偿尚有争议的话，则2013年《商标法》第63条第1款规定明确地回答了这个问题，尽管其适用条件比较严格。

⑤ 参见吴汉东《试论知识产权的"物上请求权"与侵权赔偿请求权》，《法商研究》2001年第5期；贾小龙《试论侵害知识产权之物上请求、不当得利与损害赔偿》，《社会科学家》2006年（增刊）。

(二) 预防性救济适用中的他人必要行为自由保留

1. 限制预防性救济适用的正当性

首先，限制预防性救济的适用是知识产权创设目的及其私权表达的要求。一方面，知识产权制度演进中的实用主义是对该权利进行有限保护的思想基础。知识产权的正当性并不在于权利本身，而在于其所服务的目标。进一步说，知识产权的实施、保护等问题自然也需要与该权利创设的目标相一致。正如彼得·德霍斯在倡导应当用工具论知识财产理论代替独占论知识财产理论时所期待的，通过工具论知识财产理论在法律注释和论辩中的使用来矫正知识产权制度运行中出现的各种消极方面。他指出："对知识财产法的解释将依据该法之目的有系统地进行，而不是依据所谓付出劳动和创造价值的非法律意义上的回报预期应当得到保护这种漫无边际的道德观念进行。"①这就要求法院在选择适当侵权救济手段时应当享有充分的自由裁量权，特别是不应当一味地坚守预防性救济自动适用的习惯做法。如此，法院在具体案件中便更可能侧重于对案件的全部事实进行个案审查，因为每一个案件都有一套独立的事实。同样是侵犯知识产权行为甚至涉及的是相同技术方案，在不同案件中，所牵涉利益并不总是相当的。因而，欲实现知识产权保护与权利创设所服务目的的吻合，就需要法院综合特定个案全部事实，以最多的社会期待结果为依据，选择适当的救济方法。当然，在不同立法传统国家，赋予法院这种自由裁量权的做法可以有所不同。如在英美法系中，永久禁令和临时禁令的适用本身就是所涉要素之间的综合考量，况且，判例法传统还能够使得法院在个案中或不同时期对禁令适用条件作出调整。② 而鉴于大陆法的成文法传统，则需要在立法上作出明确授权，否则，法院可能会面临两难困境。③

另一方面，知识产权的私权表达是影响该权利救济形式确定的重要考虑。以下分析将表明：从知识产权的私权表达来看，在知识产权的行使在违背权利创设的制度目的构成权利滥用时，不给予权利人以预防性救济具

---

① ［澳］彼得·德霍斯：《知识财产法哲学》，周林译，商务印书馆2008年版，第227页。

② 例如，2006年美国联邦最高法院在eBay v. MercExchange一案中改变了20世纪80年代以来美国联邦巡回上诉法院在专利侵权案件中对禁令的"自动适用"做法，重申了禁令适用的"四要素测试法"。参见贾小龙《知识产权侵权与停止侵害》，知识产权出版社2014年版，第65—68页。

③ 拙著曾对我国和日本司法中曾经遭遇的理论困境进行过阐述，参见贾小龙《知识产权侵权与停止侵害》，知识产权出版社2014年版，第101—102、114—122页。

有规范上的正当性。禁止权利滥用原则发端于罗马法,在近现代两大法系立法、司法中,该原则得到了普遍的确立或认可。① 对于何谓权利滥用,学者们提出了不同的观点:一说认为,权利滥用者,乃权利人行使权利违反法律赋予权利之本旨(权利之社会性),因而,法律上遂不承认其为行使权利之行为之谓。② 二说认为,权利乃法律分配一部分社会利益于权利人,行使权利之结果,固不免使他人发生损害,然如专门以损害他人为目的,则属于权利之滥用。③ 三说认为,权利滥用,谓逸出权利的、社会的、经济的目的或社会所不容的界限之权利行使。权利不独为保护个人之利益,同时为社会全体之向上发展而认许,谓之权利之社会性及公共性。权利之行使,应于权利者个人之利益与社会全体之利益调和之状态为之……或权利人因权利之行使所得利益极小,而于他人损害莫大,不能相比者,皆为权利滥用。④ 不难看出,权利滥用的含义比较广泛,有从权利之本体界定的,有从权利行使之主观意图界定的,而史尚宽先生的界定则兼顾其他各说,全面地界定了权利滥用的内涵。法国学者也指出:"每一种权利都有它的使命,这就是说每一种权利的行使,都须符合其创制的精神。其实,在有组织的社会中,个人权利是有任务的权利。必须限于它们的任务之内,否则权利的所有人就是滥用权利。"⑤ 拉伦茨从权利属性上说,没有权利是不受某种限制的,⑥ 也没有权利是受到绝对保护的权利。法国学者雅克·盖斯旦和吉勒·古博指出:法律授予个人以某种特权,这一概念有两个层次的意义。首先,我们可以称之为权利的"外部"界限。根据性质和目的,某一权利被授予,其他的则被拒绝。⑦ 但是,也存在一些人们可称作"内部"的限制。法律授予某人的权利并不是绝对的,在

---

① 详见易继明《禁止权利滥用原则在知识产权领域中的适用》,《中国法学》2013年第4期。
② 参见郑玉波《民法总则》,中国政法大学出版社2003年版,第549页。
③ 参见胡长清《中国民法总论》,中国政法大学出版社1997年版,第386页。
④ 参见史尚宽《民法总论》,中国政法大学出版社2000年版,第713—714页。
⑤ [法]路易·若斯兰:《权利相对论》,王伯琦译,中国法制出版社2006年版,第247页。
⑥ [德]卡尔·拉伦茨:《德国民法通论》(上),王晓晔等译,法律出版社2002年版,第304页。
⑦ [法]雅克·盖斯旦、吉勒·古博:《法国民法总论》,谢汉琪等译,法律出版社2004年版,第704页。

行使此种权利时,有一个"度"必须得到遵守。① 当法律授权个人的时候,很少正式表达出此种"内部限制"。因此,必须到一般性原则甚至法律制度的精神之中去寻找这类限制。② 由此,本书认为,权利滥用不在于逸出了权利之外部边界,其要旨当在于权利的行使违背了其内部限制,或者说权利得创设的宗旨。而对于权利滥用的效果,有失权、限制权利、行为无效以及承担民事责任等。③ 由此来看,在知识产权的行使构成权利滥用时,当限制预防性救济的适用。

知识产权是私权利,且主要是财产权。按照法国学者路易·若斯兰对权利的分类,④ 知识产权可归属于利己权利,即"这一类权利存在的最终原因,并不是权利所有人利益的满足,而是在满足社会本身的利益……它是一种方法,不是一个目的"⑤。结合前文所述,知识产权的设定,只是手段,其自身并非目的。唯有权利之行使与社会公共利益相吻合,方能受到法律之保护。反之,"一旦这种制度不符合社会的需要,一旦权利所有人的个人目的和社会集体的目的不相融合,制度亦就要变更以求适应于新的情况!"⑥ 从实证来看,现代各国立法授予或确认知识产权的过程中,莫不对其权利外部边界作出界定,尽管这一界定与不动产的边界相比并不明确和确定。如我国《专利法》第11条设定了专利权的外部界限。超越权利的外部界限,不是不当侵占了公共利益,就是侵入了他人权利的边界,所"实现"之"权利内容"实质上为他人或社会之法益,自然无法律上之力予以保驾护航。当然,于此种情形下,因"专利权人"非在行使权利,也无须评判其是否构成权利滥用了。另外,与不动产上之权利设定并不总是同时明确了权利创制目的不同,近代以来各国知识产权立法多在立法中明确了其所授予、创设之知识产权的目的或精神。换言之,知识产权立法中,权利创设的内部限度至少在形式上是明确的。如此,知识产

---

① [法]雅克·盖斯旦、吉勒·古博:《法国民法总论》,谢汉琪等译,法律出版社2004年版,第704页。
② 同上书,第705页。
③ 详见钱玉林《禁止权利滥用的法理分析》,《现代法学》2002年第1期。
④ 他根据权利的精神将权利分为无因权利、利己权利和利他权利。参见 [法] 路易·若斯兰《权利相对论》,王伯琦译,中国法制出版社2006年版,第258页。
⑤ [法] 路易·若斯兰:《权利相对论》,王伯琦译,中国法制出版社2006年版,第260页。
⑥ 同上书,第202页。

权之行使，尽管并未逸出其外部边界，但若违背此内部限度，亦当属权利滥用，不应产生期待利益。以专利制度为例，其制度精神或目的在于促进公共利益。"专利制度和任何激励机制一样，都是以牺牲其他人的利益为代价来保护和提升激励对象的私人利益，目的是促进能够改善社会整体福祉的成果的产出。"① 专利权人违背促进公共利益这一内部限制行使权利，虽具有行使权利之外观，但构成权利滥用，自不应受到法律之首肯。

尽管以上只是以专利制度为例进行了分析，但推而广之，可以说，知识产权制度旨在促进公共福祉改善的精神所决定的知识产权的相对性，是评判权利人是否构成权利滥用，从而是否应当限制预防性救济适用的理论基础。在知识产权行使构成权利滥用时，当发生一般意义上的权利滥用的后果，即权利人不应取得滥用行为所对应之期待利益。如果行使法定权利的行为不合于权利的目的、不合于权利创设的精神，该行使权利的行为就应当进行限制。具体到知识产权侵权诉讼中，若其诉求的后果违背了权利创设的精神，则不能得到立法之认可。换言之，限制那些一旦适用就违背制度精神的权利救济手段的适用是权利正当行使的当然要求。

其次，知识信息生产方式的变化是对知识产权保护制度作出调整的政治经济学基础。尽管不论从知识产权创设及演进中的实用主义来看，还是从近现代知识信息财产化的私权表达来看，在一定情形下限制预防性救济的适用均具有一定的正当性。但也有一定缺憾。详言之，实用主义伴随了知识产权近现代形态的确立和发展始终，而禁止权利滥用的观念同样也是远早于知识产权近现代形态的确立，那么为什么直到近年，司法和学说上才相对集中地遇到了知识产权侵权预防性救济的适用是否可以存在例外的问题？换言之，国际范围内知识产权制度已经存在数百年，包括停止侵害和禁令在内的预防性救济制定法存在也有200余年，但为何直到最近，也才开始遇到这一新问题？因而，有必要对这一新问题从另外的视角加以探视。以下论述将表明，这一新问题的出现与知识产权法所调整的社会关系的变化紧密相关。质言之，正是知识信息生产方式的变化要求对其传统保护方式作出调整。

马克思主义认为，"法的关系正像国家的形式一样，既不能从它们本

---

① See Elizabeth Siew Kuan Ng, "Patent trolling: Innovation at risk", *E.I.P.R.*, 31, 2009, p. 600.

身来理解,也不能从所谓人类精神的一般发展来理解,相反,它们根源于物质的生活关系……"① 生产方式的变化导致了"耸立"其上的法的变化。因而,研究和分析法的演进规律及原因,离不开分析法所调整的社会关系的变化。例如,18 世纪和 19 世纪美国财产权理论上所发生的"革命"——土地所有权从布莱克斯通式的绝对支配权向权利保护范围需要依据是否有利于经济发展的社会目的来决定的转变,实际上根源于 19 世纪土地利用方式由集中于农业向更有效率地实现产业发展的转变。② 同样,半个多世纪以来,科学技术的飞速发展给人类的生产、生活方式带来了翻天覆地的变化。特别是数字技术的发展,使人类的制造、消费、交换等行为与过去相比都有了明显不同。

以专利法为例,现代科技创新的特征以及与此相应的生产活动变化是对成型于工业革命时期的专利法律规则作出变更的根本原因。传统专利法的理想设计是以独立发明为基础的,并没有太多地关注到在先发明对于后来创新者的外部性或溢出效应上。如今,研究或创新的累积性质给专利法的这种理想设计带来了挑战。专利法需要就所给予在先发明者与在后发明者的回报之间取得平衡,而在本书看来,此平衡的评价标准正是专利法促进创新的立法目的。③ 进入 20 世纪后半叶以来,晶体管和电子计算机的发明和应用给制造业带来了巨大变化,社会分工高度细化,随之而来的是制造业标准化程度的空前提高,数控加工得到广泛运用。在此背景下,从实现某个单一功能的简单产品的生产到任何一件大型产品的生产,都实现了高度集成,大量产品的生产都由过去由某个制造商独立完成转向了由众多零部件加工企业和装配商协同完成。科技发展及由此所导致的产品生产方式的变化必然要求立法作出相应调整,以适应生产力的变化。这一调整在与科技创新及产品制造紧密相关的专利法律制度上表现得尤为明显。随着科技的发展,专利制度的一些规则已经发生了变化,最典型的莫过于可专利性主题的变化。商业方法、计算机软件、人工分离的基因序列等都已

---

① 中共中央马克思恩格斯列宁斯大林著作编译局:《资本论》(节选本),人民出版社 1998 年版,第 32 页。

② 参见季卫东《法治秩序的建构》,中国政法大学出版社 1999 年版,第 364—367 页。

③ See Suzanne Scotchmer, "Standing on the Shoulders of Giants: Cumulative Research and the Patent Law", *J. Econ. Persp.*, 5, 1991, p. 20.

经被授予了专利权。现代专利法上发明的概念，也与早期有了很大不同。① 在专利制度的早期，一件新装置或产品往往只涉及一件或几件专利，而在现代科技条件下，随着化学、生物技术、信息技术领域的创新成果陆续被纳入可专利性主题，越来越多的装置或产品之中所运用到的专利数量都是早期技术条件下无法比拟的。它们不再是仅仅包含单一或少量的新发明，相反，其本身多由众多部件结合而成；不但结合本身可能就是专利权的对象，而且每一个部件同时可能涉及一件或者更多专利。因而，尽管从技术层面来看，不同技术发展时期牵涉到产品或装置制造中的每一个单件专利对该产品或装置的重要性不同，但从立法对专利权提供的保护来看，这些专利的地位却是平等的。因而，单件专利在制造层面和法律层面地位的这种不同，导致了在不同技术和生产条件下其对生产活动的影响也会存在重大不同。相比较过去而言，随着专利技术的连年激增，社会分工在技术领域的高度细化，专利权对于生产和后续发明的阻滞效应日益突出。特别是在一些复杂产品生产中，当涉嫌侵犯专利权的技术、方法或构件仅是整体产品的一小部分时，若一律令侵权行为停止，则从侵权者角度看，也有违正义原则。因而，立法有必要作出调整，以适应生产方式的变化。

尽管以上只是以专利制度为例进行的分析，但若将视角扩展到其他主要知识产权领域，也可以得出相似的结论。众所周知，版权乃传播技术之子。自印刷术的推广催生了现代著作权制度后，每一次新传播技术的运用，都会带来著作权制度的相应变革。随着被誉为20世纪人类最伟大的发明之一的数字技术深入人类生活的每一个角落，其在著作权制度的许多方面都产生了重要的影响。② "作为全球性的信息网络，互联网创造了信息生产的革命，改变了人们创造和传播信息、知识和文化的方式和途径。"③ 在著作权保护的实践中，现代社会中作品的形式、数量均与过去不可同日而语，加之数字技术的普及所导致的作品传播方式的革命性变化，使用他人版权作品的可能性、频次均有很大程度的增加。不论是版权保护的作品类型，还是版权的内容，均与17、18世纪的版权制度有了较

---

① 参见贾小龙《关于专利法中发明与发现区分的思考》，《陕西理工学院学报》（社会科学版）2006年第8期。
② 参见贾小龙《论网络服务提供者的著作权侵权责任》，《理论与现代化》2014年第1期。
③ 薛虹：《十字路口的国际知识产权法》，法律出版社2012年版，第13页。

大不同。在此背景下，如果固守早期确定的版权保护模式，势必与作品的新的生产和传播条件不相吻合。因而，为适应生产条件的变化，对强的保全保护模式进行适当微调，也是合理的。试想，在大型辞书、工具书、数据库的编纂过程中，不可避免地会使用到他人的作品，而一旦这些编纂的书籍即将出版，而个别版权人又要起诉版权侵权并主张停止侵害，法院若在此情形下还是固守传统的做法，则势必会造成利益的严重失衡。再看商标制度，乍看起来，商标法律制度似乎与科学技术的发展关联程度并不很高，但这显然只是表面现象。确实，商标法律制度是应贸易方式变化而生成的一种法律制度，贸易方式的变化已经并将继续引起商标法律制度的变化。而由于通信、数字和运输方式的发展，电子商务这一新兴事物成为贸易的急先锋。相应地，商标法律制度不得不面对如何在互联网上维持商标的显著性问题。同时，若将视野扩展到标识本身，将不难发现，信息技术催生的大数据时代，显著性标识的选择在大量数据的包围中不是变得更加便捷，而是更加困难了。因为，任何创新性识别标识的发生本身也是一个知识增长和创新的过程，而累积性或站在巨人肩上又是知识增长的基本规定性。因而，单从标识选择上来看，非故意、但客观上的近似可能在所难免；同时，由于分工的细化，大量标识的设计者和投入商业使用者是分离的，因而，使用者可能无法知晓某个标识设计的背景和检索来源。这样，在标识被投入使用并积累了一定商誉的情况下，利害相关者一旦提起诉讼，并诉诸停止侵权救济，将会对无辜商标所有人的商誉造成显著威胁。为避免无辜者遭受严重损害，客观上也需要对现代贸易条件下商标保护制度作出调整。

2. 预防性救济适用的限制：以专利侵权救济为中心

首先，有损公共利益时不适用预防性救济。发生知识产权侵权时，如果权利人请求适用预防性救济会使公共利益受损，否决该请求就是必要的和合理的。从一般法律原则上说，"……权利之行使，消极的应符合公共利益，否则为违法之行使……"① 以专利侵权为例，在适用预防性救济会使公共利益受损时，"即使专利侵权指控成立，法院也不应判决支持权利

---

① 史尚宽：《民法总论》，中国政法大学出版社2000年版，第39页。

人要求停止侵权的诉讼主张"①。而从公共利益在专利法上所起的作用来看,"公共利益的守护,旨在密切监视专利权人,并准备在必要时采取对抗措施进行积极干预"②。但"也不应无条件地牺牲前者而维护后者。任何出于公共利益或长远利益的保护而对私人利益或短期利益的侵夺,都必须提供充分的理由,根据合理的标准,经过适当的程序和在必要的情况下给予相应的补偿"③。因此,关键的问题在于界定此处的公共利益。法理学的研究认为:"何谓公共利益,非常抽象,可能人人殊言。"④"公共利益的合理判断只能从社会范围内的公论中产生。法协调好私人利益和公共利益的关系,有利于促进社会的全面进步。"⑤ 显然,一般地界定公共利益,已经超过了本书以及本人的能力范围,但若结合知识产权的一般限制制度以及国内外司法实践经验,对此处的公共利益作出界定,当不违知识产权制度的精神。我们以为,足以支持限制知识产权侵权预防性救济适用的公共利益事由,主要存在于专利侵权中;而在著作权和商标侵权中,则相对较为少见。故而,下面仅以专利侵权为中心,来考察基于公共利益考虑而限制预防性救济适用的情形。归结起来,主要包括以下两类:

一类是涉案专利技术"本身"的实施会对公共利益产生重大影响。此类情形等同于《专利法》第49条、第50条、第52条中涉及的公共利益,即限于极少数对国家和公共利益产生重大影响的发明创造,包括了能够"对流行疾病的预防或治疗具有突出效果,在节能、环保方面能够产生显著作用,在防止意外事故、保障施工人员生命安全有特殊功效的发明创造"⑥。因这些原因而限制预防性救济适用的判例,在国内外已经多有出现。例如:在哈布里泰克公司诉安博特实验室(Hybritech Inc. v. Abbott Labs.)一案中,法院指出,不论法院如何决定,都不能切断向正在使用安博特实验室侵权产品的癌症患者供应受专利保护的单细胞繁殖测试成套

---

① 张晓都:《专利侵权诉讼中的停止侵权与禁止双重赔偿原则》,《知识产权》2008年第11期。
② Elizabeth Siew Kuan Ng, "Patent trolling: Innovation at risk", *E.I.P.R.*, 31, 2009, p. 600.
③ 张文显:《法理学》,高等教育出版社2003年版,第373页。
④ 同上书,第376页。
⑤ 同上。
⑥ 尹新天:《中国专利法详解》,知识产权出版社2011年版,第499页。

工具。① 在一项涉及采用暴露于特别的紫外线照射下以在有食用价值的有机物中获得维生素 D 的方法专利侵权案中，美国联邦第九巡回上诉法院指出，"专利权人不可将其专利财产权的使用置于公共利益的对抗面"②。在密尔沃基市诉加菌淤泥公司（City of Milwarkee v. Acticated Sludge, Inc.）案中法院撤销禁令的原因是，颁发禁令将造成密尔沃基市无法使用构成侵权的污水处理系统，进而将对公共健康及福祉造成巨大损害。③ 在最高人民法院二审的武汉晶源环境工程有限公司诉被告日本富士化水工业株式会社、华阳电业有限公司侵犯发明专利权纠纷一案中，法院以被告之行为符合环境保护的基本国策和国家产业政策、有利于建设环境友好型社会、具有很好的社会效益，且电厂供电情况将直接影响地方的经济和民生为由，也未判令被告承担停止侵害责任。④

另一类是涉案专利技术本身并不具有对公共利益产生重大影响的属性，但因其已与其他生产要素结合，并在事实上用于事关重大公共利益的生产、经营行为，或者因公众已经高度依赖包含有涉案技术的产品，若停止其使用，将会对公共利益造成重大影响。如在珠海市晶艺玻璃工程有限公司诉深圳市机场股份有限公司等专利权侵权纠纷案、珠海市晶艺玻璃工程有限公司诉被告广州白云国际机场股份有限公司专利侵权纠纷案中，两家法院均认为，被告的行为均构成侵权，但考虑到机场的特殊性、适用预防性救济以停止侵权不符合社会公共利益，因而只是判令被告向原告支付合理使用费。⑤ 在德国某公司诉上海某不锈钢标准件公司、上海某装饰设计工程公司"紧固件"发明专利侵权纠纷案中，由于侵权产品已全部用于某大厦的墙体内并交付，故法院也没有支持原告适用预防性救济的诉请。⑥ 在 Z4 科技公司诉微软公司、欧特克公司（Z4 Technologies, Inc. v. Microsoft Corporation, Autodesk Inc.）一案中，美国联邦地区法院拒绝了临时禁令。理由之一便是因公众对这些产品（被控侵权）的无可争

---

① See Hybritech Inc. v. Abbott Labs., 4 U. S. P. Q. 2d (BNA) 1001, 1015 (C. D. Cal. 1987).
② See Vitamin Technologists, Inc. v. Wis. Alumni Research Found., 146 F. 2d 941, 944 (9th Cir. 1945).
③ See City of Milwarkee v. Acticated Sludge, Inc., 69 F. 2d 577 (7th Cir. 1934).
④ 参见最高人民法院（2008）民三终字第 8 号民事判决书。
⑤ 参见广东省深圳市中级人民法院民事判决书（2004）深中法民三初字第 587 号；广东省广州市中级人民法院民事判决书（2004）穗中法民三知初字第 581 号。
⑥ 参见李澜《专利侵权诉讼中的永久禁令》，《电子知识产权》2008 年第 7 期。

辩的和严重的依赖,颁发临时禁令将使公共利益受损。① 还需要指出,此类公共利益,应限于使得不特定的多数人利益将会遭受重大影响的情形,不应随意扩展至预防性救济难以执行的情况。因为,该情形根本上是一个责任履行的问题,而不是责任本身。

其次,当事人之间利益重大失衡时预防性救济的限制适用。与涉及公共利益时不适用预防性救济一样,虽然系争纠纷并不直接牵涉重大公共利益,但在适用预防性救济可能导致当事人之间利益严重失衡时,也应限制预防性救济的适用。就适用预防性救济时应对当事人之间利益进行衡量特别是如何衡量的问题,理论上有三种主张。一说主张衡量被控侵权部分在被告产品中的作用和价值,如果相对很小,则可以不适用预防性救济。② 二说主张应考虑预防性救济客观上能否执行的情况,如果不能做到或者在经济上不合理,则考虑通过替代性救济予以充分补偿。③ 三说主张在进行利益衡量时应当将使用者的主观过错状况一并考虑。其中,利用者没有过错、过错程度较小或存在与有过失时,可结合客观上的利益是否严重失衡来限制预防性救济的适用。④ 不难看出,上述诸说具有一定合理性。但因为知识产权具有排他性,创设和保护知识产权本身就蕴含了在一定期限内排除他人未经许可使用的内容。因而,此处所述之限制预防性救济的适用,必须在实体和程序上进行严格限制,既要考虑利用者的主观过错,也要考虑双方当事人的利益是否严重失衡。

详言之,就实体方面来说,首先要考虑利用者的主观方面。一般情况下,只有在被告对于侵权的发生不存在过错时,才应对当事人之间的利益状况进行衡量。因为,性质相同的权利或利益在法律上应当获得同等保护,没有人有权以己方利益更大为由而漠视他人较小利益。基于同样的理由,在衡量当事人之间利益状况时,只能围绕所使用知识信息本身来展开。具体来说,评判的重点应当在于所利用之知识信息对于被告相关产品

---

① See Z4 Technologies, Inc. v. Microsoft Corporation; Autodesk, Inc., 434 F. Supp. 2d 437, 444 (2006).

② 参见张玲《论专利侵权诉讼中的停止侵权民事责任及其完善》,《法学家》2011 年第 4 期; Mark Lemley, Carl Shapiro, "Patent Hold-Up and Royalty Stacking", Tex. L. Rev., 85, 2007, p. 1994.

③ 参见方晓霞《论停止侵害责任在我国专利领域的适用即限制》,《知识产权》2011 年第 2 期。

④ 参见李扬《知识产权法基本原理》,中国社会科学出版社 2010 年版,第 123—126 页。

营业的贡献大小，以及适用预防性救济会对被告相关产品本身的生产或销售带来的影响方面，而不应考虑在总体上对被告带来的影响，也不应考虑所使用知识信息在原告整体营业中的地位。在这方面，可以借鉴物权法上的添附制度的思想，即一般只能在预防性救济的适用会带来社会资源的巨大浪费时，方能将被告相关产品视为一种不可逆的存在而不适用预防性救济。以专利侵权为例，原则上在使用专利技术的侵权部件无法从侵权产品上分离的情况下，若侵权部件并非侵权产品的核心组成部分或侵权部件已与他人之重大经济利益相结合同时使用者对存在专利侵权不存在过错时，方可不适用预防性救济。作为例外，若采用替代技术对产品的价值没有实质性影响，或者不会在经济上不合理，或者虽然他人已经作出或做好了生产的准备，但如果专利技术或方法尚未被实际运用到产品的生产之中，则都应当支持专利权人预防性救济的诉请。①

一旦法院依据以上标准作出不适用预防性救济的决定，就需要通过替代性救济补偿专利权人。其中的核心显然只在于设置确定许可使用费的合理程序。在此方面，同样可以借鉴添附制度的做法，即应当体现充分的意思自治。② 具体来说，在确定合理使用费之前引入一个前置的协议程序。即要求原被告双方在一定期限内就合理使用费先行协议，期满协议不成的，法院方可根据所利用知识信息对侵权产品的价值贡献大小，在考虑相关领域技术进步及其他因素的情况下，综合判定使用费的数额。事实上，美国法院在专利裁判中已开始引入这一程序。美国联邦巡回上诉法院雷德（Rader）法官在佩斯公司诉丰田摩托公司（Paice, L. L. C. v. Toyota Motor Corp.）案中就已指出了地区法院在根据继续侵权事实确定合理使用费前具有允许当事人就专利的未来使用费进行协商的权利。③ 而到泰勒科达公司诉思科系统公司（Telcordia Techs., Inc. v. Cisco Sys., Inc.）案中，德拉威州联邦地区法院采纳了该意见，拒绝了泰勒科达公司颁发强制许可的要求，责令双方在一定期限内就使用费进行协议。④ 此举不但能弥补法院

---

① 参见张耕、贾小龙《专利"侵权不停止"理论新解及立法完善》，《知识产权》2013年第11期。

② 参见谢在全《民法物权论》（上）中国政法大学出版社1999年版，第254—255页；张耕、贾小龙《专利"侵权不停止"理论新解及立法完善》，《知识产权》2013年第11期。

③ See Paice, L. L. C. v. Toyota Motor Corp., 504 F. 3d 1293, 1315-1316 (2007).

④ See Telcordia Techs., Inc. v. Cisco Sys., Inc., 592 F. Supp. 2d 727, 748 (D. Del. 2009).

径直确定使用费的不足,有利于彰显意思自治,符合专利权的私权本质;也符合专利权人就其专利技术在剩余期限内获得法律规定的保护的最低要求。因此,在法律和政策上都是适当的。一项专利技术的未来实施,要受市场因素、新技术替代以及其他相配套技术等多种因素的影响。法院所确定的裁判数额并不总能实现当事人利益的合理分配,其之所以有权在双方当事人无法就合理使用费达成一致时进行裁判,仅仅是定纷止争的需要,因此,只能作补充适用。

当然,正如添附只是物权的强保护的例外一样,基于当事人之间利益衡量而适用预防性救济同样应当限于法律明确规定的例外情形,避免对知识产权制度的整体机能带来不良影响。考虑到我国民事立法现状,在《民法通则》和《侵权责任法》作出这一修改的可行性尚需要进一步研究,但却不妨首先在各专门知识产权立法中对不适用停止侵害责任的具体情形和条件作出明确规定。如此,基于特别法优先的法律适用规则,修改后既不会影响到停止侵害责任在一般民事侵权领域中的适用,也会给司法允许知识产权侵权不停止提供必要的裁判依据。如可在现行各主要知识产权专门立法中针对不同的知识产权类型,增加两条,分别规定如下:

在《专利法》中规定:第××条:"侵犯专利权的,应当根据情况,承担停止侵害、赔偿损失等民事责任。""有下列情形之一的,可以不承担停止侵害民事责任,但应当向专利权人支付合理使用费:(一)停止侵权行为有悖于公共利益的;(二)停止侵权行为会造成当事人之间的重大利益失衡,或者实际上无法执行的。""在前款规定情形下,双方当事人应在合理期限内就合理使用费的数额达成协议,协议不成的,人民法院可以参照本法第六十五条的规定决定合理使用费的数额。"

第××条:"专利权人或利害关系人有证据证明他人有侵犯专利权之虞的,可请求其承担停止侵害责任。"

在《著作权法》中规定:第××条:"侵犯著作权的,应当根据情况,承担停止侵害、赔偿损失等民事责任。""有下列情形之一的,可以不承担停止侵害民事责任,但应当向著作权人支付报酬:(一)停止侵权行为有悖于公共利益的;(二)停止侵权行为会造成当事人之间的重大利益失衡,或者实际上无法执行的。""在前款规定情形下,双方当事人应在合理期限内就报酬数额达成协议,协议不成的,人民法院可以参照有关法律、法规的规定决定报酬的数额。"

第××条:"著作权人或利害关系人有证据证明他人有侵犯专利权之虞的,可请求其承担停止侵害责任。"

在《商标法》中规定:第××条:"侵犯商标权的,应当根据情况,承担停止侵害、赔偿损失等民事责任。""有下列情形之一的,可以不承担停止侵害民事责任,但应当向商标权人支付许可使用费:(一)停止侵权行为有悖于公共利益的;(二)停止侵权行为会造成当事人之间的重大利益失衡,或者实际上无法执行的。""在前款规定情形下,双方当事人应在合理期限内就许可费用的数额达成协议,协议不成的,人民法院可以参照有关法律、法规,并结合侵权的情节等因素,决定许可使用费的数额。"

第××条:"商标权人或利害关系人有证据证明他人有侵犯专利权之虞的,可请求其承担停止侵害责任。"

事实上,在《专利法》第三次修改过程中,国务院法制办《中华人民共和国专利法》(修改稿)(2008年2月28日)第75条曾规定:"专利权人请求人民法院或者管理专利工作的部门责令停止侵犯其专利权的行为,如果侵权人停止实施相关专利会损害社会公共利益的,人民法院或者管理专利工作的部门可以不责令侵权人停止实施行为,侵权人可以继续实施相关专利,但应当支付合理费用。"但在最终通过的《专利法》中,未予采纳。而在专利法新一轮修订中,国务院法制办发布的《中华人民共和国专利法修订草案(送审稿)》再没有涉及类似规定。当然,2016年出台的《最高人民法院关于审理侵犯专利权纠纷案件应用法律若干问题的解释(二)》已经对此有所涉及。但为完备知识产权保护措施、发挥法律的指引作用,便利法律之适用,限制预防性救济措施的适用,有必要在立法上作出明确规定。

结　　论

　　当前，学界对知识产权对象的界定主要立足于法学之外，而且众说纷纭；但是，若着眼于知识产权是一种新型的民事权利这一定位，它的保护对象当与作为所有权对象的有体物一样，均须具备"对主体的价值性"和"可控性"这两个基本要素。据此，知识产权的对象，可以定义为一切有用的、可控的知识或信息。"价值性"意味着赋予对象以法律之力的必要性，"可控性"决定了权利创设及保护的可行性；前者对特定知识信息（如新的技术方案、作品等）自不待言，但后者却完全源于法律的创造。知识信息可控性的法律创造与有体物可控性的"自然天成"对比鲜明：人们通过知识产权制度"控制"其对象的所为使得符合法定条件的知识信息具有了稀缺性，相反，物质资料的稀缺性则是造就有体财产权制度诞生的客观基础。这一对迷人的"鸡""蛋"对生现象也引发了许多年来人们对知识产权创设或保护的正当性的拷问。因为，本来，人人可以自由使用其所能获悉各种知识信息，无论形式、目的或方式。但知识产权制度使得个人得就一定知识信息为特定支配并借此取得利益的同时却也改变了人与人之间基于知识信息的自然属性而具有的社会关系。

　　许多年来，学界已经从不同角度进行了正当性论证，形成了以投射理论和激励论为代表的学说。客观地说，这些学说的确在很大程度上解决了知识产权保护是否应当的问题。但也应该看到，正当性辩护从源头上证明知识产权保护是否符合正义、伦理、公共善等抽象观念的论证侧重决定了其作用的局限性。质言之，正当性辩护学说并没有解决也不旨在解决知识产权怎样保护的问题。然而，长期以来，正当性辩护学说却被人们不加区分地赋予了规范意义，并成为近年来知识产权制度变革中在不同层面上单纯追逐私人利益者的托词和理论依据，由此而来的一些保护规则创新也引起了人们的普遍担忧。对照知识产权的制度实践不难发现，在知识产权保护的每一个典型历史阶段，其并未完全延循正当性辩护学说的经络；知识产权制度的关键范畴，亦难以从正当性辩护学说中求得证明。一句话，知识产权正当性辩护学说必有其历史使命，但在"实然"的知识产权保护中，无法故而不应继续"强人所难"。知识产权的制度实践亦即知识产权实际上是怎样保护的问题，必然另有规律。研究表明，这一规律便是实用主义。实用主义支配了全部知识产权保护的制度实践。易言之，实用主义是知识产权保护实践的基本向度。

尽管从哲学角度来看，实用主义被普遍认为是在美国本土生成并走向繁荣的一种哲学流派，但哲学实用主义只是实用主义的一个引人注目的分支，实用主义也并非首先来自且只存在于实用主义哲学之中。事实上，体现在人类在适应环境、解决现实问题中的大众化的、日常的实用主义思想渊源十分久远。就此而言，它对人类生存、制度设计的首要意义体现在思维方式和行动方法上，而不是意识形态方面。按照实用主义，人类的知识、观念和制度首先是适应性或工具性的。同时，人类的知识、观念、制度及其形成过程都会受到特定历史条件的限制，因而，其又具有语境性。在知识、观念、制度设计的意义方面，实用主义通常都是从知识、观念、制度是否产生了预期的后果中来评价或探寻，而非一般地赋予这些事物本身以不变或永恒的意义。而且，其中所谓预期的后果往往是具体的而非不可验证的。实用主义不赞成手段与目的之间的严格界限，更强调手段与目的的统一。对于任何问题——目的——而言，手段的选择必然会受制于目的本身，手段的意义主要应当从其对应的目的中探寻；另一方面，手段的选择也并非仅仅受制于目的，一定的生产、生活方式、共识、观念、常识等都会影响手段的选择。换言之，相对于目的，手段的选择和使用都具有一定的相对性，不具有终局性和唯一性。实用主义方法主张在概念、制度和观念所处的体系、语境中去确定它的意义，反对抽象地赋予这些要素以单一的、独立的意义。与思维方式相一致，在行动方法上，相比较理性思辨而言，实用主义更加强调行动和验证的重要性，强调通过实践或尝试以寻求适应环境的更优途径。

理论和实证两个方面的分析表明，伴随人类进化史的实用主义所表明的知识、观念、制度的工具性、语境性以及其突出实践的方法论与知识产权制度实践契合良好。尽管在知识产权保护的近代国家立法确立过程中，立法、司法和学说都曾表达过不同主张，但实用主义作为知识产权制度基本规范设计的主流思想基础地位并未受到明显动摇。工具性与知识产权保护的原因、语境性与知识产权保护的"度"、反基础主义与知识产权制度的源流、实用主义方法论与知识产权司法等方面均能够清晰地表明知识产权保护实践的实用主义向度。首先，知识产权保护具有工具性，旨在实现明确的、现实的公共利益。在封建特权时期，究竟谁是知识信息的真正创造者、创造者的利益本身几乎没有对特权的形式和内容产生任何实质影响。近代国家立法确立知识产权时，不但没有有意识地割裂其与特权时期王室政策考虑的实质关联，还更为明确地告示了知识产权保护与公共利益之间的手段和目的联系。以传统知识产权范畴为例：几乎在我们所知道的国家或地区，保护专利权以实现创新繁荣和产业发展的目的从古至今都是恒定的；也没有任何国家和地区在商标法律实践中为了保护标识本身而认可商标权，相反，商业标识保护与市场竞争之间的紧密关联从来也没有从根本上疏远过。即便是在争议性较大的版权制度演进中，尽管今人多认为英美法系国家版权立法之基础系商业价值观，而大陆法系国家则是以人格价值观为基础的，但本书研究表明，不但19世纪之前图书印刷之保护几乎没有体现对作者人格的关注，而且，作为法国现代版权制度开创者的大革命之后版权立法，也是表明了鲜明的实用主义立场。其次，知识产权的保护水平具有语境性，并非自在的、永恒的。这与制度构建者意欲实现之目的本身的变化存在对应联系。早期特权的随意性、资本主义立法时期不同国家在权利内容设定上的不同，甚至是当代发达国家和利益集团推动下保护水平的持续提高，无不体现出了知识产权保护与一定发展水平、政策考虑的紧密关联。再次，实用主义更强调知识、命题的社会意义这一点表明，评价知识产权制度设计的标准不可能是永恒的，而是应当随着具体情境的变化而变化。换言之，尽管不同时期的知识产权具体制度设计定然有所不同——这也是工具性和语境性的必然要求，但若有助于人们适应相应时期的知识信息生产、使用以及社会发展环境，则同样是可靠的。知识信息生产、使用以及社会发展环境的变化，必然会要求知识产权理论及制度设计做出相应调整，以使二者能够相符合。相反，若固守理论、拒绝应变，则可能会带来二者符合程度的降低。这样，近代以来知识产权制度设计的变化从整体上来说是正常的，是实用主义的具体体现。以上方面结合起来，至少可以从实证角度说，知识产权保护并没有鲜明的伦理色彩，知识信息生产者就该信息本身是否享有类型化利益以及会得到何种保护，虽然毫无疑问地对知识产权制度的构建有一定影响，但绝非关键所在。对知识信息创造性程度法律评价的因时而变几乎会从根本上瓦解知识信息本身会决定其保护状况的主张。最后，实用主义在方法论上所强调的对实践的关注、对后果的关注等在很大程度上更能体现知识产权司法的特色。典型的例证是，商标法律制度的形成本身表明，对预期后果的关注，始终是推动知识产权司法进而影响知识产权立法的重要方面。此外，明确和强调知识产权制度所体现的实用主义，本身也是其他知识产权法理论的一个延伸。我们并非要"为赋新词强说愁"，知识产权保护特别是知识产权规则国际化以及由此而导致的各国知识产权立法的高度趋同化，带来了许多亟须解决的问题。知识产权立法应当怎样发展，它的明天能否或应否与其历史上的形态保持某种连续性、如何保持，对这些问题的回应，实用主义具有不能抗拒的魅力。质言之，当前，全部知识产权保护问题，均可以粗略概括为应否保护以及如何保护的问题，核心则是将哪些知识信息纳入产权的对象以及给予其何种程度的保护问题。进一步说，是明确当下的知识产权保护是否足够令人满意，以及它的未来应当是什么样子？无论关注具体问题、还是从一般性研究着手，这显然是知识产权理论和实践的基本问题。前述表明，实用主义在阐释知识产权制度实践、从而指导未来制度变革中，具有鲜明的规范意义；它是在知识信息是否应当保护的问题解决之后，阐释和应对如何保护知识信息问题的重要思想理论工具。

当前来看，随着全球化的深入以及国际竞争的加剧，人类发现、利用自然规律领域的延伸，国内知识产权保护在许多制度设计方面开始越来越明显地背离实用主义。除技术革新带来的知识信息生产方式变化的原因外，国家间竞争需要和利益集团驱使下的当代知识产权制度变革之所以引发了主权国家公众的普遍担忧，其根源有二：一是发达国家在国家间竞争中继续奉行实用主义，并未同时关注其他国家的利益，这与历史上国内立法中的实用主义产生了质的不同，实为实用主义的错位；二是知识产权以私权、财产权名义在一定程度上正在发生着从有限市场垄断向垄断对象本身的转变。正是因为这一也许并非有意的转变，使得知识信息财产化的基本诉求——公共利益优先的坚守受到了现实威胁，也导致了各种奇妙问题层出不穷。例如：专利对创新活动的抑制更为凸显；一些新的版权规则一方面以促进作品——姑且不论这类新型作品与传统作品是否具有"实质近似性"——创作，另一方面不断压缩着传统版权制度下公共利益的保障空间；商标本身而非商誉日益财产化是否有利于平衡公平与自由竞争同样不无疑问,等等。

要从根本上解决当前知识产权保护面临的诸多问题,就需要发挥实用主义的规范作用,回归知识产权制度的理性。具体而言,我国未来知识产权制度的改造或完善,首先要在正视知识产权法律全球化所形成的制约下,坚持实用主义的基本立场:在设权理念上,考虑到我国知识产权保护远没有西方国家久远的历史积淀,基本制度架构也系移植而来,我国的成文法传统没有为法院留下过多的个案调整空间等因素,我国应当更为鲜明地强调知识产权的法定权利性质;在国际谈判和国际法的国内转化形式方面,应当克服道德劣势心理、充分利用多边协定的柔性规定,并适当、灵活"多头立法"实施知识产权国际条约义务。其次应当在主要对策方面将实用主义知识产权观渗入知识产权保护的关键环节之中:在立法宗旨上明确知识产权产生、保护与相应公共利益之间的手段和目的关系;在权利运行上通过政策引导,实现由权利本身向生产要素的转变;在权利保护和侵权救济规则中,有意识地强调知识产权保护的谦抑性,以在保护私权的同时为他人保留合理的行为自由;在侵权救济中通过限制预防性救济措施的适用和法院的个案衡量,合理保护知识产权,更好地平衡私权保护与公共利益,从而在知识产权"从生到死"的整个生命流程中均体现促进公共利益的目的导向。

参考文献

一 著作

［美］A. 爱伦·斯密德：《财产、权力和公共选择》，黄祖辉等译，上海三联书店2007年版。

［英］F. A. 哈耶克：《致命的自负》，冯克利、胡晋华等译，中国社会科学出版社2000年版。

［德］G. 拉德布鲁赫：《法哲学》，王朴译，法律出版社2005年版。

［德］M. 雷炳德：《著作权法》，张恩民译，法律出版社2005年版。

［加］L. W. 萨姆纳：《权利的道德基础》，李茂森译，中国人民大学出版社2011年版。

［美］保罗·戈斯汀：《著作权之道：从谷登堡到数字点播机》，金海军译，北京大学出版社2008年版。

［美］本杰明·卡多左：《司法过程的性质》，苏力译，商务印书馆1998年版。

［澳］彼得·达沃豪斯、约翰·布雷斯韦特：《信息封建主义》，刘雪涛译，知识产权出版社2005年版。

［澳］彼得·德霍斯：《知识财产法哲学》，周林译，商务印书馆2008年版。

［澳］布拉德·谢尔曼、［英］莱昂内尔·本特利：《现代知识产权法的演进》，金海军译，北京大学出版社2006年版。

［美］道格拉斯·诺斯、罗伯特·托马斯：《西方世界的兴起》，厉以宁、蔡磊译，华夏出版社1992年版。

［德］迪特尔·梅迪库斯：《德国民法总论》，邵建东译，法律出版社2000年版。

［美］汉密尔顿、杰伊、麦迪逊：《联邦党人文集》，程逢如等译，商务印书馆1995年版。

［德］黑格尔：《法哲学原理》，范扬、张企泰译，商务印书馆 2007 年版。

［美］霍菲尔德：《基本法律概念》，张书友译，中国法制出版社 2009 年版。

［日］加藤雅信：《"所有权"的诞生》，郑芙蓉译，法律出版社 2012 年版。

［英］卡尔·波普尔：《猜想与反叛：科学知识的增长》，傅季重等译，上海译文出版社 1986 年版。

［德］卡尔·拉伦茨：《德国民法通论》（上），王晓晔等译，法律出版社 2002 年版。

［苏丹］卡米尔·伊德里斯：《知识产权：推动经济增长的有力工具》，曾燕妮译，知识产权出版社 2008 年版。

［德］康德：《任何一种能够作为科学出现的未来形而上学导论》，庞景仁译，商务印书馆 1982 年版。

［美］理查德·A. 波斯纳：《法律的经济分析》，蒋兆康译，法律出版社 2012 年版。

［美］理查德·A. 波斯纳：《法理学问题》，苏力译，中国政法大学出版社 2002 年版。

［法］路易·若斯兰：《权利相对论》，王伯琦译，中国法制出版社 2006 年版。

［美］罗伯特·S. 萨默斯：《美国实用工具主义法学》，柯华庆译，中国法制出版社 2010 年版。

［英］洛克：《政府论》（下篇），叶启芳、瞿菊农译，商务印书馆 1997 年版。

［英］洛克：《人类理解论》，关文运译，商务印书馆 1983 年版。

［美］罗纳德·哈里·科斯：《企业、市场与法律》，盛洪、陈郁译，上海三联书店 1990 年版。

［美］罗斯科·庞德：《法理学》（第三卷），王保民译，法律出版社 2007 年版。

［美］罗斯科·庞德：《法理学》（第四卷），王保民译，法律出版社 2007 年版。

［英］罗素：《伦理学和政治学中的人类社会》，肖巍译，河北教育出

版社 2003 年版。

［英］罗素：《人类的知识：其范围与限度》，张金言译，商务印书馆 1983 年版。

［英］尼古拉斯·布宁、余纪元：《西方哲学英汉对照辞典》，人民出版社 2001 年版。

［美］斯蒂芬·芒泽：《财产理论》，彭诚信译，北京大学出版社 2006 年版。

［英］特雷弗·I. 威廉斯：《技术史》（第六卷），姜震寰、赵毓琴译，上海科技教育出版社 2004 年版。

［美］威廉·M. 兰德斯、理查德·A. 波斯纳：《知识产权法的经济结构》，金海军译，北京大学出版社 2005 年版。

［美］威廉·詹姆士：《实用主义》，李步楼译，商务印书馆 2012 年版。

［英］休谟：《人性论》，关文运、郑之骧译，商务印书馆 1996 年版。

［美］亚当·杰夫、乔希·勒纳：《创新及其不满：专利体系对创新与进步的危害及对策》，罗建平、兰花译，中国人民大学出版社 2007 年版。

［法］雅克·盖斯旦、吉勒·古博：《法国民法总论》，谢汉琪等译，法律出版社 2004 年版。

［英］约翰·穆勒：《政治经济学原理》（下卷），胡企林、朱泱译，商务印书馆 1991 年版。

［美］约瑟夫·E. 斯蒂格利茨：《经济学》（第三版），黄险峰等译，中国人民大学出版社 2005 年版。

［美］约瑟夫·熊彼特：《经济发展理论——对于利润、资本、信贷、利息和经济周期的考察》，何畏、易家祥等译，商务印书馆 1991 年版。

［美］朱尔斯·L. 科尔曼：《原则的实践：为法律理论的实用主义方法辩护》，丁海俊译，法律出版社 2006 年版。

［日］竹中俊子：《专利法律与理论：当代研究指南》，彭哲等译，知识产权出版社 2013 年版。

杜颖：《社会进步与商标观念：商标法律制度的过去、现在和未来》，北京大学出版社 2012 年版。

冯晓青：《知识产权法利益平衡论》，中国政法大学出版社 2006

年版。

冯晓青:《知识产权法哲学》,中国人民公安大学出版社 2006 年版。

高兆明:《黑格尔〈法哲学原理〉导读》,商务印书馆 2010 年版。

胡长清:《中国民法总论》,中国政法大学出版社 1997 年版。

胡朝阳:《论知识产权的正当性》,人民出版社 2007 年版。

黄海峰:《知识产权的话语与现实》,华中科技大学出版社 2011 年版。

季卫东:《法治秩序的建构》,中国政法大学出版社 1999 年版。

江怡:《西方哲学史》(学术版)(第八卷),凤凰出版社、江苏人民出版社 2005 年版。

孔祥俊:《知识产权法律适用的基本问题》,中国法制出版社 2013 年版。

孔祥俊:《商标与反不正当竞争法》,法律出版社 2009 年版。

李琛:《论知识产权法的体系化》,北京大学出版社 2005 年版。

李琛:《著作权基本理论批判》,知识产权出版社 2013 年版。

李德顺:《价值论》,中国人民大学出版社 2013 年版。

李秋零主编:《康德著作全集》(第 5 卷),中国人民大学出版社 2006 年版。

李秋零主编:《康德著作全集》(第 6 卷),中国人民大学出版社 2007 年版。

李秋零主编:《康德著作权全集》(第 8 卷),中国人民大学出版社 2010 年版。

李扬:《知识产权法基本原理》,中国社会科学出版社 2010 年版。

李扬等:《知识产权基础理论和前沿问题》,法律出版社 2004 年版。

李雨峰:《中国著作权法:原理与材料》,华中科技大学出版社 2014 年版。

李雨峰:《著作权的宪法之维》,法律出版社 2012 年版。

李雨峰:《枪口下的法律:中国版权史研究》,知识产权出版社 2006 年版。

梁慧星:《民法总论》,法律出版社 2011 年版。

刘燕南:《实用主义法理学进路下的国际经济法》,法律出版社 2007 年版。

刘华：《知识产权制度的理性与绩效分析》，中国社会科学出版社2004年版。

龙文懋：《知识产权法哲学初探》，人民出版社2003年版。

梅仲协：《民法要义》，中国政法大学出版社1998年版。

苗金春：《语境与工具：解读实用主义法学的进路》，山东人民出版社2004年版。

彭立静：《伦理视野中的知识产权》，知识产权出版社2010年版。

齐爱民：《知识产权法总论》，北京大学出版社2010年版。

饶明辉：《当代西方知识产权的理论反思》，科学出版社2008年版。

史尚宽：《民法总论》，中国政法大学出版社2000年版。

宋慧献：《版权保护与表达自由》，知识产权出版社2011年版。

陶鑫良、袁真富：《知识产权法总论》，水利水电出版社2005年版。

王利明等：《民法学》，法律出版社2005年版。

王利明：《民法总论》，中国人民大学出版社2009年版。

王太平：《知识产权法法律原则：理论基础与具体构造》，法律出版社2004年版。

王泽鉴：《民法物权》（通则·所有权），中国政法大学出版社2001年版。

吴汉东：《知识产权总论》，中国人民大学出版社2013年版。

吴汉东：《知识产权多维度解读》，北京大学出版社2008年版。

吴汉东：《知识产权制度基础理论研究》，知识产权出版社2009年版。

肖志远：《知识产权权利属性研究：一个政策维度的分析》，北京大学出版社2009年版。

谢在全：《民法物权论》（上册），中国政法大学出版社1999年版。

熊琦：《著作权激励机制的法律构造》，中国人民大学出版社2011年版。

薛虹：《十字路口的国际知识产权法》，法律出版社2012年版。

颜朝辉：《社会科学理性的当代建构》，科学出版社2013年版。

尹新天：《中国专利法详解》，知识产权出版社2011年版。

余俊：《商标法律进化论》，华中科技大学出版社2011年版。

张文显等：《知识经济与法律制度创新》，北京大学出版社2012

年版。

张芝梅:《美国的法律实用主义》,法律出版社 2008 年版。

郑玉波:《民法总则》,中国政法大学出版社 2003 年版。

中国人民大学知识产权教学与研究中心、中国人民大学知识产权学院:《知识产权国际条约集成》,清华大学出版社 2011 年版。

《十二国专利法》翻译组:《十二国专利法》,清华大学出版社 2013 年版。

《十二国商标法》翻译组:《十二国商标法》,清华大学出版社 2013 年版。

《十二国著作权法》翻译组:《十二国著作权法》,清华大学出版社 2011 年版。

Bruce W. Bugbee, *The Genesis of American Patent and Copyright Law*, Washington, D. C.: Public Affairs Press, 1967.

Christine MacLeod, *Inventing the Industrial Revolution: The English Patent System, 1660-1800*, Cambridge: Cambridge University Press, 1988.

Edward C. Walterscheid, *The Nature of the Intellectual Property Clause: A Study in Historical Perspective*, New York: W. S. Hein, 2002.

F. M. Scherer, David Ross, *Industrial Market Structure and Economic Performance*, Honghton Mifflin Company, 1990.

Frank I. Schechter, *The Historical Foundations of the Law Relating to Trade-Marks*, New York: Columbia University Press, 1925.

H. I. Dutton, *The Patent System and Inventive Activities during the Industrial Revolution, 1750-1852*, Manchester: Manchester University Press, 1984.

J. W. Harris, *Property and Justice*, Oxford: Oxford University Press, 1996.

James Boyle, *Shamans, Software, and Spleens, Law and the Construction of the Information Society*, Massachusetts: Harvard University Press, 1996.

John Bowring, *The Works of Jeremy Bentham* (Volume II), London: Edinburgh, 1843.

John Feather, *Publishing, Piracy and Politics: An History Study of Copyright in Britain*, London: Mansell Publishing Limited, 1994.

Lyman Ray Patterson, *Copyright in History Perspective*, Nashville: Vanderbilt University Press, 1968.

Mark Rose, *Authors and Owners: The Invention of Copyright*, Massachusetts: Harvard University Press, 1994.

Neil Weinstock Netanel, *Copyright's Paradox*, New York: Oxford University Press, Inc., 2008.

Paul Goldstein, P. Bernt Hugenholtz, *International Copyright: Principles, Law and Practice*, Oxford: Oxford University Press, 2012.

R. L. Meek, D. D. Raphael, P. G. Stein, *Adam Smith: Lectures on Jurisprudence*, Allison Pointe Trail: Liberty Fund, Inc., 1978.

Richard A. Spinello, Maria Bottis, *A Defense of Intellectual Property Rights*, Massachusetts: Edward Elgar Publishing, Inc., 2009.

Robert P. Merges, *Justifying Intellectual Property*, Massachusetts: Harvard University Press, 2011.

Roger D. Blair, Thomas F. Cotter, *Intellectual Property: Economics and Legal Dimensions of Rights and Remedies*, Cambridge: Cambridge University Press, 2005.

William Henry Browne, *A Treatise on the Law of Trade-marks and Analogous Subjects*, Boston: Little, Brown, and Company, 1898.

二 论文

冯晓青：《商标的财产化及商标权人的"准作者化"：商标权扩张理论透视》，《中华商标》2004年第7期。

冯晓青：《独占主义抑或工具主义：〈知识产权哲学〉探微》，《河南科技大学学报》（社会科学版）2003年第4期。

胡哲一：《技术创新的概念与定义》，《科学学与科学技术管理》1992年第5期。

贾小龙：《关于专利法中发明与发现区分的思考》，《陕西理工学院学报》（社会科学版）2006年第8期。

贾小龙：《论网络服务提供者的著作权侵权责任》，《理论与现代化》2014年第1期。

金渝林：《论作品的独创性》，《法学研究》1995年第4期。

孔祥俊：《论我国商标司法的八个关系》，《知识产权》2012年第7期。

孔祥俊：《论网络著作权保护中利益平衡的新机制》，《人民司法》2011 年第 17 期。

李扬：《知识产权法定主义及其适用》，《法学研究》2006 年第 2 期。

李雨峰：《思想/表达二分法的检讨》，《北大法律评论》2007 年第 8 卷。

李雨峰：《版权制度的困境》，《比较法研究》2006 年第 3 期。

刘春田：《知识财产权解析》，《中国社会科学》2003 年第 4 期。

刘月娥：《促进专利实施的探讨》，《工业产权》1990 年第 2 期。

彭学龙：《商标转让的理论构建与制度设计》，《法律科学》（西北政法大学学报）2011 年第 3 期。

彭学龙：《知识产权：自然权利抑或法定之权》，《电子知识产权》2007 年第 8 期。

钱玉林：《禁止权利滥用的法理分析》，《现代法学》2002 年第 1 期。

文学平：《论道德工具主义的内在逻辑及其后果》，《马克思主义研究》2011 年第 3 期。

王远胜：《质疑"知识产权法定主义"》，《安徽大学法律评论》2012 年第 1 辑。

王莹：《知识产权法哲学解读的分析比较》，《长春师范学院学报》（人文社会科学版）2012 年第 5 期。

王先林：《从个体权利、竞争工具到国家战略：关于知识产权的三维视角》，《上海交通大学学报》（哲学社会科学版）2008 年第 4 期。

魏森：《知识产权工具主义理论及其启示》，《江汉论坛》2008 年第 8 期。

魏衍亮：《信息进入自由的纯粹工具主义分析》，《现代法学》2001 年第 2 期。

吴汉东：《知识产权法的制度创新本质与知识创新目标》，《法学研究》2014 年第 3 期。

吴汉东：《知识产权的制度风险与法律控制》，《法学研究》2012 年第 4 期。

吴汉东：《知识产权本质的多维度解读》，《中国法学》2006 年第 5 期。

徐瑄：《知识产权的正当性：论知识产权法中的对价与衡平》，《中国社会科学》2003年第4期。

杨东奇:《对技术创新概念的理解与研究》,《哈尔滨工业大学学报》(社会科学版) 2000 年第 2 期。

袁红梅等:《知识产权法律制度合理性解读》,《科技管理研究》2009 年第 7 期。

袁真富:《知识产权:从权利到工具》,《电子知识产权》2003 年第 12 期。

易继明:《禁止权利滥用原则在知识产权领域中的适用》,《中国法学》2013 年第 4 期。

易继明:《知识产权的观念:类型化及法律适用》,《法学研究》2005 年第 3 期。

张耕:《略论版权的技术保护措施》,《现代法学》2004 年第 2 期。

张玲:《论专利侵权诉讼中的停止侵权民事责任及其完善》,《法学家》2011 年第 4 期。

张勤:《知识产权客体之哲学基础》,《知识产权》2010 年第 3 期。

张绳祖:《美国专利法的修改及对我国的影响》,《法律适用》2012 年第 11 期。

张文显:《超越法律实证主义和自然法理论:制度法理学的认识——方法论和本体论》,《比较法研究》1995 年第 1 期。

张晓都:《专利侵权诉讼中的停止侵权与禁止双重赔偿原则》,《知识产权》2008 年第 11 期。

张玉敏:《诚实信用原则之于商标法》,《知识产权》2012 年第 7 期。

张玉敏:《知识产权的概念和法律特征》,《现代法学》2001 年第 5 期。

张玉敏:《维护公平竞争是商标法的根本宗旨》,《法学论坛》2008 年第 2 期。

张玉敏、易健雄:《主观与客观之间——知识产权"信息说"的重新审视》,《现代法学》2009 年第 1 期。

郑成思:《信息、知识产权与中国知识产权战略若干问题》,《环球法律评论》2006 年第 3 期。

Adam D. Moore, "A Lockean Theory of Intellectual Property", *Hamline L. Rev.*, 21, 1997.

Adam Mossoff, "Rethinking the Development of Patents: An Intellectual History 1550-1800", *Hastings L. J.*, 52, 2001.

Alex Kozinski, Christopher Newman, "What's So Fair About Fair Use?" *J. Copyright Soc'y U. S. A.*, 46, 1999.

Adam Mossoff, "Who Cares What Thomas Jefferson Thought About Patents? Reevaluation the Patent 'Privilege' in Historical Contest", *Cornell L. Rev.*, 92, 2007.

Amaury Cruz, "What's the Big Idea behind the Idea-Expression Dichotomy?" *Fla. St. U. L. Rev.*, 18, 1990.

Andrew Chin, "Research in the Shadow of DNA Patents", *J. Pat. & Trademark Off. Socy.*, 87, 2005.

Arthur S. Katz, "The Doctrine of Moral Right and American Copyright Law—A Proposal", *S. Cal. L. Rev.*, 24, 1951.

Zorina Khan, Kenneth L. Sokoloff, "History Lessons: The Early Development of Intellectual Property Institutions in the United States", *J. Econ. Persp.*, 15, 2001.

Benjamin G. Paster, "Trademarks: Their Early History", *Trademark Rep.*, 59, 1969.

Beverly W. Pattishall, "Two Hundred Years of American Trademark Law", *Trademark Rep.*, 68, 1978.

Calvin D. Peeler, "From the Providence of Kings to Copyrighted Things (And French Moral Rights)", *Ind. Int'l & Comp. L. Rev.*, 9, 1998-1999.

Carl Shapiro, "Navigating the Patent Thicket: Cross Licenses, Patent Pools, and Standard Setting", *Innovation Policy and the Economy*, 1, 2000.

Carla Hesse, "Enlightenment Epistemology and the Laws of Authorship in Revolutionary France, 1777-1793", *Representations*, 30, 1990.

Carol Rose, "The Comedy of the Commons: Custom, Commerce, and Inherently Public Property", *U. Chi. L. Rev.*, 53, 1986.

Carol M. Rose, "The Several Futures of Property: Of Cyberspace and Folk Tales, Emission Trades and Ecosystems", *Minn. L. Rev.*, 83, 1998.

Catherine Seville, "The Statute of Anne: Rhetoric and Reception in the Nineteenth Century", *Hous. L. Rev.*, 47, 2010.

cf. Louis Kaplow, "The Patent-Antitrust Intersection: A Reappraisal", *Harv. L. Rev.*, 97, 1984.

Clarisa Long, "Patent Signals", *U. Chi. L. Rev.*, 69, 2002.

César Ramirez-Montes, "A Re-examination of the Original Foundations of Anglo-American Trademark Law", *Marq. Intell. Prop. L. Rev.*, 14, 2010.

D. F. Libling, "The Concept of Property: Property in Intangibles", *Law Q. Rev.*, 94, 1978.

D. L. Burk, "The Trouble with Trespass", *Journal of Small and Emerging Business Law*, 4, 2000.

Daniel H. Lee, "Remedying Past and Future Harm: Reconciling Conflicting Circuit Court Decisions under the Federal Trademark Dilution Act", *Pepp. L. Rev.*, 29, 2002.

Diane Leenheer Zimmerman, "Adrift in the Digital Millennium Copyright Act: The Sequel", *U. Dayton L. Rev.*, 26, 2001.

Daniel M. McClure, "Trademark and Unfair Competition: A Critical History of Legal Thought", *Trademark Rep.*, 69, 1979.

David J. Brennan, "The Evolution of English Patent Claims as Property Definers", *I. P. Q.*, 4, 2005.

David W. Barnes, "A New Economics of Trademarks", *Nw. J. Tech. & Intell. Prop.*, 5, 2006.

Diane Leenheer Zimmerman, "Who Put the Right in the Right of Publicity?" *Depaul-Lca J. Aat & Ent. L. & Pol' Y.*, 9, 1998.

Diane Leenheer Zimmerman, "The Statute of Anne and its Progeny: Variations without a Theme", *Hous. L. Rev.*, 47, 2010.

Douglas Baird, "Common Law Intellectual Property and the Legacy of International News Service v. Associated Press", *U. Chi. L. Rev.*, 50, 1983.

Duncan Kennedy & Frank Michelman, "Are Property and Contract Efficient?" *Hofstra L. Rev*, 8, 1980.

Edwin Mansfield, "Patents and Innovation: An Empirical Study", *Mgmt. Sci.*, 32, 1986.

E. Wyndham Hulme, "Privy Council Law and Practice of Letters Patent for Inventions from the Restoration to 1794", *L. Q. Rev.*, 33, 1917.

E. Wyndham Hulme, "On the Consideration of the Patent Grant, Past and Present", *L. Q. Rev.*, 13, 1897.

E. Wyndham Hulme, "The History of the Patent System under the Prerogative and at Common Law", *L. Q. Rev.*, 16, 1900.

Edmund W. Kitch, "The Nature and Function of the Patent System", *J. L. & Econ.*, 20, 1977.

Edmund W. Kitch, "Patents: Monopolies or Property Rights?" *Res. L. & Econ.*, 8, 1986.

Edward C. Walterscheid, "The Early Evolution of the United States Patent Law: Antecedents (Part 1)", *J. Pat. & Trademark Off. Soc'y*, 76, 1994.

Edward C. Walterscheid, "The Early Evolution of the United States Patent Law: Antecedents (Part 4)", *J. Pat. & Trademark Off. Soc'y*, 78, 1996.

Edward C. Walterscheid, "The Nature of the Intellectual Property Clause: A Study in Historical Perspective (part1)", *Journal of the Patent and Trademark Office*, 83, 2001.

Edward J. Damich, "The Right of Personality: A Common-Law Basis for the Protection of the Moral Rights of Authors", Ga. L. Rev., 23, 1988.

Edward S. Rogers, "Comments on the Modern Law of Unfair Trade", *Ill. L. Rev.*, 3, 1909.

Edwin c. Hettinger, "Justifying Intellectual Property", *Philosophy & Public Affairs*, 18, 1989.

Eric Robinson, "James Watt and the Law of Patents", *Tech. & Culture*, 13, 1972.

F. M. Scherer, "First-Mover Advantages from Pioneering New Markets: Comment", *Rev. Indus. Org.*, 9, 1994.

Farber, "Legal Pragmatism and the Constitution", *Minn. L. Rev.*, 72, 1988.

Floyd A. Wright, "The Nature and Basis of Legal Goodwill", *Ill. L. Rev.*, 24, 1929.

Frank D. Prager, "The Early Growth and Influence of Intellectual Property", *J. Pat. Off. Soc'y*, 34, 1952.

Frank D. Prager, "A History of Intellectual Property from 1545 to 1787",

J. P. O. S., 26, 1944.

Frank D. Prager, "Historic Background and Foundation of American Patent Law", Am. J. Leg. Hist., 5, 1961.

Frank H. Easterbrook, "Intellectual Property is Still Property", 13 Harv. J. L. & Pub. Pol'y, 13, 1990.

Frank I. Schechter, "The Rational Basis of Trademark Protection", Harv. L. Rev., 40, 1927.

Fritz Machlup, Edith Penrose: "The Patent Controversy in the Nineteenth Century", J. Econ. Hist., 10, 1950.

Garrett Hardin, "The Tragedy of the Commons", Science, 162, 1968.

George L. Priest, "What Economists Can Tell Lawyers About Intellectual Property: Comment on Cheung", Res. L. & Econ., 8, 1986.

George Ramsey, "The Historical Background of Patents", J. Pat. Off. Soc'y, 18, 1936.

Glynn S. Lunney, Jr., "Reexamining Copyright's Incentives-Access Paradigm", Vand. L. Rev., 49, 1996.

GlynnS. Lunney, Jr., "The Death of Copyright: Digital Technology, Private Copyright, and the Digital Millennium Copyright Act", Va. L. Rev., 87, 2001.

Glynn S. Lunney, Jr., "Trademark Monopolies", Emory L. J., 48, 1999.

Guido Calabresi, A. Douglas Melamed, "Property Rules, Liability Rules, and Inalienability: One View of the Cathedral", Harv. L. Rev., 85, 1972.

H. Tomás Gómez-Arostegui, "The Untold Story of the First Copyright Suit under the Statute of Anne in 1710", Berkeley Tech. L. J., 25, 2010.

Hantzis, Jr., "Legal Innovation within the Wider Intellectual Tradition: The Pragmatism of Oliver Wendell Holmes", 82 Nw. U. L. Rev. 541 (1988);

Hanoch Dagan, Michael A. Heller, "The Liberal Commons", Yale L. J., 110, 2001.

Harold Demsetz, "Toward a Theory of Property Rights", Am. Econ. Rev., 57, 1967.

Henry E. Smith, "Semicommon Property Rights and Scattering in the Open

Fields", *J. Legal Stud.*, 29, 2000.

Henry E. Smith, "Intellectual Property as Property: Delineating Entitlements in Information", *Yale L. J.*, 116, 2007.

Henry E. Smith, "Exclusion Versus Governance: Two Strategies for Delineating Property Rights", *J. Legal Stud.*, 31, 2002.

Irene Calboli, "Trademark Assignment 'With Goodwill': A Concept Whose Time Has Gone", *Fla. L. Rev.*, 57, 2005.

J. Thomas McCarthy, *McCarthy on Trademarks and Unfair Competition*, New York: Clark Boardman Callaghan, 2008.

Jake Phillips, "EBay's Effect on Copyright Injunctions: When Property Rules Give Way to Liability Rules", *Berkeley Tech. L. J.*, 24, 2009p.

James Bessen, Eric Maskin, "Sequential Innovation, Patents, and Imitation", Mass. Inst. of Tech., Working Paper No. 00 - 01, 2000, http://www.researchoninnovation.org/patent.pdf.

James Boyle, "Cruel, Mean, or Lavish? Economic Analysis, Price Discrimination and Digital Intellectual Property", *Vand. L. Rev.*, 53, 2000.

Jane C. Ginsburg, "Copyright and Control over New Technologies of Dissemination", *Colum. L. Rev.*, 101, 2001.

Jane C. Ginsbug, "A Tale of Two Copyrights: Literary Property in Evolutionary France and America", *Tul. L. Rev.*, 64, 1989-1990.

Jeanne L. Schroeder, "Unnatural Rights: Hegel and Intellectual Property", *U. Miami L. Rev.*, 60, 2005-2006.

Jeremy Waldron, "From Authors to Copiers: Individual Rights and Social Values in Intellectual Property", *Chi. -Kent L. Rev.*, 68, 1993.

Jessica Litman, "Breakfast with Batman: The Public Interest in the Advertising Age", *Yale L. J.*, 108, 1999.

Jessica Litman, "War Stories", *Cardozo Arts & Ent. L. J.*, 20, 2002.

John Dewey, "Logical Method and Law", *Cornell L. Q.*, 10, 1924.

John Dewey, "The Historic Background of Corporate Legal Personality", *Yale L. J.*, 35, 1926.

John R. Allison ed., "Valuable Patents", *Geo. L. J.*, 92, 2004.

Joseph P. Liu, "Copyright and Time: A Proposal", *Mich. L. Rev.*,

101, 2002.

Julie E. Cohen, "Overcoming Property: Does Copyright Trump Privacy?" *U. Ill. J. L. Tech. & Pol'y*, 2002, 2002.

Julie E. Cohen, "Lochner in Cyberspace: The New Economic Orthodoxy of Rights Management", *Mich. L. Rev.*, 97, 1998.

Julie E. Cohen, "Copyright and the Perfect Curve", *Vand. L. Rev.*, 53, 2000.

Justin Hughes, "Copyright and Incomplete Historiographies: Of Piracy, Propertization, and Thomas Jefferson", *S. Cal. L. Rev.*, 79, 2006.

Justin Hughes, "The Philosophy of Intellectual Property", *Geo. L. J.*, 77, 1988.

Justin Hughes, "Fair Use across Time", *Ucla L. Rev.*, 50, 2003.

Katherine K. Baker, "Property Rules Meet Feminist Needs: Respecting Autonomy by Valuing Connection", *Ohio St. L. J.*, 59, 1998.

Kelvin H. Dickinson, "Mistaken Improvers of Real Estate", *N. C. L. Rev.*, 64, 1985.

Kenneth L. Port, "The Expansion Trajectory: Trademark Jurisprudence in the Modern Age", *J. Pat. & Trademark Off. Soc'y*, 92, 2010.

Kenneth L. Port, "The Illegitimacy of Trademark Incontestability", *Ind. L. Rev.*, 26, 1993.

Kenneth L. Port, "The 'Unnatural' Expansion of Trademark Rights: Is a Federal Dilution Statute Necessary?" *Seton Hall Legis. J.*, 18, 1994.

Kenneth J. Vandevelde, "The New Property of the Nineteenth Century: The Development of the Modern Concept of Property", *Buff. L. Rev.*, 29, 1980.

Kenneth W. Dam, "The Economic Underpinnings of Patent Law", *J. Legal Stud.*, 23, 1994.

Kozinski, C. Newman, "What's So Fair About Fair Use?" *Journal of the Copyright Society of the USA*, 46, 1999.

Kurt M. Saunders, "Patent Nonuse and the Role of Public Interest as a Deterrent to Technology Suppression", *Harv. J. L. Tech*, 15, 2002.

L. Ray Patterson, "Copyright in the New Millennium: Resolving the Conflict between Property Rights and Political Rights", *Ohio St. L. J.*, 62, 2001.

Larissa Katz, "Ownership and Social Solidarity: a Kantian Alternative", *L. T.*, 17 (2), 2011.

Linda R. Cohen, Roger G. Noll, "Intellectual Property, Antitrust and the New Economy", *U. Pitt. L. Rev.*, 62, 2001.

Louis Kaplow, Steven Shavell, "Property Rules versus Liability Rules: An Economic Analysis", *Harv. L. Rev.*, 109, 1996.

Lydia Pallas Loren, "Redefining the Market Failure Approach to Fair Use in an era of Copyright Permission Systems", *J. Intell. Prop. L.*, 5, 1997.

LyndaJ. Oswald, " 'Tarnishment' and 'Blurring' Under the Federal Trademark Dilution Act of 1995", *Am. Bus. L. J.*, 36, 1999.

M. Frumkin, "The Origin of Patents", *J. P. O. S.*, 27, 1945.

Margaret Radin, "The Pragmatist and the Feminist", *S. Cal. L. Rev.*, 63, 1990.

Margaret Jane Radin, "Property and Personhood", *Stan. L. Rev.*, 34, 1982.

Mark A. Lemley, "The Modern Lanham Act and the Death of Common Sense", *Yale L. J.*, 108, 1999.

Mark A. Lemley, "Reconceiving Patents in the Age of Venture Capital", *J. Small & Emerging Bus. L.*, 4, 2000.

Mark A. Lemley, "Ex Ante versus Ex Post Justifications for Intellectual Property", *U. Chi. L. Rev.*, 71, 2004.

Mark A. Lemley, "The Economics of Improvement in Intellectual Property Law", *Tex. L. Rev.*, 75, 1997.

Mark A. Lemley, "Property, Intellectual Property, and Free Riding", *Tex. L. Rev.*, 83, 2005.

Mark A. Lemley, "What's Different About Intellectual Property?" *Tex. L. Rev.*, 83, 2005.

Mark A. Lemley, A. Douglas Melamed, "Missing the Forest for the Trolls", *Colum. L. Rev.*, 113, 2013.

Mark A. Lemley, Philip J. Weiser, "Should Property or Liability Rules Govern Information?" *Tex. L. Rev.*, 85, 2007.

Mark P. McKenna, "The Normative Foundations of Trademark Law", *Notre Dame L. Rev.*, 82, 2007.

Maureen A. O'Rourke, "Toward a Doctrine of Fair Use in Patent Law", *Colum. L. Rev.*, 100, 2000.

Michael J. Meurer, "Copyright Law and Price Discrimination", *Cardozo L. Rev.*, 23, 2001.

Michael J. Meurer, "Price Discrimination, Personal Use and Piracy: Copyright Protection of Digital Works", *Buff. L. Rev.*, 45, 1997.

Michael Heller, "The Dynamic Analytics of Property Law", *Theoretical Inquires L.*, 2, 2001.

Michael A. Carrier, "Cabining Intellectual Property through a Property Paradigm", *Duke Law Journal*, 54, 2004.

Michael A. Carrier, "Resolving the Patent-Antitrust Paradox through Tripartite Innovation", *Vand. L. Rev.*, 56, 2003.

Michael A. Carrier, "Unraveling the Patent-Antitrust Paradox", *U. Pa. L. Rev.*, 150, 2002.

Neil MacCormick, "On the Very Idea of Intellectual Property: An Essay According to the Institutionalist Theory of Law", *I. P. Q.*, 3, 2002.

Neil Weinstock Netanel, "Copyright and a Democratic Civil Society", *Yale L. J.*, 106, 1996.

Oren Bracha, "The Commodification of Patents 1600-1836: How Patents Became Rights and Why We Should Care", *Loy. L. A. L. Rev.*, 38, 2004.

Paul E. Schaafsma, "An Economic Overview of Patents", *J. Pat. & Trademark Off. Soc' Y*, 79, 1997.

Patrick Croskery, "Institutional Utilitarianism and Intellectual Property", *Chi.-Kent. L. Rev.*, 68, 1993.

Peter S. Menell, "Intellectual Property and the Property Rights Movement", *Regulation*, 30, 2007.

Pierre N. Leval, "Toward A Fair Use Standard", *Harv. L. Rev.*, 103, 1990.

R. D. Blair and T. F. Cotter, "An Economic Analysis of Damages Rules in Intellectual Property Law", *William and Mary Law Review*, 39, 1998.

R. Polk Wagner, "Information Wants to be Free: Intellectual Property and the Mythologies of control", *Colum. L. Rev.*, 103, 2003.

Ralph S. Brown, Jr., "Advertising and the Public Interest: Legal Protection of Trade Symbols", Yale L. J., 57, 1948.

Ramello, Giovanni B., "What's In a Sign? Trademark Law and Economic Theory", *Journal of Economic Surveys*, 20, 2006.

Ramon A. Klitzke, "Historical Background of the English Patent Law", *J. Pat. Off. Soc'y.*, 41, 1959.

Rebecca Tushnet, "Copy This Essay: How Fair Use Doctrine Harms Free Speech and How Copying Serves It", *Yale L. J.*, 114, 2004.

Richard A. Epstein, "The Property Rights Movement and Intellectual Property: A Response to Peter Menell," *Regulation Mag.*, Winter, 2008.

Richard C. Levin, ed., *Appropriating the Returns from Industrial Research and Development*, *Brookings Papers in Economic Activity*, No. 3, 1987.

Robert G. Bone, "Hunting Goodwill: A History of the Concept of Goodwill in Trademark Law", *B. U. L. Rev.*, 86, 2006.

Robert P. Merges, Richard R. Nelson, "On the Complex Economics of Patent Scope", *Colum. L. Rev.*, 90, 1990.

Robert P. Merges, "Of Property Rules, Coase, and Intellectual Property", *Colum. L. Rev.*, 94, 1994.

Robert P. Merges, "Contracting into Liability Rules: Intellectual Property Rights and Collective Rights Organizations", *Cal. L. Rev.*, 84, 1996.

Robert N. Klieger, "Trademark Dilution: The Whittling Away of the Rational Basis for Trademark Protection", *U. Pitt. L. Rev.*, 58, 1997.

Rochelle Cooper Dreyfuss, "Are Business Method Patents Bad for Business?" *Santa Clara Computer & High Tech. L. J.*, 16, 2000.

Rudolf Callmann, "Unfair CompetitionWithout Competition? The Importance of the Property Concept in the Law of Trade-Marks", *U. Pa. L. Rev.*, 95, 1947.

Sannu K. Shrestha, "Trolls or Market-makers? An Emprical Analysis of Nonpracticing Entities", Colum. L. Rev., 110, 2010.

Sara K. Stadler, "Incentive and Expectation in Copyright", *Hastings L. J.*, 58, 2007.

Shyamkrishna Balganesh, "Forseeability and Copyright Incentives", *Harvard Law Review*, 122, 2009.

Sidney A. Diamond, "The Historical Development of Trademarks", *Trademark Rep.*, 65, 1975.

Sonia K. Katyal, "Trademark Intersectionality", *Ucla L. Rev.*, 57, 2010.

Stephen Breyer, "The Uneasy Case for Copyright: A Study of Copyright in Books, Photocopies, and Computer Programs", *Harv. L. Rev.*, 84, 1970.

Stephen L. Carter, "The Trouble with Trademark", *Yale L. J.*, 99, 1990.

Stewart E. Sterk, "Rhetoric and Reality in Copyright Law", *Mich. L. Rev.*, 94, 1996.

Stewart E. Sterk, "Property Rules, Liability Rules, and Uncertainty about Property Rights", *Mich. L. Rev.*, 106, 2008.

Steven D. Smith, "The Pursuit of Pragmatism", *Yale L. J.*, 100, 1990.

Stick, "Can Nihilism Be Pragmatic?" *Harv. L. Rev.*, 100, 1986.

Suzanne Scotchmer, "Standing on the Shoulders of Giants: Cumulative Research and the Patent Law", *J. Econ. Persp.*, 5, 1991.

Ted Sichelman, Sean O'Connor, "Patents as Promoters of Competition: the Guild Origins of Patent Law in the Venetian Republic", *San Diego L. Rev.*, 49, 2012.

Thomas A. Magnani, "The Patentability of Human – Animal Chimeras", *Berkeley Tech. L. J.*, 14, 1999.

Thomas C. Grey, "Holmes and Legal Pragmatism", *Stan. L. Rev.*, 41, 1989.

Thomas F. Cotter, "Legal Pragmatism and the Law and Economics Movement", *Geo. L. J.*, 84, 1996.

Tom G. Palmer, "Are Patents and Copyrights Morally Justified? The Philosophy of Property Rights and Ideal Objects", *Harv. J. L. & Pub. Pol'y.*, 13, 1990.

Tracy R. Lewis, Dennis A. Yao, "Some Reflections on the Antitrust Treatment of Intellectual Property", *Antitrust L. J.*, 63, 1995.

Wendy J. Gordon, "An Inquiry into the Merits of Copyright: The Challenges of Consistency, Consent, and Encouragement Theory", *Stan. L. Rev.*, 41, 1989.

Wendy J. Gordon, "A Property Right in Self-Expression: Equality and Individualism in the Natural Law of Intellectual Property", *Yale L. J.*, 102, 1993.

Wesley M. Cohen, ed., *Protecting Their Intellectual Assets: Appropriability Conditions and Why U. S. Manufacturing Firms Patent (or not)*, NBER Working Paper No. 7552 (2000), http://www.nber.org/papers/w7552.

William M. Landes, Richard A. Posner, "An Economic Analysis of Copyright Law", *J. Legal Stud.*, 18, 1989.

William M. Landes, Richard A. Posner, "Trademark Law: An Economic Perspective", *J. L. & Econ.*, 30, 1987.

William P. Kratzke, "Normative Economic Analysis of Trademark Law", *Memphis St. U. L. Rev.*, 21, 1991.

William T. Robinson ed., "First-Mover Advantages from Pioneering New Markets: A Survey of Empirical Evidence", *Rev. Indus. Org.*, 9, 1994.

Yochai Benkler, "An Unhurried View of Private Ordering in Information Transactions", *Vand. L. Rev.*, 53, 2000.

Yochai Benkler, "Constitutional Bounds of Database Protection: The Role of Judicial Review in the Creation and Definition of Private Rights in Information", *Berkeley Tech. L. J.*, 15, 2000.

三 案例及官方报告

Abend v. MCA, Inc., 863 F. 2d 1465 (C. A. 9 (Cal.), 1988).

American Steel Foundries v. Robertson, 269 U. S. 372 (1926)

Author's Guild v. Google Inc., No. 05 CV 8136 (S. D. N. Y. Sept. 20, 2005).

Blanchard v. Hill, 26 E. R. 692 (1742).

Blofeld v. Payne and Another, 110 E. R. 509 (1833).

Board of Regents of State Colleges v. Roth, 408 U. S. 564 (U. S. Wis. 1972).

Bratislav Stankovic, Patenting the Minotaur, 12 Rich. J. L. & Tech. 5, 29 (2005).

Campbell v. Acuff-Rose Music, Inc., 510 U. S. 569 (U. S., 1994).

Canal Co. v. Clark, 80 U. S. 311 (1871).

City of Milwarkee v. Acticated Sludge, Inc., 69 F. 2d 577 (7th Cir. 1934).

Complaint, McGraw-Hill Co. v. Google Inc., No. 05 CV 8881 (S. D. N. Y. Oct. 19, 2005).

Complaint, Author's Guild v. Google Inc., No. 05 CV 8136 (S. D. N. Y. Sept. 20, 2005).

Delaware & Hudson Canal Co. v. Clark, 80 U. S. 311 (U.S., 1871).

Derringer v. Plate, 29 Cal 292 (Calif Sup Ct 1865).

Diamond v. Chakrabarty, 447 U. S. 303 (1980).

Dudgeon v. Thomson and Donaldson, 3 App. Cas. 34 (1877).

Eldesten v. Eldesten, 46 E. R. 72 (1863).

Electric & Musical Industries v Lissen, 56 R. P. C. 23 (1939).

Feist Publ'ns, Inc. v. Rural Tel. Serv. Co., 499 U. S. 340 (1991).

Festo Corp. v. Shoketsu Kinzoku Kogyo Kabushiki Co., 535 U. S. 722 (2002).

Fogerty v. Fantasy, Inc., 510 U. S. 517 (1994).

Folsom v. Marsh, 6 Hunt Mer. Mag. 175 (C. C. Mass., 1841).

Fortnightly Corp. v. United Artists Television, Inc., 392 U. S. 390 (1968).

Graham v. John Deere Co., 383 U. S. 1 (1966).

H. R. Rep. No. 735, 1990.

Hanover Star Milling Co. v. Metcalf, 240 U. S. 403 (1916).

Harrison et al. v. The Anderston Foundry Company, 1 App. Cas. 574 (1876).

Higgins and Others v. Seed, 120 E. R. 287 (1858).

In re Bergy, 596 F. 2d 952 (Cust. & Pat. App. 1979)

In re Trade-Mark Cases, 100 U. S. 82 (1879).

Kay v. Marshall, 2 H. P. C. 861 (1835).

Kay v. Marshall, 40 E. R. 418 (1836).

Kelly v. Arriba Soft Corp., 336 F. 3d 811 (9th Cir. 2003).

Lockwood v. Bostwick, 2 Daly 521 (NY OP 1869).

Macfarlane v. Price, 171 E. R. 446 (1816).

Mazer v. Stein, 347 U. S. 201 (1954).

McGraw-Hill Co. v. Google Inc., No. 05 CV 8881 (S. D. N. Y. Oct. 19,

2005).

McLean v. Fleming, 96 U. S. 245 (1877).

Millington v. Fox, 40 E. R. 956 (1838).

New York Times Co. v. Tasini, 533 U. S. 483 (2001).

Nobel's Explosives Co. v. Anderson, 12 R. P. C. 164 (1895).

Paice, L. L. C. v. Toyota Motor Corp., 504 F. 3d 1293 (2007).

R. v. Arkwright, 1 W. P. C. 56 (1781).

Robert R. Jones Associates, Inc. v. Nino Homes, 858 F. 2d, 274 (C. A. 6 (Mich.), 1988).

Seed v. Higgins and Others, 120 E. R. 281 (1858).

Sony Corp. of Am. v. Universal City Studios, Inc., 464 U. S. 417 (1984).

State Stree Bank & Trust Co. v. Signature Financial Group, Inc., 149 F. 3d 1368 (Fed. Cir. 1998).

Steinberg v. Columbia Pictures Indus., Inc., 663 F. Supp. 706 (S. D. N. Y. 1987).

Telcordia Techs., Inc. v. CiscoSys., Inc., 592 F. Supp. 2d 727 (D. Del. 2009).

The Leather Cloth Company (Limited) v. The American Leather Cloth Company (Limited), 11 E. R. 1435 (1865).

The Singer Manufacturing Company v. Hermann Loog, 8 App. Cas. 15 (1882).

Ty, Inc. v. Publ'ns Int'l Ltd., 292 F. 3d 512 (7th Cir. 2002).

Vitamin Technologists, Inc. v. Wis. Alumni ResearchFound., 146 F. 2d 941 (9th Cir. 1945)

UMG Recordings, Inc. v. MP3. Com, Inc., 92 F. Supp. 2d 349 (S. D. N. Y. 2000).

United Drug Co. v. Theodore Rectanus Co., 248U. S. 90 (1918).

Wheaton v. Peters, 33 U. S. 591 (U. S., 1834).

White-Smith Music Publ'g Co. v. Apollo Co., 209 U. S. 1 (1908).

William Seed v. John Higgins and Others, 11 E. R. 544 (1860).

Z4 Technologies, Inc. v. Microsoft Corporation; Autodesk, Inc., 434 F. Supp. 2d 437 (2006).

后　　记

> 最伟大的天才花了极大的精力，还是没有收获；我们如果希望真理可以不劳而获，那可真谓是狂妄自大了。
>
> ——休谟：《人性论》

本书系以本人博士学位论文为基础修改而成。自学位论文答辩结束至今，已过去了四个多年头。时光的飞逝并未同时带来学问的增长，论文修正后正式出版的进度反而一拖再拖。期间，虽有师友的不断催促，但理想与现实之间的巨大鸿沟终究难以有效填补。渐渐地，"给自己一个交代"的念头在很大程度上战胜了于学位论文答辩过程中迸发的修订"宏伟蓝图"。至此，一些"交代"只能依靠这篇后记来完成，不能不说是另一种令人惋惜的悲壮！

关于主题。本书旨在对知识信息成为财产权对象的过程进行理论阐释。出发点或研究的背景是：知识产权保护是当今各国的共同实践，但各界对知识产权保护的状况总是表达出了许多的不满；知识产权保护领域内的新问题层出不穷，知识产权保护规则的变革需要几乎令人应接不暇，但变革的背后有无共同的规律，或者说，是否应当遵循一定的规律，这个规律又是什么，需要认真梳理。为此，最初将本研究的题目确定为"知识信息财产化的理论阐释"，试图对知识信息成为财产权对象的演变和发展过程进行分析，寻求立法和制度背后各国的共同诉求，也就是支撑这一制度演变的基本规律。然而，人类保护知识信息的实践已有数百年的历史，期间，政治、经济样态差别甚大，今日之技术和商业发展与百年前相比，早已不可同日而语。因此，求证的难度超乎想象。无奈之下，只好硬生生地埋头于大量文献之中，试图发现一些蛛丝马迹。学位论文答辩之前的许多个日夜，不敢有丝毫怠慢，试图精诚以开石。幸运的是，在预答辩、论文评阅以及正式答辩中，专家们对写作本身给予了肯定。尽管如此，为了更加突出研究主题，我在修改中重定了题目，以使原来较为隐晦的表述变得更为直接：以凸显知识产权保护的实践是怎样的，而不是应该是怎样的。

关于内容。可能对科学的进步来说，不论是自然科学还是社会科学，假说和猜想至少在方法论上都是重要的。工科出身的我，或许已经潜意识地习惯了为达到某一目的或效果而设想各种可能的方案，然后加以验证或遴选、优化。但本研究从开始到初步完成过程中，我却为这样一种非故意使用的方法吃尽了苦头。论文开题之前，我以极其有限的阅读为基础，"臆想"了实用主义在知识产权数百年演进历程中的现实性和客观性。但在自己踌躇满志加以验证时，却不止一次"意外"发现了推断的错谬之处。我唯有再三沉溺于更多的文献之中，发现优势证据。然而，我虽费尽心机，但还是无法避免在研究重点和分析对象的选择上"撒胡椒面"。试图从纵横两个坐标中挖掘或寻找知识信息财产化过程中是否以及如何体现了实用主义，使我只能选择一些重要的历史时刻或者一些关键制度及其演进本身进行分析。因而，将不可避免地破坏或无法完整展现知识信息财产化的连续历史过程。略微令人欣慰的是，前人的许多传世论述或记载还是为我的"猜想"提供了足够的证据。至此，我不能武断地认为，实用主义是知识产权保护实践的唯一向度，但纵观整个制度演进史，却可以说，实用主义支配或主导了知识产权保护的主要实践。或许对于社会科学研究，本来就不存在非此即彼的确定，更优而非最优或唯一，原本就是这门学科的属性。

关于出版修改。博士论文定稿时，我本以为将来只需微调即可以公开。然而，答辩过程中有专家提出的一些质疑几乎使我当场萌生了从头再来的心思。最令我印象深刻是，其对"财产化"的表述、对"知识"与"信息"的关系等基本概念问题提出的质疑。为此，我在修改中，首先对全书的表述进行了推敲，以使得表达尽可能流畅、精练，减少歧义。同时，对"知识产权"这一符号的所指及其演变重新进行了考察梳理，搜集和分析了德国、法国等大陆法系国家版权制度的演变史料，从而使得有关推断的证据得以明显补强。其次，推敲了篇章结构特别是各级标题表述，力求能够更为直接地表明其下内容的中心思想，避免因为内容繁杂而"喧宾夺主"。最后，对整个研究的落脚之处进行了充实，从而尽可能地补强研究的现实意义。此外，适当更新了一些时效性数据。对比博士论文，本书的增改之处已不易数计。尽管如此，仍然可能无法避免存在一些错漏之处，还请专家、读者赐教或海涵！

当然，与写作过程中的许多缺憾和困境令我难以释怀不同，本书从构思到定稿出版的八年间，也有许多别的原因或事项，给我带来了完全不同的心理感受。2011 年，西南政法大学不顾我"出身卑微""半路出家"资质愚钝，将我招录，给了我不可替代的深造机会。我的导师孔祥俊教授，尽管彼时工作异常繁忙，依然热情、耐心接听我的每一次电话，抽出时间耐心、细致地审阅论文、指点迷津。孔老师视野宏大、博学高产，令人仰止。我的导师张耕教授，不仅耐心、细致审阅了我读书期间提交的每一份文稿，而且还对我的许多私人事务，给予了全力帮助，张老师学思敏捷、英俊儒雅、为人谦和，堪为楷模。西南政法大学知识产权学院博士生导师张玉敏教授、李雨峰教授、邓宏光教授、孙海龙教授等，对我丝毫无"门户"之别，至今仍多有提携。仅以本书的面世为例，出版前张玉敏老师还再次审阅了全文并提出了宝贵修改建议。在此，谨向她和他们表达最诚挚的谢意！我的同学王洪友、朱玛、黄小洵、谢渊、张惠彬、段鲁艺博士，读书及写作期间他所给予的资料支持和观点启发极大地坚定了我的信心。西南政法大学知识产权学院对我的接纳还使我有幸聆听廖志刚教授、曾德国教授、易健雄博士、黄汇博士、马海生博士、康添雄博士等老师的教诲，有机会结识李杨博士、张春燕博士、曹博博士、刘媛博士等，他们积淀深厚、思维活跃，交流中使我获益良多。

本书能够顺利出版，要感谢中国社会科学出版社梁剑琴女士的帮助，感谢我的工作单位——兰州理工大学给予的宝贵支持。2017 年年底学校对我赴美访学的慷慨资助，使得我得以有相对清静和集中的时间完成本书的修改定稿。尽管此后由于种种原因，我一再拖延交稿时间，但兰州理工大学多年来所提供的工作、生活和研究条件保障，是应当铭记的。

最后，也是最重要的，是父母的养育和妻儿的理解、陪伴。

贾小龙
二〇一九年十二月二十九日改定